Steck/Kossens
Hartz IV – Reform 2011

Hartz IV – Reform 2011

Regelsatzsystem, Bildungspaket,
Leistungen für Unterkunft und Heizung

Herausgegeben von

Brigitte Steck, LL.M. Eur.
Ministerialrätin,
Bundesministerium
für Arbeit und Soziales

Dr. Michael Kossens, M.A.
Ministerialrat,
Niedersächsische
Staatskanzlei

Bearbeitet von
den Herausgegebern und von

Heimke Wolf
Oberregierungsrätin,
Finanzamt für Groß- und
Konzernprüfung, Bielefeld

Frank Wollschläger
Bundesministerium
für Arbeit und Soziales

3. Auflage

Verlag C.H. Beck München 2011

Verlag C. H. Beck im Internet:
beck.de

ISBN 978 3 406 61073 8

© 2011 Verlag C.H. Beck oHG
Wilhelmstraße 9, 80801 München

Druck: Nomos Verlagsgesellschaft,
In den Lissen 12, 76547 Sinzheim

Satz: Textservice Zink, 74869 Schwarzach

Gedruckt auf säurefreiem, alterungsbeständigem Papier
(hergestellt aus chlorfrei gebleichtem Zellstoff)

Vorwort zur 3. Auflage

Gerade einmal fünf Jahre nach dem Inkrafttreten hat das landläufig als Hartz IV bezeichnete Vierte Gesetz für moderne Dienstleistungen am Arbeitsmarkt erneut eine erhebliche Umgestaltung erfahren. Zum einen wurde die Organisation der Jobcenter komplett neugefasst und auf eine eigens geschaffene, grundgesetzliche Grundlage gestellt, zum anderen wurde das Leistungsrecht vollständig überarbeitet. Beide Maßnahmen waren aufgrund von Urteilen des Bundesverfassungsgerichts (BVerfG) notwendig geworden.

Aus der zunehmend besser funktionierenden, aber unzulässigen Mischverwaltung in den Arbeitsgemeinschaften (Argen) wurde eine, da nun im Grundgesetz verankerte, zulässige Mischverwaltung, die den Bundesländern, wiewohl nach wie vor nicht Träger der Leistungen, ein erhebliches Mitgestaltungsrecht einräumt. Für die betroffenen Hilfeempfänger soll sich in der Praxis möglichst wenig ändern; für die betroffenen Ämter und die dort Beschäftigten bedeutet die Neuorganisation aber erneut einen außerplanmäßigen Aufwand, der neben der Betreuung der Hilfeempfänger geschultert werden muss.

Im Leistungsrecht wurden die Regelsätze neu berechnet sowie für Erwachsene um fünf Euro monatlich erhöht; Kinder erhalten künftig zusätzliche Bildungsangebote als Sach- und Dienstleistungen.

Das Sozialgesetzbuch II (SGB II) ist seit seinem In-Kraft-Treten im Januar 2005 mehrfach geändert worden. Außerdem liegt inzwischen eine durchaus zahlreiche Rechtsprechung vor.

Genug Gründe, um dieses Handbuch für die Praxis zu überarbeiten, damit derjenige, der sich einen Überblick über die gesetzlichen Regelungen verschaffen will, gründlich, präzise und aktuell informiert wird. Die Herausgeber und Verfasser wollen der Praxis, also Rechtsanwälten, Arbeitgeberverbänden, Gewerkschaften und Sozialverbänden ebenso wie den Studierenden eine Handreichung geben, damit diese schnell und sicher einen Überblick über das neue SGB II erhalten. Das Handbuch soll und kann den Blick in den Kommentar nicht ersetzen, daher entfällt eine Auseinandersetzung mit der Literatur und die Berücksichtigung der Rechtsprechung ist eine ausgewählte.

im Mai 2011 *Brigitte Steck*
Dr. Michael Kossens

Vorwort zur 1. Auflage

Das landläufig als Hartz IV bezeichnete Vierte Gesetz für moderne Dienstleistungen am Arbeitsmarkt ist der letzte Baustein in der Umsetzung des von der Hartz-Kommission unter Leitung des Personalvorstands von VW, Herrn Dr. Peter Hartz, im Sommer 2002 vorgelegten Konzepts zum Umbau des Arbeitsmarktes. Hartz IV, also die Zusammenführung von Arbeitslosenhilfe und Sozialhilfe ist zum 1.1. 2005 mit dem neuen Sozialgesetzbuch II (SGB II) in Kraft getreten. Damit verbunden war die Abschaffung der Arbeitslosenhilfe, die Einführung des sog. Arbeitslosengeldes II und die Schaffung von Arbeitsanreizen für erwerbsfähige Hilfeempfänger.

„Hartz IV" ist mittlerweile zum politischen Kampfbegriff geworden. Gewerkschaften, Sozialverbände und viele konkret Betroffene haben Ihren Protest gegen die damit verbundene Abschaffung der Arbeitslosenhilfe deutlich gemacht. Mit dem vorliegenden Buch sollen aber nicht die politischen und gesellschaftlichen Konflikte, die mit Hartz IV verbunden waren und sind, beleuchtet werden. Die Herausgeber und Verfasser wollen vielmehr der Praxis, also Rechtsanwälten, Arbeitgeberverbänden, Gewerkschaften und Sozialverbänden ebenso wie den Studierenden eine Handreichung geben, damit diese schnell und sicher einen Überblick über das neue SGB II erhalten.

Den Herausgebern und Verfassern war zudem daran gelegen, das neue Recht anhand von Schaubildern und konkreten Berechnungsbeispielen plastisch zu erläutern. Soweit die aufgrund des SGB II zu erlassenden Rechtsverordnungen bereits vorlagen, wurden diese berücksichtigt.

im Februar 2005 *Brigitte Steck*
Dr. Michael Kossens

Inhaltsverzeichnis

Vorwort zur 3. Auflage V
Vorwort zur 1. Auflage VI
Abkürzungsverzeichnis XIII
Literaturverzeichnis XVII

Kapitel 1
Einleitung

A. Die Neuregelung der Regelsätze und die Einführung eines Bildungspaketes für Kinder 1
   I. Gesetzgebungsverfahren/Vermittlungsverfahren 1
   II. Wesentliche Inhalte der Neuregelung 2

B. Die Neuregelung der Organisation in den Jobcentern 4

C. Bewertung und Ausblick 5
   I. Bewertung 5
   II. Ausblick 6

Kapitel 2
Berechtigter Personenkreis

A. Leistungsberechtigte 7
   I. Bedarfsgemeinschaft 8
   II. Vermutung der Bedarfsdeckung 9
   III. Ausschlusstatbestände 10

B. Erwerbsfähigkeit 11
   I. Begriff 11
   II. Feststellung der Erwerbsfähigkeit 12

C. Hilfebedürftigkeit 13
   I. Begriff 13
   II. Bedarfsgemeinschaften 14
      1. Partnereinkommen 15
      2. Einkommen der Kinder 15
   III. Härteklausel/Darlehen 15
      1. Härteklausel 15
      2. Darlehen 16
   IV. Einkommen von Verwandten und Verschwägerten 16

D. Zumutbarkeit 18
   I. Zumutbare Arbeit 18

Inhaltsverzeichnis

II. Unzumutbare Arbeit	19
1. Körperlich, geistige oder seelische Überbelastung	19
2. Besondere körperliche Belastung	19
3. Gefährdung der Erziehung eines Kindes	19
4. Pflege von Angehörigen	20
5. Sonstiger wichtiger Grund	20

Kapitel 3
Leistungen

A. Leistungen zur Sicherung des Lebensunterhalts	23
I. Übersicht	23
II. Regelbedarf zur Sicherung des Lebensunterhalts	27
1. Umfang des Regelbedarfs	27
2. Höhe des Regelbedarfs	28
a) Allgemeines	28
b) Regelbedarf als Arbeitslosengeld II	29
c) Regelbedarf als Sozialgeld	31
3. Anpassung der Höhe der Regelsätze	33
4. Erbringung des Regelbedarfs als Sachleistung	33
III. Leistungen für Mehrbedarfe	34
1. Allgemeines	34
2. Mehrbedarf für werdende Mütter	35
3. Mehrbedarf für allein Erziehende	36
4. Mehrbedarf für behinderte Leistungsberechtigte	37
5. Mehrbedarf bei kostenaufwändiger Ernährung	38
6. Mehrbedarf für Warmwassererzeugung	40
7. Mehrere Mehrbedarfszuschläge	41
8. Unabweisbare, laufende Bedarfe in Härtefällen	41
9. Sonderregelungen für Empfänger von Sozialgeld	42
IV. Leistungen für Unterkunft und Heizung	42
1. Übernahme der Kosten für Unterkunft und Heizung	43
a) Anspruch auf tatsächlich angemessene Kosten der Unterkunft	43
aa) Umfang der übernommenen Unterkunftskosten	43
bb) Angemessenheit der Unterkunftskosten	47
b) Anspruch auf tatsächliche angemessene Kosten der Heizung	49
c) Übernahme der angemessenen Unterkunfts- und Heizkosten nach nicht erforderlichem Umzug	51
d) Übernahme unangemessener Unterkunftskosten	51
e) Rückzahlungen und Gutschriften	53
2. Zusicherungserfordernisse zur Kostenübernahme nach einem Umzug	54
a) Allgemeines Erfordernis der Zusicherung vor Umzug	54
b) Besonderheiten für Jugendliche unter 25 Jahren	56
aa) Zusicherungserfordernis	56
bb) Rechtsanspruch auf Zusicherung	57
cc) Absehen vom Zusicherungserfordernis	58
dd) Rechtsfolge bei fehlender Zusicherung	59
ee) Leistungsausschluss bei Umzug vor Antragstellung	59
3. Aufwendungen für Wohnungsbeschaffung, Mietkaution, Umzugskosten	60
4. Bezahlung an Vermieter oder andere Empfangsberechtigte	61

Inhaltsverzeichnis

5. Sicherung der Unterkunft oder Behebung einer vergleichbaren Notlage	61
a) Schuldenübernahme zur Sicherung der Unterkunft oder Behebung einer vergleichbaren Notlage	61
b) Mitteilungspflichten der Zivilgerichte bei Räumungsklagen	63
6. Zuschuss zu den Kosten der Unterkunft und Heizung für Auszubildende	63
V. Leistungen für gesonderte Bedarfe	65
1. Erstausstattungen für Wohnung einschließlich Haushaltsgeräten	65
2. Erstausstattungen für Bekleidung und Erstausstattung bei Schwangerschaft und Geburt	66
3. Anschaffung und Reparaturen von orthopädischen Schuhen, Reparaturen von therapeutischen Geräten und Ausrüstungen sowie die Miete von therapeutischen Geräten	67
4. Erbringung der einmaligen Leistungen	67
5. Einmalige Leistungen ohne den Bezug laufender Hilfe	67
6. Ausschluss der Leistungen für Erstausstattungen der Wohnung	69
VI. Leistungen zur Sicherung des Lebensunterhalts als Darlehen	69
1. Darlehen bei unabweisbarem Regelbedarf	70
a) Voraussetzungen einer Darlehensgewährung	70
b) Darlehensgewährung und Tilgung	72
2. Leistungen zur Sicherung des Lebensunterhalts als Darlehen bei zu erwartendem Einkommen	73
3. Leistungen zur Sicherung des Lebensunterhalts als Darlehen bei nicht sofort verwertbarem Vermögen	73
VII. Leistungen für Bildung und Teilhabe	74
1. Ausflüge und Schulbedarf	75
2. Schülerbeförderung	75
3. Lernförderung	75
4. Gemeinschaftliche Mittagsverpflegung	76
5. Teilhabe am sozialen und kulturellen Leben	76
VIII. Befristeter Zuschlag nach Bezug von Arbeitslosengeld	76
IX. Höhe und Berechnung des Arbeitslosengeldes II/Sozialgeldes	77
B. Leistungen zur Eingliederung in Arbeit	**79**
I. Grundsatz des Förderns	79
II. Eingliederungsvereinbarung	79
1. Rechtsnatur und Form der Eingliederungsvereinbarung	80
2. Inhalt der Eingliederungsvereinbarung	80
3. Dauer der Eingliederungsvereinbarung	81
4. Verwaltungsakt statt Eingliederungsvereinbarung	81
III. Konkrete Leistungen zur Eingliederung	82
IV. Kommunale Leistungen	84
1. Betreuungsleistungen	85
2. Schuldnerberatung	86
3. Psychosoziale Betreuung	86
4. Suchtberatung	86
V. Einstiegsgeld	86
VI. Arbeitsgelegenheiten	87
1. Arbeitsbeschaffungsmaßnahmen	87

Inhaltsverzeichnis

2. Entgeltvariante	87
3. Mehraufwendungsvariante	88
a) Öffentliches Interesse	88
b) Zusätzliche Arbeiten	89
c) Entschädigung für Mehraufwendungen	90
d) Zuweisung in einer Arbeitsgelegenheit	90
e) Arbeitsgelegenheit kein Arbeitsverhältnis	92
f) Schadensersatz	93
aa) Mitverschulden des Arbeitgebers	93
bb) Haftungsbegrenzung bei betrieblicher Tätigkeit	93
cc) Haftungshöchstgrenze	94
dd) Haftung gegen Betriebsfremden	94
ee) Haftung gegenüber im Betrieb tätigen Personen	94
VII. Sofortangebot	94
VIII. Beschäftigungszuschuss	95
IX. Leistungserbringung	96
C. Übergang von Ansprüchen, Ersatzansprüche und Erbenhaftung	**99**
I. Übergang von Ansprüchen	100
II. Ersatzansprüche und Erbenhaftung	102

Kapitel 4
Einkommens- und Vermögensanrechnung

A. Anrechnung von Einkommen	**105**
I. Allgemeines	105
II. Abgrenzung von Einkommen und Vermögen	107
III. Bruttoeinkommen	108
IV. Nicht zu berücksichtigendes Einkommen	111
1. Leistungen nach dem SGB II	111
2. Grundrenten mit Entschädigungscharakter	111
3. Entschädigungen wegen Nichtvermögensschäden nach § 253 Abs. 2 BGB	112
4. Einnahmen mit besonderer Zweckbestimmung	112
5. Zuwendungen der freien Wohlfahrtspflege	113
6. Zuwendungen Dritter	113
7. Ausnahmen aufgrund der ALG II–V	114
8. Elterngeld	115
9. Pflegegeld/Kindertagespflege	115
10. Ausnahmen nach weiteren sondergesetzlichen Regelungen	116
V. Nicht einsatzbereites Einkommen	116
VI. Vom Einkommen abzusetzende Beträge	117
1. Auf das Einkommen entrichtete Steuern	117
2. Pflichtbeiträge zur Sozialversicherung	117
3. Gesetzlich vorgeschriebene Versicherungen	117
4. Angemessene Versicherungen	118
5. Riesterrente	118
6. Werbungskosten/Betriebsausgaben	118
7. Freibetrag für Unterhaltsaufwendungen	119

Inhaltsverzeichnis

    8. Freibetrag für Ausbildungsförderung 120
    9. Erwerbstätigenfreibetrag 120
  10. Abzug grundsätzlich bei der Bedarfsgemeinschaft 121

VII. Schätzung des Einkommens 121

VIII. Zeitpunkt der Einkommensanrechnung 122

B. Einsatz des Vermögens 124

  I. Begriff des Vermögens 125

  II. Verwertbarkeit von Vermögen 126

  III. Freibeträge 127
    1. Grundfreibetrag 127
    2. Altersvorsorge („Riester-Rente") 128
    3. Sonstige Altersvorsorge 128
    4. Freibetrag für notwendige Anschaffungen 129

  IV. Nicht zu berücksichtigendes Vermögen 129
    1. Hausrat 130
    2. Kraftfahrzeug 130
    3. Altersvorsorge bei Befreiung von Versicherungspflicht 131
    4. Immobilie 131
    5. Beschaffung und Erhaltung einer Immobilie für Wohnzwecke
       behinderter oder pflegebedürftiger Menschen 133
    6. Unwirtschaftlichkeit/Besondere Härte 133
    7. Berufsausbildung/Erwerbstätigkeit 135

  V. Verkehrswert 135

Kapitel 5
Sanktionen

A. Pflichtverletzungen 137

  I. Weigerung der Teilnahme an arbeitsmarktpolitischen Maßnahmen 137

  II. Keine Minderung der Leistungen bei Vorliegen eines
    „wichtigen Grundes" 139

  III. Sonstige Pflichtverletzungen 140

B. Minderung und Wegfall des Arbeitslosengeldes II 141

  I. Minderung in erster Stufe 141

  II. Minderung in zweiter Stufe bei wiederholter Pflichtverletzung 141

  III. Sonderregelung für erwerbsfähige Hilfebedürftige zwischen
    15 bis unter 25 Jahren 143

  IV. Beginn und Dauer der Minderung 143

  V. Minderung bei Meldeversäumnissen 144

Kapitel 6
Soziale Sicherung

A. Sozialversicherung der Empfänger von Arbeitslosengeld II 145

  I. Gesetzliche Krankenversicherung 145
    1. Beginn des Versicherungsschutzes 146

Inhaltsverzeichnis

2. Ende des Versicherungsschutzes 146
3. Leistungsumfang und Beiträge 146
II. Gesetzliche Pflegeversicherung 147
III. Gesetzliche Rentenversicherung 147
B. Absicherung der Bezieher von Sozialgeld 148
C. Beitragszuschuss bei Befreiung von der Versicherungspflicht 148

Kapitel 7
Zuständigkeiten und Organisation

A. Allgemeines 151
B. Änderung des Grundgesetzes 151
C. Gesetz zur Weiterentwicklung der Organisation der Grundsicherung für Arbeitsuchende 152
D. Kommunalträger-Eignungsfeststellungsverordnung 153

Kapitel 8
Sofortige Vollziehbarkeit, Mitwirkungspflichten und Rechtsbehelfe

A. Sofortige Vollziehbarkeit 155
B. Mitwirkungspflichten 156
  I. Pflichten der Leistungsberechtigten 156
    1. Allgemeine Mitwirkungspflichten 156
    2. Allgemeine Meldepflichten 157
    3. Pflicht zur Anzeige der Arbeitsunfähigkeit 157
    4. Vorlage einer Einkommensbescheinigung 158
  II. Pflichten der Arbeit-/Auftraggeber von Leistungsberechtigten ... 158
  III. Pflichten Dritter 159
  IV. Auskunftspflichten bei Leistungen zur Eingliederung in Arbeit ... 160
C. Rechtsweg 161

Übersicht über die Leistungen
zur Sicherung des Lebensunterhalts 163

Sachverzeichnis 165

Abkürzungsverzeichnis

aA.	anderer Ansicht
aaO.	am angegebenen Ort
abgedr.	abgedruckt
Abl.	Amtsblatt
abl.	ablehnend
Abk.	Abkommen
Abs.	Absatz
ABM	Arbeitsbeschaffungsmaßnahmen
Abs.	Absatz
Abschn.	Abschnitt
Abt.	Abteilung
Änd.	Änderung
a.F.	alte Fassung
AiB	Arbeitsrecht im Betrieb (Zeitschrift)
ALG	Arbeitslosengeld
ALG II–V	Verordnung zur Berechnung von Einkommen sowie zur Nichtberücksichtigung von Einkommen und Vermögen beim Arbeitslosengeld II/Sozialgeld
AlhiV	Arbeitslosenhilfeverordnung
allg.	allgemein
Alt.	Alternative
a.M.	anderer Meinung
amtl.	amtlich
ANBA	Amtliche Nachrichten der Bundesanstalt für Arbeit
Anh.	Anhang
Anm.	Anmerkung
AOK	Allgemeine Ortskrankenkasse
AP	Nachschlagewerk des Bundesarbeitsgerichts
ArbG	Arbeitsgericht
ArbGG	Arbeitsgerichtsgesetz
AR-Blattei	Arbeitsrechts-Blattei
ArbSchG	Arbeitsschutzgesetz
ArbZG	Arbeitszeitgesetz
ArEV	Arbeitsentgeltverordnung
Art.	Artikel
AsylbLG	Asylbewerberleistungsgesetz
ATG	Altersteilzeitgesetz
AuA	Arbeit und Arbeitsrecht (Zeitschrift)
AüG	Gesetz zur Regelung der gewerbsmäßigen Arbeitnehmerüberlassung (Arbeitnehmerüberlassungsgesetz)
Aufl.	Auflage
AuR	Arbeit und Recht (Zeitschrift)
AuslG	Ausländergesetz
AvmG	Altersvermögensgesetz
Az.	Aktenzeichen
BA	Bundesagentur für Arbeit

Abkürzungsverzeichnis

BA FH	Fachliche Hinweise der Bundesagentur für Arbeit
BAföG	Bundesausbildungsförderungsgesetz
BAG	Bundesarbeitsgericht
BAGE	Sammlung der Entscheidungen des Bundesarbeitsgerichts
BAnz	Bundesanzeiger
BArbl.	Bundesarbeitsblatt
BB	Betriebsberater (Zeitschrift)
BBiG	Berufsbildungsgesetz
Bd.	Band
Bearb.	Bearbeiter
BEG	Bundesentschädigungsgesetz
BEEG	Bundeselterngeld- und Elternzeitgesetz
Begr.	Begründung
BetrAVG	Gesetz zur Verbesserung der betrieblichen Altersversorgung
BetrVG	Betriebsverfassungsgesetz
BG	Berufsgenossenschaft
BGB	Bürgerliches Gesetzbuch
BGBl.	Bundesgesetzblatt
BGH	Bundesgerichtshof
BKGG	Bundeskindergeldgesetz
BMAS	Bundesministerium für Arbeit und Soziales
BMG	Bundesministerium für Gesundheit
BPersVG	Bundespersonalvertretungsgesetz
BR-Drucks.	Bundesrats-Drucksache
BSG	Bundessozialgericht
BSGE	Sammlung der Entscheidungen des BSG
BSHG	Bundessozialhilfegesetz
BT-Drucks.	Bundestags-Drucksache
BUrlG	Bundesurlaubsgesetz
BVerfG	Bundesverfassungsgesetz
BVerwG	Bundesverwaltungsgericht
BVerwGE	Entscheidungssammlung des Bundesverwaltungsgerichts
BVG	Bundesversorgungsgesetz
BWGZ	Die Gemeinde (Zeitschrift)
bzgl.	bezüglich
DB	Der Betrieb (Zeitschrift)
DEÜV	Verordnung über die Erfassung und Übermittlung von Daten für die Träger der Sozialversicherung
d.h.	das heißt
DRV	Deutsche Rentenversicherung
DStR	Deutsches Steuerrecht (Zeitschrift)
EFZG	Gesetz über die Zahlung des Arbeitsentgelts an Sonn- und Feiertagen und im Krankheitsfall
EG	Europäische Gemeinschaft
Einf.	Einführung
EinigungsStVV	Einigungsstellen-Verfahrensverordnung
Einl.	Einleitung
EStG	Einkommensteuergesetz
EStR	Einkommensteuerrichtlinien
EU	Europäische Union
EuGH	Europäischer Gerichtshof

Abkürzungsverzeichnis

EzA	Entscheidungen zum Arbeitsrecht
f., ff.	folgend(e)
Fn.	Fußnote
GBl.	Gesetzblatt
Gem.	gemäß
GG	Grundgesetz
Ggf.	gegebenenfalls
GKV	gesetzliche Krankenversicherung
Grds.	grundsätzlich
GSiG	Grundsicherungsgesetz
HGB	Handelsgesetzbuch
h.M.	herrschende Meinung
HwB AR	Handwörterbuch des Arbeitsrechts (Loseblatt)
HS	Halbsatz
idF.	in der Fassung
idR.	in der Regel
iSv.	im Sinne von
Jg	Jahrgang
JZ	Juristenzeitung (Zeitschrift)
Kap.	Kapitel
KSchG	Kündigungsschutzgesetz
LAG	Landesarbeitsgericht
LAGE	Entscheidungen der Landesarbeitsgerichte
LSG	Landessozialgericht
MDR	Monatszeitschrift für Deutsches Recht (Zeitschrift)
Mrd.	Milliarde
mwN.	mit weiteren Nachweisen
mtl.	monatlich
MuSchG	Mutterschutzgesetz
NdsVBl	Niedersächsische Verwaltungsblätter (Zeitschrift)
NDV	Nachrichtendienst des Deutschen Vereins für öffentliche und private Fürsorge (Zeitschrift)
NJW	Neue Juristische Wochenschrift (Zeitschrift)
NZA	Neue Zeitschrift für Arbeitsrecht (Zeitschrift)
NZS	Neue Zeitschrift für Sozialrecht (Zeitschrift)
o.ä.	oder ähnliches
OLG	Oberlandesgericht
RdA	Recht der Arbeit (Zeitschrift)
RdErl.	Runderlass
RiA	Recht im Amt (Zeitschrift)
Rn.	Randnummer
Rspr.	Rechtsprechung

XV

Abkürzungsverzeichnis

s.	siehe
S.	Seite
SAM	Strukturanpassungsmaßnahmen
SachbezV	Sachbezugsverordnung
SG	Sozialgericht
SGb	Die Sozialgerichtsbarkeit (Zeitschrift)
SGB I	Sozialgesetzbuch – Allgemeiner Teil
SGB II	Grundsicherung für Arbeitssuchende
SGB III	Arbeitsförderung
SGB IV	Gemeinsame Vorschriften für die Sozialversicherung
SGB V	Gesetzliche Krankenversicherung
SGB VI	Gesetzliche Rentenversicherung
SGB VII	Gesetzliche Unfallversicherung
SGB IX	Rehabilitation und Teilhabe behinderter Menschen
SGB X	Sozialverwaltungsverfahren und Sozialdatenschutz
SGB XI	Soziale Pflegeversicherung
SGB XII	Sozialhilfe
SGG	Sozialgerichtsgesetz
SHR	Sozialhilferichtlinien
sog.	so genannte
SozSich	Soziale Sicherheit (Zeitschrift)
str.	streitig
TV	Tarifvertrag
TVG	Tarifvertragsgesetz
TzBfG	Teilzeit- und Befristungsgesetz
v.a.	vor allem
VAG	Versicherungsaufsichtsgesetz
Verf.	Verfassung
vgl.	vergleiche
VO	Verordnung
Vorb.	Vorbemerkung
VSSR	Vierteljahresschrift für Sozialrecht (Zeitschrift)
VwGO	Verwaltungsgerichtsordnung
WoGG	Wohngeldgesetz
ZKF	Zeitschrift für Kommunalfinanzen (Zeitschrift)
Zzgl.	Zuzüglich

Literaturverzeichnis

Adamy, Hartz IV wird quasi zur Sozialhilfe, SozSich 2010, 325
Albers, Die Zusammenlegung von Arbeitslosenhilfe und Sozialhilfe – wirksame Reform oder organisatorisches Fiasko, NdsVBl 2004, 118
Alt, Über vier Jahre Hartz IV: Sackgasse oder funktionierendes System?, SozSich 2009, 205
Angermaier, Hartz IV und Erbe, SozSich 2010, 194
Armborst, Leben auf Pump, Darlehen im SGB II, info also 2006, 58
Bäcker/Koch, Unterschiede zwischen künftigem Arbeitslosengeld II und bisheriger Arbeitslosen- und Sozialhilfe, SozSich 2004, 88
Ders., Sozialhilfestreitigkeiten auf die Sozialgerichte, NJW 2004, S. 1850 ff.
Berlit, Zusammenlegung von Arbeitslosen- und Sozialhilfe, info also 2003, 195
Ders., Wohnung und Hartz IV, NDV 2006, 5
Ders., Wirtschaftliche Hilfebedürftigkeit im SGB II in der neueren Rechtsprechung, NZS 2009, 537
Ders., Diskriminierung von Jugendlichen bei Hartz-IV-Sanktionen beseitigen, SozSich 2010, 124
Bieback, Probleme des SGB II – Rechtliche Probleme des Konflikts zwischen Existenzsicherung und Integration in den ersten Arbeitsmarkt, NZS 2005, 337
Blüggel, Ohne Antrag keine Leistungen, SozSich 2009, 193
Boecken, Eigenverantwortlichkeit in der Sozialhilfe – Einführung einer Beweislastumkehr bei der Hilfe zur Arbeit, VSSR 2003, 45
Bremer, Die Konkretisierung des Begriffs der Angemessenheit von Heizungsaufwendungen im SGB II, NZS 2010, 189
Brosius-Gersdorf, Bedarfsgemeinschaften im Sozialrecht – Nichteheliche und nichtlebenspartnerschaftliche Lebensgemeinschaften als Verantwortungs- und Einstandsgemeinschaft in den Not- und Wechselfällen des Lebens, NZS 2007, 410
Butzer/Keller, „Grundsicherungsrelevante Mietspiegel" als Maßstab der Angemessenheitsprüfung nach § 22 SGB II, NZS 2009, 65
Chojetzki, Grundsicherung für Arbeitsuchende – Neuerungen beim Verfahren zur Feststellung der Erwerbsfähigkeit, NZS 2010, 662
Conradis, Die neue Sozialhilfe: Kuriositäten bei der Gesetzgebung zum SGB II und SGB XII, info also 2004, S. 51 ff.
Däubler, Einmalbedarf und Arbeitslosengeld II – Zur Darlehensregelung des § 23 I SGB II, NJW 2005, 1545
Däubler, Absenkung und Entzug des ALG II – ein Lehrstück zur Verfassungsferne des Gesetzgebers, info also 2005, 51
Decker, Sozialhilfe in die Sozialgerichtsbarkeit, Gesetzgebung „im Blindflug nach Mitternacht", ZFSH/SGB 2004, S. 259 ff.
Düwell, Arbeitsgerichtsbarkeit vor dem Aus?, BB 2003, S. 2745 ff.
Engels, Betriebsverfassungsrechtliche Einordnung von Ein-Euro-Jobbern, NZA 2007, 8
Eichendorfer, Verträge in der Arbeitsverwaltung, SGb 2004, 203
Eichenhofer, Mitbestimmung des Personalrats bei Schaffung von Arbeitsgelegenheiten gegen Mehraufwandsentschädigung, RdA 2008, 32
Frick, Arbeitslosenhilfe + Sozialhilfe = Arbeitslosengeld II, Gesundheits- und Sozialpolitik, 7-8/2003, 23
Fuchs/Peters, Neugestaltung von Sozialhilfe und Arbeitslosenhilfe, BWGZ 2003, 315

Griesche, Die Änderung der Zumutbarkeitsanforderungen für die Arbeitsaufnahme beim Bezug von Arbeitslosengeld II und mögliche Konsequenzen für das private Unterhaltsrecht, FPR 2005, 442
Groth/Hohm, Die Rechtsprechung des BSG zum SGB II, NJW 2010, 2321
Groth/Siebel-Huffmann, Die Leistungen für die Unterkunft nach § 22 SGB II, NZS 2007, 69
Dies., Das neue SGB II, NJW 2011, 1105
Hannes, Absenkung des Arbeitslosengeldes II bei Abbruch einer selbst gesuchten Tätigkeit, SozSich 2009, 314
Hauck-Noftz, SGB II, Loseblattsammlung, Berlin
Henneke, Kommunen haben Entscheidung für alleinige Trägerschaft der Grundsicherung für Arbeitssuchende selbst in der Hand, Der Landkreis 2004, 3
Ders., Zur Neuorganisation des SGB II, Der Landkreis 2009, 603
Hoehl, Neuregelung bei Existenzgründerzuschuss („Ich-AG") und Überbrückungsgeld, NZS 2003, 635
Hüttenbrink, Fragen zur Sozialhilfe; Voraussetzungen und Umfang meines Rechts auf Sozialhilfe, 7. Auflage, München 2002
Hußmann, Der gesetzliche Forderungsübergang nach § 33 SGB II, FPR 2007, 354
Karasch, was hat sich bei der Arbeitsvermittlung geändert?, SozSich 2004, 2
Ders., Hartz – die Reformen gehen weiter, AiB 2004, 69
Ders., *Fünf Jahre Hartz IV, AiB 2010, 167*
Klerks, Aktuelle Probleme der Unterkunftskosten nach dem SGB II, NZS 2008, 624
Klinkhammer, Änderungen im Unterhaltsrecht nach „Hartz IV", FamRZ 2004, 1909
Koch, Einkommensanrechnung der Unfallrente gem. § 11 SGB II, NZS 2006, 408
Kolf, Zur Neubestimmung der Regelsätze nach dem Urteil des Bundesverfassungsgerichts, SozSich 2010, 225
Kopp/Schenke, Verwaltungsgerichtsordnung, Kommentar, 15. Auflage, München 2007
Koppenfels-Spies, Ein-Euro-Jobs – Sinnvolle Eingliederungsmaßnahme oder billiges Allzweckmittel in der Arbeitsmarktpolitik?, NZS 2010, 2
Dies, Kooperation unter Zwang? – Eingliederungsvereinbarungen des SGB II im Lichte des Konzepts des „aktivierenden Sozialstaats", NZS 2011, 1
Krahmer, Verfassungsrechtliche Bedenken gegen die Hartz-IV-Gesetze: Insbesondere das Beispiel des ungedeckten Bedarfs der Hilfe zum Lebensunterhalt bei nicht angespartem oder abhanden gekommenem Arbeitslosengeld II – zugleich ein Beitrag zu § 5 Abs. 2 Satz 1 SGB II sowie zu § 21 Satz 1 SGB II, ZfF 7/2004, 178
Knickrehm, Haushaltshilfe für Empfänger von Arbeitslosengeld II, NZS 2007, 128
Dies., Kosten des Umgangsrechts und Regelleistungen nach dem SGB II, Sozialrecht aktuell 2006, 159
Dies, Kostensparende Pauschalierung bei Wohnkosten von Hartz-IV-Empfängern kaum noch möglich, SozSich 2010, 190
Kühling, Spruchkörper für Sozialrecht bei Verwaltungsgerichten – Zusammenlegung von Fachgerichten, Sind die Regierungspläne verfassungsgemäß?, SozSich 2004, 170
Lang, Die Eingliederungsvereinbarung zwischen Autonomie und Bevormundung – Rechts- und Verfassungsfragen des SGB II, NZS 2006, 176
Lauterbach, Leistungen für Unterkunft und Heizung, nach dem SGB II, NJ 2006, 488
Lehmann-Franßen, Unangemessene Eigenbemühungen und die Nichtigkeit der Eingliederungsvereinbarung nach § 15 SGB II, NZS 2005, 519
Löns/Herold-Tews, SGB II, Grundsicherung für Arbeitsuchende, München, 2005
Löschau, Die neue Grundsicherung für Arbeitsuchende nach dem SGB II – „Hartz IV", DAngVers 2005, 20
Loos, Aktuelle Entwicklungen zum SGB II, NVwZ 2009, 1267
Ders., Aktuelle Entwicklungen zum SGB II, NVwZ 2008, 514

Literaturverzeichnis

Lühmann, Verfassungswidrige Zusammenlegung von Arbeitslosen- und Sozialhilfe im SGB II?, DÖV 2004, 677
Marburger, SGB II – Grundsicherung für Arbeitsuchende, Regensburg, Berlin 2004
Marschner, Gesetzliche Neuregelung im Arbeitsvermittlungsrecht zum 1.1. 2004, DB 2004, 380
Ders., Die neue Grundsicherung für Arbeitsuchende nach dem SGB II, ZKF 2004, 62
Mayer, Arbeitslosengeld II, AiB 2004, 73
Ders., Bewilligungszeitraum für Leistungen nach dem SGB II und Streitgegenstand, NZS 2007, 17
Mrozynski, Grundsicherung für Arbeitsuchende, im Alter, bei voller Erwerbsminderung und die Sozialhilfereform, ZFSH/SGB 2004, 198
Müller, Der Übergang von Unterhaltsansprüchen und Rückgriff gegen Angehörige beim Bezug von Arbeitslosengeld II, FPR 2005, 428
Ders., Das SGB II – Die Grundsicherung für Arbeit Suchende, NJW 2004, 3209
Ders., Sozialgesetzbuch II, Lehr- und Praxiskommentar, 2. Aufl., Baden-Baden 2006
Ders., Grundsicherung für Arbeitsuchende (SGB II) – Chancen und Risiken für Kommunen, KommJur 2/2004, 4
Ders., Das Leistungsrecht des SGB II: Erfahrungen mit pauschalierten Leistungen, NZS 2008, 169
Nakielski, Bleiben Hartz-IV-Berechtigte auf der Strecke? – Die Neuorganisation der Grundsicherungs-Verwaltung, SozSich 2010, 165
Ockenga, SGB 2 und Arbeitsverhältnis, SozSich 2009, 217
Padè, Hartz IV – Wie ist zu runden?, SozSich 2009, 111
Pfohl, Zusammenführung von Arbeitslosen- und Sozialhilfe für Erwerbsfähige, ZfSH/SGB 2004, 167
Reinecke, Die Bedarfsgemeinschaft, FPR 2009, 452
Rixen/Pananis, Hartz IV: Welcher Ein-Euro-Job ist „zusätzlich"? – Sozial- und strafrechtliche Grenzen, NJW 2005, 2177
Roos, Entscheidungen zum SGB II – Zur aktuellen Rechtsprechung des Bundessozialgerichts, NZS 2008, 119
Schnath, Das neue Grundrecht auf Gewährung eines menschenwürdigen Existenzminimums – Ein rechtspolitischer Ausblick nach dem Urteil des Bundesverfassungsgerichts vom 9.2. 2010, NZS 2010, 297
Schulze, Ein-Euro-Jobber – Arbeitnehmer im Sinne des BetrVG? Wahlberechtigung und Mitbestimmung bei den so genannten MAE-Kräften, NZA 2005, 1332
Schwabe, Rückzahlungspflichten gegenüber Leistungsträgern bei rechtswidrigem Leistungsbezug nach dem SGB II, FPR 2007, 359
Ders., Regelleistungen im SGB II und Regelsätze in SGB XII ab 1.7. 2009, FPR 2009, 459
Schweiger, Rechtliche Einordnung der durch das Job-AQTIV-Gesetz in das Arbeitsförderungsrecht eingefügten Eingliederungsvereinbarung (§ 35 Abs. 4 SGB III n.F.), NZS 2002, 410
Spellbrink, Wandlungen im Recht der Arbeitsvermittlung – oder – Viel Lärm um wenig, SGb 2004, 75
Ders, Das Einstiegsgeld nach § 29 SGB II – oder von den Aporien „moderner" Gesetzgebung, NZS 2005, 231
Ders., Die Bedarfsgemeinschaft gemäß § 7 SGB II eine Fehlkonstruktion?, NZS 2007, 121
Spellbrink/Eicher, SGB II Grundsicherung für Arbeitsuchende, Kommentar, 2. Auflage, München 2008
Steck/Kossens, Neuordnung von Arbeitslosen- und Sozialhilfe durch Hartz IV, 1. Aufl. München, 2005

Literaturverzeichnis

Steck/Kossens, Hartz IV wieder geändert – das SGB II-Fortentwicklungsgesetz, NZS 2006, 462
Dies., Übersicht zu den Änderungen und Nachbesserungen im SGB II (Hartz IV), FPR 2006, 356
Streicher, Die Bedeutung des Arbeitslosengelds II für die Berechnung von Kindesunterhaltsansprüchen, FPR 2005, 438
Udsching/Link, Aufhebung von Leistungsbescheiden im SGB II, SGb 2007, 344
Vießmann, Zum subjektiven Schutzzweck der „Zusätzlichkeit" von „Ein-Euro-Jobs" aus der Sicht des erwerbsfähigen Hilfeempfängers, NZS 2011, 128
Wahrendorf, Leistungen nach dem SGB II für Kinder und Jugendliche, SozSich 2009, 114
Waibel, Die Anspruchsgrundlage im SGB II, NZS 2005, 512
Wenner, Neue höchstrichterliche Urteile zu Hartz IV, SozSich 2010, 274
Ders, Aktuelle Entscheidungen der Sozialgerichte zu Hartz IV, SozSich, 2009, 234
Ders., Was darf beim Arbeitslosengeld II als Einkommen angerechnet werden?, SozSich 2007, 395
Wenner/Winkel, Rechtsprechungsübersicht zu neueren Hartz-IV-Urteilen, SozSich 2008, 354
Winkel, Der neue Kinderzuschlag: Eine familienpolitische Seifenblase, SozSich 2004, 402
Winkler, Leistungen zur Eingliederung in Arbeit nach dem SGB II und SGB III unter besonderer Berücksichtigung der Hilfen für Frauen, die nach der Familienphase wieder in den Beruf einsteigen wollen, FPR 2005, 456

Kapitel 1
Einleitung

A. Die Neuregelung der Regelsätze und die Einführung eines Bildungspaketes für Kinder

I. Gesetzgebungsverfahren/Vermittlungsverfahren

Am 25.2. 2011 haben Bundestag und Bundesrat mit großer Mehrheit **1** dem Gesetz zur Ermittlung von Regelbedarfen und zur Änderung des Zweiten und Zwölften Buches Sozialgesetzbuch zugestimmt. Damit wurden die Konsequenzen aus einem Urteil des **Bundesverfassungsgerichts (BVerfG)** vom 9.2. 2010 gezogen (1BvL 1/09, 1 BvL 3/09, 1 BvL 4/09), in dem die Richter die Art und Weise der Ermittlung der Regelsätze für intransparent und nicht mit dem Grundgesetz vereinbar erklärt hatten (Rz. 210). Das Gericht kritisierte auch, dass die spezifischen Bedarfe von Kindern insbesondere bei Bildung und Teilhabe am kulturellen und sozialen Leben bisher außer Betracht geblieben seien. Die Höhe der Regelsätze wurde dagegen nicht kritisiert, diese seien nicht „evident unzureichend" (Rz. 211). Das BVerfG hatte dem Gesetzgeber bis zum 31.12. 2010 Zeit gegeben, um die Regelleistungen in einem verfassungsgemäßen Verfahren neu festzusetzen.

Den Beschlüssen von Bundestag und Bundesrat am 25.2. 2011 waren **2** zwei Anrufungen des **Vermittlungsausschusses** und mehrere Wochen streitiger und schwieriger Verhandlungen im Vermittlungsausschuss und im Rahmen einer inoffiziellen Verhandlungsgruppe aus Spitzenpolitikern von Koalition und Opposition vorausgegangen.

Am 17.12. 2010 lag dem Bundesrat zum ersten Mal das von der Bun- **3** desregierung ausgearbeitete und vom Bundestag am 3.12. 2010 beschlossene Gesetz mit einer Neuberechnung der Regelsätze sowie einer Anhebung um 5 Euro zur Entscheidung vor. Der Bundesrat stimmte dem Vorhaben nicht zu. Die Bundesregierung rief daraufhin am selben Tag gemäß Artikel 77 Abs. 2 Satz 4 GG den Vermittlungsausschuss an.

Am 11.2. 2011 stand der erste Einigungsvorschlag des **Vermittlungs-** **4** **ausschusses**, der dort am 9.2. 2011 eine Mehrheit gefunden hatte, im Bundesrat zur Abstimmung. Die Koalitionsfraktionen hatten ihm zuvor mit ihrer Mehrheit im Bundestag zugestimmt. Inhalt dieses Einigungsvorschlages war insbesondere die Übertragung der Trägerschaft für das Bildungspaket vom Bund auf die Kommunen, die Ausweitung dieses Bildungspaketes auf Kinder von Wohngeldempfängern und Beziehern von Kinderzuschlag sowie die Übernahme der Kosten für die Grundsicherung im Alter und bei Erwerbsminderung durch den Bund.

Kapitel 1. Einleitung

5   In der Länderkammer sah aber zunächst alles so aus, als würde der Vorschlag und damit das gesamte Gesetzeswerk erneut abgelehnt werden. Die Koalition aus CDU/CSU und FDP verfügte im Bundesrat über keine eigene Mehrheit, obwohl sie zu diesem Zeitpunkt auf die Stimmen Hamburgs, wegen der dort zeitweise allein regierenden CDU, zählen konnte. Zur notwendigen absoluten Mehrheit von 35 Stimmen in der Länderkammer fehlte aber eine Stimme. Man war daher auf das Saarland angewiesen, in dem sich die dort regierende Jamaika-Koalition aus CDU, FDP und Grünen aber letztlich auf Stimmenthaltung im Bundesrat verständigte. Als klar wurde, dass eine Zustimmung nicht erreicht werden konnte, rief der Bundesrat seinerseits den Vermittlungsausschuss an, um einen weiteren Versuch der Verständigung zwischen den politischen Lagern zu ermöglichen. Nur bei einer sowohl von den Koalitions- als auch den Oppositionsparteien getragenen Einigung konnte in beiden Gesetzgebungsorganen mit der notwendigen Mehrheit gerechnet werden. Grundlage des zweiten Durchganges im Vermittlungsausschuss war nun das Gesetz in der Fassung des Bundestagsbeschlusses vom 11.2.2011.

6   Am 22. und 23.2.2011 gelang es im **Vermittlungsausschuss**, die erforderliche breite Mehrheit für einen Einigungsvorschlag zu erreichen. Dieser sah im Wesentlichen vor, zum 1.1.2012 eine zusätzliche Erhöhung des Regelsatzes um weitere 3 Euro vorzunehmen. Zu dieser Einigung haben mehrere politische Verständigungen beigetragen, die in Protokollerklärungen niedergelegt und in Bundestag und Bundesrat zu Protokoll gegeben wurden. (Protokollerklärungen zu den Themen Gemeindefinanzkommission, Mindestlohnregelungen, Regelbedarfsstufe 3, Zeitarbeit und zur Revision der Bundesbeteiligung an den Bildungs- und Teilhabekosten für Kinder).

7   Am 25.2.2011 stimmten dann sowohl Bundestag als auch Bundesrat dem Gesetzeswerk zu. Die vorgenommenen Änderungen beim Regelsatz, insbesondere die Erhöhung um 5 Euro monatlich sowie das vereinbarte Bildungs- und Teilhabepaket für die Kinder traten rückwirkend zum 1.1.2011 in Kraft.

II. Wesentliche Inhalte der Neuregelung

8   Der **Regelsatz** wird in seiner Struktur mit 364 Euro ab 1.1.2011 bestätigt (vgl. Informationsschreiben der Bundesministerin für Arbeit und Soziales, Frau Dr. Ursula von der Leyen MdB an die Mitglieder der Koalitionsfraktionen vom 25.2.2011). Zum 1.1.2012 erfolgt unabhängig von der Regelanpassung ein Inflationsausgleich in Höhe von 0,75%, abgeleitet aus dem ersten Halbjahr 2010, der die Verschiebung des Anpassungszeitraumes abfedert.

A. Neuregelung der Regelsätze und die Einführung eines Bildungspaketes

Die **Regelsatzänderungen** im Überblick: 9

- Aufwandsentschädigungen für ehrenamtliche Tätigkeit und **Übungsleiter** werden auf den Regelsatz bis zu einer Obergrenze von 175 Euro monatlich nicht angerechnet.
- Kosten für die **Warmwasseraufbereitung** werden im Rahmen der Kosten der Unterkunft (KdU) oder als Mehrbedarf neben dem Regelsatz durch den Bund übernommen.
- Der monatliche Regelsatz steigt rückwirkend zum 1.1. 2011 um 5 Euro. Am 1.1. 2012 erfolgt eine Erhöhung um weitere 3 Euro (politische Einigung im zweiten Vermittlungsausschussverfahren). Unabhängig davon erfolgt zum selben Zeitpunkt die im Gesetz geplante Regelanpassung zum 1.1. 2012 aufgrund der **Lohn- und Preisentwicklung** von Juli 2010 bis Juni 2011 im Vergleich zum entsprechenden Zeitraum des Vorjahres.
- Der Regelsatz für die **Regelbedarfsstufe 3** wird dahingehend überprüft, ob Menschen mit Behinderung ab dem 25. Lebensjahr abweichend von der bisherigen Systematik den vollen Regelsatz erhalten können (politische Einigung).

Mit dem **Bildungspaket** wird Neuland betreten und abgewichen von 10 dem ansonsten üblichen Geldleistungsprinzip. Stattdessen wird eine gezielte Förderung durch Sach- und Dienstleistungen auf den Weg gebracht. Die Kommunen übernehmen die Umsetzung des Bildungspaketes. Sie sind Schul- und Jugendhilfeträger und kennen die lokalen Strukturen bei Vereinen und Verbänden.

Das **Bildungspaket** im Überblick: 11

- Das Bildungspaket besteht aus dem Schulbasispaket für den **Schulbedarf** samt Kostenübernahme für eintägige Ausflüge, der **Lernförderung**, einem Zuschuss zum **Mittagessen** in Kitas, Schulen und Horten und einem **Teilhabe**budget für Vereins-, Kultur- und Sportangebote.
- Das Bildungspaket erhalten Kinder in der Grundsicherung, Kinder von **Kinderzuschlagsempfängern** und Kinder von **Wohngeldempfängern**.
- Insgesamt profitieren rund 2,5 Millionen Kinder vom Bildungspaket.
- Die **Trägerschaft** geht insgesamt auf die Kommunen über, die frei sind in der Durchführung. Die Kinder sollen Leistungen aus einer Hand erhalten.
- Der Bund übernimmt die Kosten für das Bildungspaket. Das Gesamtvolumen von 1,6 Milliarden Euro (ab 2014 1,2 Milliarden Euro) pro Jahr (inklusive Verwaltungskosten und Übernahme der Kosten für die Warmwasseraufbereitung) wird über die Beteiligungsquote des Bundes an den Kosten der Unterkunft (KdU) im Bereich Grundsicherung für Arbeitsuchende den Kommunen erstattet. Die Erstattung der Ausgaben für das Bildungspaket wird ab 2012 auf Basis der Ist-Kosten jährlich fortlaufend angepasst.

12 Zum Ablauf des Gesetzgebungsverfahrens, den einzelnen Drucksachen sowie zum wesentlichen Inhalt im Überblick vergleiche auch AuS-Portal, das Portal für Arbeitsrecht und Sozialrecht (www.aus-portal.de).

B. Die Neuregelung der Organisation in den Jobcentern

13 Am 9.7. 2010 stimmte nach dem Bundestag (17.6. 2010) auch der Bundesrat einer weiteren einschneidenden Reform des ursprünglichen Hartz IV Gesetzes (Viertes Gesetz für moderne Dienstleistungen am Arbeitsmarkt) zu. Das Gesetz zur Weiterentwicklung der Organisation der Grundsicherung für Arbeitssuchende sowie die dazu gehörende Änderung des Grundgesetzes, mit der ein neuer Artikel 91e eingefügt wurde, beruht ebenfalls auf einem Urteil des **BVerfG**. Dieses hatte am 20.12. 2007 (BVerfGE 119, 331) entschieden, dass die bisherige Form der gemeinsamen Aufgabenwahrnehmung durch Bundesagentur für Arbeit und Kommunen in den Arbeitsgemeinschaften als unzulässige **Mischverwaltung** nicht mit dem Grundgesetz vereinbar sei.

14 Bundestag und Bundesrat beschlossen daher in einem parteiübergreifenden Konsens die Mischverwaltung von Bund und kommunaler Ebene durch ihre ausdrückliche Verankerung im Grundgesetz verfassungskonform auszugestalten. Die Erbringung der Leistungen aus einer Hand soll damit auch zukünftig sichergestellt werden. Die zugelassenen kommunalen Träger sollen die Möglichkeit erhalten, ihre Aufgaben künftig unbefristet wahrzunehmen. Ihre Zahl wird außerdem erhöht. Gleichzeitig sollen die Grundlagen für Verbesserungen in der Qualität der Leistungserbringung geschaffen werden (vgl. Gesetzesbegründung, BT Drs. 17/1555, Seite 15 ff.).

15 Die Leistungsträger Bundesagentur für Arbeit und Kommune bilden gemeinsame Einrichtungen (**Jobcenter**) und nehmen ihre Aufgaben gemeinsam wahr. Die bisherige Struktur der Zusammenarbeit bleibt im Grundsatz bestehen und wird fortentwickelt. In den Jobcentern werden die Kompetenzen beider Träger gebündelt und deren Leistungen gemeinsam und einheitlich erbracht. Die Geschäftsführer und die Trägerversammlungen erhalten umfangreiche Kompetenzen im Bereich Personal und Haushalt, um die dezentrale Aufgabenwahrnehmung zu stärken. Dieser Ansatz wird flankiert von bundeseinheitlichen Zielvereinbarungen und Kennzahlenvergleichen. Somit werden sowohl lokale Entscheidungsspielräume als auch eine bundesweite Vergleichbarkeit geschaffen.

16 Das BVerfG hat in seinem Urteil gefordert, dass für den Bürger eine Klarheit der Kompetenzordnung bestehen muss. Die Zuständigkeiten und Verantwortlichkeiten der verschiedenen staatlichen Ebenen müssen erkennbar sein. Dem soll insbesondere durch klare Aufsichtsstrukturen Rechnung getragen werden.

C. Bewertung und Ausblick

I. Bewertung

Bei beiden großen Reformwerken ist eine Gemeinsamkeit festzustellen. 17
In beiden Fällen hat der Gesetzgeber wesentliche **Kompetenzen von der Bundes- auf die Landes- bzw. kommunale Ebene übertragen** – und zugleich im Wege politischer Einigung Bundesgeld auf Länder bzw. Kommunen übertragen.

Bei der sogenannten **Jobcenterreform** sollte ursprünglich ein Modell 18
namens Kooperatives Jobcenter umgesetzt werden, in dem der BA als Bundesbehörde alle wesentlichen Aufgaben zugefallen wären. Die vom BVerfG für unzulässig erklärte Mischverwaltung wäre dahingehend aufgelöst worden, dass es künftig eine klare Bundeszuständigkeit gegeben hätte mit der Möglichkeit, durch öffentlich-rechtlichen Vertrag die kommunale Ebene in die Umsetzung vor Ort einzubinden. Im weiteren Verlauf der Beratungen wurde deutlich, dass die Landesregierungen, allen voran Hessen, mit einem solchen Bedeutungs- und Einflussverlust nicht einverstanden sein würden und das Vorhaben zum Scheitern verurteilt wäre – obwohl der ganz überwiegende Teil der Kosten vom Bund finanziert und dessen Interesse an einer eigenen Gestaltung der Gesetzesausführung nachvollziehbar war. Infolgedessen wurde die dann verabschiedete Konstruktion einer im Grundgesetz verankerten und damit zulässig gemachten Mischverwaltung sowie eine Perpetuierung der die Aufgaben allein wahrnehmenden kommunalen Trägerschaft erarbeitet und verabschiedet. Der Bund trägt nach wie vor den überwiegenden Teil der Kosten, hat aber zu Gunsten der Landesebene Kompetenzen dauerhaft abgegeben.

Ähnliches kann bei der im Februar 2011 verabschiedeten **Regelsatzre-** 19
form festgestellt werden. Das darin enthaltene Bildungs- und Teilhabepaket für bedürftige Kinder sollte nach dem ursprünglichen Willen der Bundesregierung und der Mehrheit im Bundestag von der BA, also der Bundesebene, umgesetzt werden. In den Verhandlungen im Rahmen der Anrufung des Vermittlungsausschusses wurde diese Zuständigkeit dann aber auf die kommunale Ebene verlagert und zusätzlich von Bundesseite zugesagt, die gesamten Kosten für das Paket zu übernehmen. Damit nicht genug. Als politischer Preis für die Einigung, die ein Verabschieden des Gesetzeswerkes im Bundesrat erst möglich machte, wurde zusätzlich auch die Kostenübernahme für die Grundsicherung im Alter und bei Erwerbsminderung von Bundesseite zugesagt. In Zahlen ausgedrückt heißt das, der Bund übernimmt 1,6 Milliarden Euro, ab 2014 1,2 Milliarden Euro jährlich für das Bildungs- und Teilhabepaket, ohne auf die Ausgestaltung und korrekte Umsetzung dieser Maßnahmen noch direkt Einfluss nehmen zu können. Außerdem übernimmt er mit der Grundsicherung im Alter und bei Erwerbsminderung Kosten in Höhe von 12 Milliarden Euro für die Jahre bis 2015. Danach ist mit einem weiteren Anstieg der Kosten auf-

grund der demographischen Entwicklung in diesem Bereich zu rechnen. Also auch hier kam es zu Kompetenzübertragungen vom Bund auf Landes- bzw. kommunale Ebene bei gleichzeitiger Übernahme der Finanzierung durch den Bund. Dieses Phänomen wird noch verschärft dadurch, dass offenbar bisher von Landes- oder kommunaler Ebene finanzierte Leistungen für Kinder eingestellt werden, da ja nun eine Bundesfinanzierung zugesagt ist (vgl. z.B. Süddeutsche Zeitung vom 24.3. 2011, Seite 23). Im Ergebnis führt also das Bildungs- und Teilhabepaket nicht zu einer besseren Versorgung der Kinder mit notwendigen Leistungen, sondern nur zu einer finanziellen Entlastung der unteren staatlichen Ebenen zulasten des Bundeshaushalts.

20 Im Unterschied zu der mit Kompetenzverlagerungen verbunden Umfinanzierung bei Hartz IV kommt es im Bereich Grundsicherung im Alter und bei Erwerbsminderung (SGB XII) – ganz im Sinne des Grundgesetzes – zur Anwendung von Artikel 104a Absatz 3 GG, wonach überall dort, wo der Bund über 50% der Kosten trägt, Bundesauftragsverwaltung besteht. Hier erhöht sich also die Einflussmöglichkeit der Bundespolitik.

II. Ausblick

21 Die nächsten Gesetzesänderungen sind bereits absehbar. Zum Beginn eines jeden Jahres muss nunmehr der Regelsatz an die Inflations- und Lohnentwicklung angepasst werden. Außerdem haben sich die Verhandlungspartner im Vermittlungsausschuss politisch darauf verständigt, die Regelbedarfsstufe 3 dahingehend zu überprüfen, ob Menschen mit Behinderung ab dem 25. Lebensjahr abweichend von der bisherigen Systematik den vollen Regelsatz erhalten können. Hier ist ebenfalls mit einer Gesetzesänderung zu rechnen.

22 Auswirkungen auf das Leistungsangebot in den Jobcentern wird auch die Sparvorgabe für den Haushalt des Bundesministeriums für Arbeit und Soziales haben. Bereits 2012 soll hier eine Einsparung in Höhe von etwa 4 Milliarden Euro erwirtschaftet werden. Eine Möglichkeit besteht darin, den sogenannten Instrumentenkasten der Bundesagentur für Arbeit (BA), also die Palette an Hilfen und Programmen, mit denen Arbeitslose gefördert werden, auf Einsparmöglichkeiten zu überprüfen.

Kapitel 2
Berechtigter Personenkreis

A. Leistungsberechtigte

Die Anspruchsvoraussetzungen für Leistungen der Grundsicherung für Arbeitsuchende sind im Kapitel 2 des SGB II normiert. § 7 SGB II regelt den Personenkreis der Leistungsberechtigten. Nach § 7 Abs. 1 Satz 1 SGB II erhalten Personen Leistungen nach dem SGB II, die

– das 15. Lebensjahr vollendet und die Altersgrenze nach § 7a SGB II noch nicht vollendet haben,
– erwerbsfähig sind,
– hilfebedürftig sind und
– ihren gewöhnlichen Aufenthalt in der Bundesrepublik Deutschland haben (zur Europarechtskonformität bei Grenzgängern: BSG, Urteil vom 18.1.2011, B 4 AS 14/10 R).

Das Gesetz spricht zusammenfassend von **erwerbsfähigen Leistungsberechtigten**. Dazu zählen **Ausländer** nur dann, soweit ihnen der Zugang zum Arbeitsmarkt nicht verwehrt ist (§§ 7 Abs. 1 Satz 2, 8 Abs. 2 SGB II). Dagegen erhalten Ausländer, deren Aufenthaltsrecht sich allein aus dem Zweck der Arbeitsuche ergibt, und ihre Familienangehörigen sowie Asylbewerber und ausreisepflichtige, geduldete Personen als Leistungsberechtigte nach dem AsylbLG keine Leistungen der Grundsicherung für Arbeitsuchende. Nach der Rechtsprechung des Bundessozialgerichts gilt der Leistungsausschluss nach § 7 Abs. 1 S. 2 Nr. 2 SGB II allerdings nicht für Ausländer aus einem Staat, der das Europäische Fürsorgeabkommen (EFA) aus dem Jahr 1953 unterzeichnet hat. Denn der Gleichbehandlungsanspruch nach Art. 1 EFA gilt auch im Bereich des SGB II (BSG, Urteil vom 19.10.2010, B 14 AS 23/10 R). Ausländer, die weder in der Bundesrepublik Deutschland Arbeitnehmer oder Selbständige noch aufgrund des § 2 Abs. 3 des Freizügigkeitsgesetzes/EU freizügigkeitsberechtigt sind, und ihre Familienangehörigen sind für die ersten drei Monate ihres Aufenthalts von den Leistungen des SGB II ausgenommen (§ 7 Abs. 1 S. 2 Nr. 1 SGB II).

Die **Altersgrenze von 65 Jahren** wird in Folge der Anhebung der Regelaltersgrenze durch das RV-Altersgrenzenanpassungsgesetz vom 20.4.2007 (BGBl. I S. 554) ab dem Jahr 2012 schrittweise **auf 67 Jahre angehoben** (§ 7a SGB II). Betroffen sind die Jahrgänge 1947 und jünger. Abgeschlossen ist die Anhebung auf 67 Jahre im Jahr 2029, in vollem Umfang von der Anhebung betroffen sind damit die Jahrgänge 1964 und jünger.

26 Zudem erhalten auch Personen Leistungen, die mit erwerbsfähigen Leistungsberechtigten in einer **Bedarfsgemeinschaft** leben. **Dienst- und Sachleistungen** nach dem SGB II werden ihnen hingegen nur erbracht, wenn dadurch Hemmnisse bei der Eingliederung der erwerbsfähigen Hilfebedürftigen beseitigt oder vermindert werden (§ 7 Abs. 2 SGB II).

27 **Übersicht: Berechtigter Personenkreis**

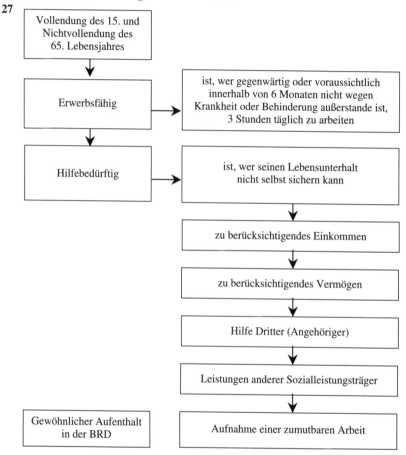

Quelle: Marburger, SGB II – Grundsicherung für Arbeit Suchende, S. 22

I. Bedarfsgemeinschaft

28 Die **Bedarfsgemeinschaft** ist in § 7 Abs. 3 SGB II abschließend gesetzlich umschrieben. Sie umfasst in erster Linie den erwerbsfähigen Leistungsberechtigten selbst (Nr. 1), seine im Haushalt lebenden Eltern

A. Leistungsberechtigte

(Nr. 2), seinen Partner (Ehegatten, Lebenspartner, jede Verantwortungs- und Einstehensgemeinschaft, Nr. 3) sowie seine dem Haushalt angehörigen unverheirateten Kinder, wenn sie das 25. Lebensjahr noch nicht vollendet haben, soweit sie die Leistungen zur Sicherung ihres Lebensunterhalts nicht aus eigenem Einkommen oder Vermögen beschaffen können (Nr. 4). Ein wechselseitiger Wille, Verantwortung füreinander zu tragen und füreinander einzustehen (Verantwortungs- und Einstehensgemeinschaft i. S. v. § 7 Abs. 3 Nr. 3c SGB II) wird gesetzlich vermutet, wenn Partner länger als ein Jahr zusammenleben, mit einem gemeinsamen Kind zusammenleben, Kinder oder Angehörige im Haushalt versorgen oder befugt sind, über Einkommen oder Vermögen des anderen zu verfügen (§ 7 Abs. 3a SGB II). Die Kriterien sind nicht abschließend, weitere Lebensumstände können auf eine **Verantwortungs- und Einstehensgemeinschaft** schließen lassen. Die Vermutung kann vom Hilfebedürftigen widerlegt werden. Bedeutung hat die Bedarfsgemeinschaft für die Berechnung der Hilfe. Denn unabhängig von zivilrechtlichen Unterhaltsansprüchen und davon, ob die Person anspruchsberechtigt nach dem SGB II ist, wird von jedem Mitglied der Bedarfsgemeinschaft erwartet, dass es sein Einkommen und Vermögen zur Deckung des Gesamtbedarfs aller Angehörigen der Bedarfsgemeinschaft einsetzt (vgl. aber § 9 Abs. 2 SGB II), also alle Mitglieder gleichsam „aus einem Topf" wirtschaften.

Zwar ist in § 38 SGB II geregelt, dass der erwerbsfähige Leistungsberechtigte „sozusagen als Haushaltsvorstand" im Zweifel bevollmächtigt ist, Leistungen nach dem SGB II auch für die mit ihm in einer Bedarfsgemeinschaft lebenden Personen zu beantragen und entgegenzunehmen (§ 38 Abs. 1 Satz 1 SGB II). Das hat aber allein praktische Gründe und ändert nichts daran, dass jedes Mitglied der Bedarfsgemeinschaft einen eigenen Anspruch auf Leistungen hat. Jede einzelne Person in einer Bedarfsgemeinschaft ist hilfebedürftig (vgl. § 9 Abs. 2 Satz 3 SGB II). 29

II. Vermutung der Bedarfsdeckung

Von der Bedarfsgemeinschaft ist wie im Sozialhilferecht (vgl. § 39 SGB XII) zu unterscheiden die Vermutung der Bedarfsdeckung nach § 9 Abs. 5 SGB II. Die Vermutung der Bedarfsdeckung besteht, wenn Personen eine **Haushaltsgemeinschaft** (Wohn- und Wirtschaftsgemeinschaft) bilden und nach den wirtschaftlichen Verhältnissen erwartet werden kann, dass die hilfebedürftigen Mitglieder Leistungen von den anderen erhalten. Die Haushaltsgemeinschaft ist damit weiter als die Bedarfsgemeinschaft und umfasst alle Personen, die auf Dauer mit einer Bedarfsgemeinschaft in einem Haushalt zusammen leben. Die Unterscheidung zwischen Bedarfsgemeinschaft und Haushaltsgemeinschaft hat Bedeutung für die zu zahlenden Kosten der Unterkunft. 30

Kapitel 2. Berechtigter Personenkreis

> **31** **Beispiel:**
> In einem Haushalt leben Vater, Mutter, das minderjährige Kind und der Großvater, der Leistungen der Grundsicherung im Alter bezieht. Die Unterkunftskosten betragen 400 Euro. Der Großvater gehört der Haushaltsgemeinschaft, nicht aber der Bedarfsgemeinschaft an. Der auf ihn entfallende Mietanteil von 100 Euro kann deshalb nicht nach dem SGB II übernommen werden, sondern ist vom kommunalen Träger im Rahmen der Grundsicherung im Alter zu zahlen.

III. Ausschlusstatbestände

32   Nach § 7 Abs. 4 SGB II erhalten alle Personen in stationären Einrichtungen keine Leistungen der Grundsicherung für Arbeitsuchende. Eine **stationäre Einrichtung** ist grundsätzlich anzunehmen, wenn neben der Vollunterbringung der Einrichtungsträger die Gesamtverantwortung für die tägliche Lebensführung im Rahmen eines Therapiekonzepts des Leistungsberechtigten übernimmt. Einrichtungen zum **Vollzug richterlich angeordneter Freiheitsentziehung** (z.B. Strafhaft, Untersuchungshaft) sind den stationären Einrichtungen gleichgestellt. Der Bezug einer **Rente wegen Alters** (§§ 33 ff. SGB VI) oder der **Knappschaftsausgleichsleistung** (§ 239 SGB VI) oder ähnlichen Leistungen öffentlich-rechtlicher Art führt – unabhängig von deren Höhe und dem Eintrittsalter – zum Wegfall des Anspruchs auf Leistungen der Grundsicherung für Arbeitsuchende. Reicht die Altersrente nicht aus, den Bedarf zu decken, sind ggf. ergänzende Leistungen nach dem SGB XII durch den Träger der Sozialhilfe zu erbringen. Der Anspruch auf Leistungen nach dem SGB II bleibt bestehen, wenn der Leistungsberechtigte voraussichtlich für weniger als sechs Monate in einem Krankenhaus untergebracht ist oder bei Unterbringung in einer stationären Einrichtung unter den üblichen Bedingungen des allgemeinen Arbeitsmarkts für mindestens 15 Stunden wöchentlich einer Beschäftigung nachgeht (§ 7 Abs. 4 Satz 3 SGB II).

33   Keine Leistungen nach dem SGB II erhalten Personen, die ohne Zustimmung des zuständigen Trägers gegen die sog. **„Residenzpflicht"** verstoßen und deshalb nicht für die Eingliederung in Arbeit zur Verfügung stehen (§ 7 Abs. 4a SGB II). Außerdem haben **Auszubildende**, deren Ausbildung im Rahmen des BAföG oder der §§ 60 bis 62 SGB III dem Grunde nach förderungsfähig ist, über die Leistungen nach § 27 SGB II (Leistungen für Auszubildene) hinaus keinen Anspruch auf Leistungen zur Sicherung des Lebensunterhalts (§ 7 Abs. 5 SGB II). Es ist damit ohne Bedeutung, ob sich z.B. aufgrund der Einkommensverhältnisse der Eltern tatsächlich ein zahlbarer Betrag ergibt. Die Förderfähigkeit der Ausbildung richtet sich nach § 2 Abs. 1 BAföG und betrifft den Besuch von schulischen Einrichtungen (z.B. Abendschule, Hochschule). Von den §§ 60 bis 62 SGB III werden betriebliche oder außerbetriebliche berufliche Erstausbildungen in einem staatlich anerkannten Ausbildungsberuf, berufsvorbereitende Bildungsmaßnahmen und eine Berufsausbildung oder berufsvorbereitende Bildungsmaßnahmen, die ganz oder teilweise im Ausland stattfinden, erfasst. Diese Ausbildungen können mit Berufsausbildungsbeihilfe gefördert werden. Eine **Rückausnahme** (also Anspruch auf Leistungen zur Sicherung des Lebensunterhalts für Auszubildende) bildet § 7 Abs. 6 SGB II.

B. Erwerbsfähigkeit

I. Begriff

Der **Begriff der Erwerbsfähigkeit** ist in § 8 Abs. 1 SGB II legaldefiniert. Danach ist erwerbsfähig, „wer *nicht* wegen Krankheit oder Behinderung auf absehbare Zeit außerstande ist, unter den üblichen Bedingungen des allgemeinen Arbeitsmarktes mindestens drei Stunden täglich erwerbstätig zu sein". Die Erwerbsfähigkeit lehnt sich damit an den im Rentenrecht geregelten Begriff der vollen Erwerbsminderung an. Nach § 43 Abs. 2 Satz 2 SGB VI sind Versicherte voll erwerbsgemindert, die „wegen Krankheit oder Behinderung auf nicht absehbare Zeit außerstande sind, unter den üblichen Bedingungen des allgemeinen Arbeitsmarktes mindestens drei Stunden täglich erwerbstätig zu sein". Die Erwerbsfähigkeit ist damit nicht nur ein zentraler Begriff innerhalb des SGB II, sondern zugleich Abgrenzungskriterium für die Frage, ob Ansprüche auf Leistungen der Grundsicherung für Arbeitsuchende nach dem SGB II, der gesetzlichen Rentenversicherung nach dem SGB VI, der Grundsicherung im Alter und bei Erwerbsminderung nach §§ 41 ff. SGB XII oder der Sozialhilfe nach dem SGB XII bestehen.

34

Übersicht: Regelung des Begriffs der (verminderten) Erwerbsfähigkeit

Leistungen	(verminderte) Erwerbsfähigkeit geregelt in
der Grundsicherung für Arbeitsuchende	§ 8 Abs. 1 SGB II
der gesetzlichen Rentenversicherung	§ 43 Abs. 2 SGB VI
der Grundsicherung im Alter und bei Erwerbsminderung	§§ 41 Abs. 1 SGB XII, 43 Abs. 2 SGB VI
der Sozialhilfe	§§ 8 Abs. 1 SGB II, 21 Satz 1 SGB XII

35

Personen, die nur **teilweise erwerbsgemindert** sind (vgl. zweite und dritte Fallgruppe der nachstehenden Übersicht), sind erwerbsfähig i.S.v. § 8 Abs. 1 SGB II. Das gilt auch für Betroffene, die zwar in der Lage sind, noch zwischen drei und sechs Stunden erwerbstätig zu sein, für die nach

36

Ansicht des Rentenversicherungsträgers aber der Arbeitsmarkt verschlossen ist. Diese Personen erhalten eine sog. **arbeitsmarktbedingte (volle) Erwerbsminderungsrente**, die auf das Arbeitslosengeld II angerechnet wird.

Übersicht: Umfang des Leistungsvermögens des Hilfebedürftigen

37

Leistungsvermögen auf dem allgemeinen Arbeitsmarkt	SGB II	SGB VI
unter 3 Stunden täglich	nicht erwerbsfähig	voll erwerbsgemindert
3 bis unter 6 Stunden täglich	erwerbsfähig	teilweise erwerbsgemindert
6 Stunden täglich und mehr, aber unter 6 Stunden täglich im bisherigen Beruf	erwerbsfähig	teilweise erwerbsgemindert (berufsunfähig, § 240 SGB VI)
6 Stunden täglich und mehr	erwerbsfähig	nicht erwerbsgemindert

38 § 8 Abs. 2 SGB II trifft eine **Sonderregelung für Ausländer**. Diese können nur erwerbstätig i.S.v. Abs. 1 sein, wenn ihnen die Aufnahme einer Beschäftigung erlaubt ist oder erlaubt werden könnte. Diese Sonderregelung hängt damit zusammen, dass die Beschäftigung von Ausländern grundsätzlich unter **Erlaubnisvorbehalt** steht. Es kommt darauf an, ob rechtlich ein Zugang zum Arbeitsmarkt besteht oder zulässig wäre, wenn keine geeigneten inländischen Arbeitskräfte verfügbar sind. Die Frage, ob ein solcher unbeschränkter oder nachrangiger Arbeitsmarktzugang rechtlich gewährt wird, richtet sich dabei ausschließlich nach den – durch das SGB II insoweit unberührten – arbeitsgenehmigungsrechtlichen Bestimmungen. Dabei ist die rechtlich-theoretische Möglichkeit ausreichend, eine Beschäftigung vorbehaltlich einer Zustimmung nach § 39 AufenthG aufzunehmen.

II. Feststellung der Erwerbsfähigkeit

39 Die **Feststellung der Erwerbsfähigkeit** des Arbeitsuchenden trifft die Agentur für Arbeit (§ 44a SGB II). Das gilt auch dann, wenn Leistungsträger nicht die Bundesagentur ist, sondern ein kommunaler Träger. Teilt der kommunale Träger nicht die Auffassung der Agentur für Arbeit, kann er der Entscheidung der Agentur für Arbeit widersprechen (§ 44a Abs. 1 Satz 2 Nr. 1 SGB II). Dasselbe gilt im Verhältnis zwischen der Agentur für Arbeit und dem Leistungsträger, der bei voller Erwerbsminderung zuständig wäre, also im Verhältnis zwischen Agentur für Arbeit und Rentenversicherungsträger (Nr. 2), und der Krankenkasse, die bei Erwerbsfähigkeit Leistungen der Krankenversicherung zu erbringen hätte (Nr. 3). Dabei ist sichergestellt, dass bis zur endgültigen Entscheidung über die Erwerbsfä-

higkeit des Arbeitsuchenden die Agentur für Arbeit und der kommunale Träger Leistungen der Grundsicherung für Arbeitsuchende erbringen (§ 44a Abs. 1 Satz 7 SGB II).

Dies entspricht dem Grundsatz der **Nahtlosigkeit**, wie er auch im Verhältnis zwischen Bundesagentur für Arbeit und Rentenversicherung bei der Frage, ob Arbeitslosengeld oder Rente zu zahlen ist, in § 125 SGB III zum Ausdruck kommt. In Fällen, in denen sich im Nachhinein herausstellt, dass nicht die Agentur für Arbeit oder der kommunale Träger leistungspflichtig sind, sondern der Rentenversicherungsträger, haben jene einen Erstattungsanspruch gegen den Rentenversicherungsträger (§§ 44a Abs. 3 SGB II, 103 SGB X). 40

Um bei der Beurteilung der Leistungsfähigkeit von Arbeitsuchenden den Aufwand für alle Beteiligten zu begrenzen, insbesondere um Doppeluntersuchungen und unterschiedliche Beurteilungen der Leistungsfähigkeit eines Arbeitsuchenden zu vermeiden, hat im Widerspruchsfall der zuständige Rentenversicherungsträger die gutachterliche Stellungnahme über das Vorliegen der Erwerbsunfähigkeit zu erstellen (§ 44a Abs. 1 S. 5 SGB II). Die Agentur für Arbeit ist hieran gebunden (§ 44a Abs. 1 S. 6 SGB II). Das frühere Einigungsstellenverfahren (§ 45 SGB II a.F.) ist damit entfallen (vgl. hierzu, Chojetzki, NZS 2010, 662 ff.). 41

C. Hilfebedürftigkeit

I. Begriff

Berechtigt, Leistungen nach dem SGB II zu erhalten, ist gemäß § 7 Absatz 1 SGB II, nur der, der unter anderem „hilfebedürftig" ist. Dies ist, wer seinen Lebensunterhalt nicht oder nicht ausreichend aus dem zu berücksichtigenden Einkommen oder Vermögen sichern kann und die erforderliche Hilfe nicht von anderen, insbesondere Angehörigen oder von Trägern anderer Sozialleistungen erhält (§ 9 Abs. 1 SGB II). 42

Der Hilfebedürftige muss damit grundsätzlich alle Einnahmen, die ihm zufließen, zur Deckung seines bzw. des Lebensunterhalts seiner Angehörigen verwenden. Bei der Berechnung des Leistungsanspruchs wird das Einkommen und Vermögen, das im jeweiligen Bedarfszeitraum zufließt (bereites Einkommen), dem in dieser Zeit bestehenden Bedarf gegenübergestellt. Der Bedarfszeitraum ist grundsätzlich der Kalendermonat. 43

Jeder in der Bedarfsgemeinschaft ist verpflichtet, zum eigenen und zum Lebensunterhalt seiner Angehörigen beizutragen. Auch die Hausfrau, die nie gearbeitet hat, ist, wenn ihr Ehemann oder sie Ansprüche aus dem SGB II geltend macht, ebenso wie ihr Mann verpflichtet, Einkommen und Vermögen einzusetzen. 44

Kann in einer Bedarfsgemeinschaft nur der Bedarf der Eltern durch eigenes Einkommen gedeckt werden, kann für die Kinder ein Anspruch auf 45

Kinderzuschlag nach § 6a BKGG bestehen. In diesen Fällen besteht kein Anspruch auf Leistungen nach dem SGB II.

46 Einen (Teil-)Anspruch hat auch, wer seinen bzw. den Bedarf seiner Bedarfsgemeinschaft „nicht ausreichend" selber decken kann, also nur teilweise hilfebedürftig ist, weil beispielsweise das erzielte Einkommen unter der Bedarfsschwelle liegt. Der Hilfebedürftige hat in diesem Fall Anspruch auf **aufstockende Hilfe nach dem SGB II**.

47 Bei der **Hilfebedürftigkeit** ist es unerheblich, in welcher Form die Leistungen erbracht und ob sie aufgrund einer gesetzlichen Unterhaltspflicht oder freiwillig geleistet werden. Auch Leistungen von Verwandten, die mit dem Hilfebedürftigen zwar nicht in einer Bedarfsgemeinschaft (§ 7 Abs. 3 SGB II), aber in einer Haushaltsgemeinschaft (§ 9 Abs. 5 SGB II) leben, sind zu berücksichtigen. Diese Leistungen können zum Beispiel in Form von Unterkunft und Verpflegung erbracht werden.

48 Eine **Haushaltsgemeinschaft** kann angenommen werden, wenn mehrere Personen wie eine Familie zusammen wohnen und wirtschaften („Wohn- und Wirtschaftsgemeinschaft"). Eine Haushaltsgemeinschaft liegt nicht vor, wenn zwar eine Wohnung gemeinsam bewohnt, jedoch selbständig und getrennt gewirtschaftet wird. (z.B. **Untermietverhältnisse**, studentische **Wohngemeinschaften**, Wohnungsbereitstellung durch Arbeitgeber).

49 Keine Hilfebedürftigkeit und damit kein Anspruch nach dem SGB II liegt vor, wenn der Hilfebedürftige beispielsweise kostenlose Unterkunft und Verpflegung sowie weitere Leistungen, wie etwa **Kleidung**, **Taschengeld** etc. erhält, die ausreichen, seinen Bedarf zu decken.

50 | **Beispiel:**
Eine 40-jährige Hilfebedürftige lebt in Haushaltsgemeinschaft mit ihren Eltern. Sie erhält von diesen freie Unterkunft und (volle) unentgeltliche Verpflegung. Die Frau erhält dann keine Kosten für Unterkunft, da keine anfallen; die Regelleistung (364 €) ist um den Wert der Verpflegung zu mindern.

II. Bedarfsgemeinschaften

51 Nach § 9 Abs. 1 SGB II hat grundsätzlich jedes Mitglied der Bedarfsgemeinschaft sein Einkommen und Vermögen für alle Mitglieder der Bedarfsgemeinschaft einzusetzen. Einkommen und Vermögen von Personen, die zwar zur Haushaltsgemeinschaft, nicht aber zur Bedarfsgemeinschaft gehören, sind nur unter den Voraussetzungen des § 9 Abs. 5 SGB II zu berücksichtigen. Wer **Mitglied einer Bedarfsgemeinschaft** ist, ergibt sich abschließend aus § 7 Abs. 3 SGB II.

C. Hilfebedürftigkeit

1. Partnereinkommen

Nach § 9 Abs. 2 SGB II sind das **Einkommen** und Vermögen des Partners auch auf den Bedarf aller zur Bedarfsgemeinschaft zählenden unverheirateten (nicht nur der minderjährigen) Kinder anzurechnen, unabhängig davon, ob es sich um gemeinsame Kinder handelt oder nicht. Unterhaltsrechtliche Bestimmungen nach dem BGB sind insoweit irrelevant. 52

2. Einkommen der Kinder

Einkommen und Vermögen der **unverheirateten Kinder** sind dagegen nicht auf den Bedarf der Eltern anzurechnen. Außerdem sind Einkommen und Vermögen der Eltern/des Elternteils bei unverheirateten Kindern nicht nach § 9 Abs. 2 SGB II zu berücksichtigen, wenn sie nicht derselben Bedarfsgemeinschaft angehören. Einkommen und Vermögen der Eltern sind ebenfalls nicht zu berücksichtigen, wenn das Kind schwanger ist oder sein Kind betreut und dieses Kind das sechste Lebensjahr noch nicht vollendet hat (§ 9 Abs. 3 SGB II). Dies gilt auch bei der Vermutung des § 9 Abs. 5 SGB II. Das Einkommen und Vermögen des Partners/der Partnerin des Elternteils ist für den Unterhalt des unverheirateten Kindes heranzuziehen (**Stiefkinderregelung**). 53

III. Härteklausel/Darlehen

Leistungen zur Sicherung des Lebensunterhaltes nach dem SGB II „sind" als **Darlehen** zu erbringen, wenn Vermögen zwar grundsätzlich zu berücksichtigen ist, der sofortige Verbrauch oder die sofortige Verwertung nicht möglich ist oder für den Leistungsberechtigten eine besondere Härte bedeuten würde (§§ 24 Abs. 5, 9 Abs. 4 SGB II). Die darlehensmäßige Leistungserbringung kann davon abhängig gemacht werden, dass der Anspruch auf Rückzahlung dinglich oder in anderer Weise gesichert wird. 54

Vermögen ist z.B. nicht sofort verwertbar, wenn die Veräußerung einer berücksichtigungsfähigen Immobilie eine gewisse Zeit in Anspruch nimmt, bei einer gemeinsamen Erbschaft die **Nachlassauseinandersetzung** noch nicht abgeschlossen ist oder eine Geldanlage/ein Versicherungswert von dem Geldinstitut/Versicherungsunternehmen nicht sofort ausgezahlt werden kann. 55

1. Härteklausel

Eine **besondere Härte** nach § 9 Abs. 4 SGB II liegt z.B. darin, dass der Einsatz eines Vermögenswertes bei Antragstellung zwar nach Maßgabe des § 12 zumutbar wäre, aber der Hilfebedürftige in absehbarer Zeit einen höheren Erlös erwarten kann (z.B. **Prämiensparen, Lebensversicherung** kurz vor Fälligkeit, Grundstück wird nachweislich zum Bauerwartungsland). Ebenso ist von einer sofortigen (aber zumutbaren) Veräußerung eines wertvollen Vermögenswertes (z.B. Grundstück) abzusehen, wenn vo- 56 raussichtlich nur eine vorübergehende Hilfebedürftigkeit vorliegt (z.B. baldige Arbeitsaufnahme). Bis zur tatsächlichen Verfügung über das Vermögen besteht Hilfebedürftigkeit, wenn der Bedarf bis dahin nicht aufgeschoben werden kann.

2. Darlehen

57 Das **Darlehen** wird **zinslos** gewährt und umfasst alle Leistungen nach dem Kapitel 3, Abschnitt 2 des SGB II. Die Auszahlung erfolgt monatlich in Höhe des errechneten Bedarfes. Während der Zeit der Darlehensgewährung ist der Hilfebedürftige **nicht sozialversicherungspflichtig** (§ 5 Abs. 1 Nr. 2a SGB V/§ 20 Abs. 1 Nr. 2a SGB XI). Ist der Versicherungsschutz nicht auf andere Weise gesichert (z.B. aufgrund eines Arbeitsverhältnisses/einer Familienversicherung) so können Beiträge zur freiwilligen Kranken- und Pflegeversicherung in nachgewiesener Höhe ebenfalls als Darlehen gewährt werden. Zur Sicherung des Darlehens kann vom Hilfebedürftigen auch eine dingliche Sicherung verlangt werden, § 24 Abs. 5 SGB II. Außerdem kann die Abtretung des fällig werdenden Vermögenswertes in Höhe des erteilten Darlehens verlangt werden. Nach der **Verwertung des Vermögens** ist das Darlehen sofort in einer Summe zurückzuzahlen.

IV. Einkommen von Verwandten und Verschwägerten

58 Nach § 9 Abs. 5 SGB II wird gesetzlich vermutet, dass ein Hilfebedürftiger, der in **Haushaltsgemeinschaft** mit **Verwandten** oder **Verschwägerten** lebt, von ihnen Leistungen zum Lebensunterhalt erhält, soweit dies nach ihrem Einkommen und Vermögen erwartet werden kann. Die vom Gesetz vermutete Tatsache besteht darin, dass Verwandte und Verschwägerte, die in einer Haushaltsgemeinschaft leben, sich gegenseitig im Rahmen ihrer finanziellen Möglichkeiten unterstützen, auch wenn nach dem BGB keine Unterhaltspflicht besteht. Es wird davon ausgegangen, dass innerhalb einer **Haushaltsgemeinschaft** eine sittliche Pflicht, entsprechend dem Gedanken der Familiennotgemeinschaft, zur gegenseitigen Unterstützung besteht.

59 Voraussetzungen für die Vermutungsregel sind das Leben in einem Haushalt mit Verwandten und Verschwägerten und die Leistungsfähigkeit der Angehörigen. **Verwandte** sind nach § 1589 BGB Personen, bei denen der Eine vom Anderen abstammt (z.B.: Eltern mit Kindern, Großeltern mit Enkeln) oder von derselben dritten Person abstammt (z.B. **Geschwister, Tante** und **Nichte**). Verwandte eines Ehegatten sind nach § 1590 Abs. 1 Satz 1 BGB mit dem anderen Ehegatten verschwägert (Schwiegereltern, Stiefkinder). Auch die Verwandten des eingetragenen Lebenspartners gelten nach § 11 Abs. 2 Lebenspartnerschaftsgesetz als mit dem anderen Lebenspartner verschwägert.

C. Hilfebedürftigkeit

Ehegatten, eingetragene Lebenspartner und **nichteheliche** Lebenspartner sind weder miteinander verwandt noch verschwägert. Sie werden deshalb von der gesetzlichen Vermutungsregelung des § 9 Abs. 5 SGB II nicht erfasst. Nicht dauernd getrennt lebende Partner bilden – wie das im gemeinsamen Haushalt lebende minderjährige **Stiefkind** und der Stiefelternteil – eine Bedarfsgemeinschaft. 60

Bloße Mitglieder einer **Wohngemeinschaft** gehören demnach nicht zu der Haushaltsgemeinschaft nach § 9 Abs. 5 SGB II, denn diese Regelung erfasst nur Verwandte und Verschwägerte i.S.d. §§ 1589 ff. BGB (BVerfG, 1 BvR 1962/04).

Die gesetzliche Vermutung der Leistungserbringung durch Verwandte oder Verschwägerte setzt deren eigene Leistungsfähigkeit voraus. Denn die Vermutung nach § 9 Abs. 5 SGB II gilt nur insoweit, als dies nach deren Einkommen und Vermögen erwartet werden kann. 61

Der Umfang der Leistungen, die von dem Verwandten oder Verschwägerten erwartet werden können, hängt von der Höhe des **Eigenbedarfs** ab, der ihm und seinen unterhaltsberechtigten Angehörigen zuzubilligen ist. **Kindergeld für volljährige Kinder** wird grundsätzlich als Einkommen des Kindergeldberechtigten berücksichtigt, sofern es nicht an das Kind ausgezahlt wird. 62

Soweit der mit dem Hilfebedürftigen in Haushaltsgemeinschaft lebende Verwandte oder Verschwägerte leistungsfähig ist, tritt die gesetzliche Vermutung der Leistungserbringung ein. Diese **Vermutung** kann durch **Gegenbeweis** widerlegt werden. 63

Die gesetzliche Vermutung kann nur dann als widerlegt angesehen werden, wenn nach den konkreten Umständen des Einzelfalles mit hinreichender Sicherheit feststeht, dass der Verwandte oder Verschwägerte dem mit ihm in Haushaltsgemeinschaft lebenden Hilfebedürftigen Unterhaltsleistungen tatsächlich nicht oder nicht über einen bestimmten Umfang hinaus gewährt. Die **Widerlegung der Vermutung** darf nicht durch überspannte Beweisanforderungen erschwert werden. Es kann von dem Hilfebedürftigen nicht mehr an Beweisen verlangt werden, als er tatsächlich erbringen kann. 64

Ist der/die Angehörige dem Hilfebedürftigen nicht zum Unterhalt verpflichtet, so reicht eine entsprechende **schriftliche Erklärung** des Angehörigen dann aus, wenn keine anderweitigen Erkenntnisse den Wahrheitsgehalt dieser Erklärung in Zweifel ziehen. Zur Entkräftung der Vermutung reicht die bloße Behauptung des Hilfebedürftigen und des Angehörigen, er würde keine oder keine ausreichenden Leistungen erhalten, insbesondere dann nicht aus, wenn es sich bei dem Angehörigen um einen zum Unterhalt verpflichteten Elternteil des Hilfebedürftigen handelt. In diesen Fällen sind an die Widerlegung der Vermutung strenge Anforderungen zu stellen, weil es zum einen der Lebenserfahrung entspricht, dass Eltern ihre Kinder unterstützen, zum anderen ist die Unterhaltsverpflichtung der Eltern zu beachten. Zur Widerlegung der Vermutung müssen weitere nachvollziehbare und überprüfbare Tatsachen vorgetragen werden. 65

Kapitel 2. Berechtigter Personenkreis

66 Im Falle der **gesteigerten Unterhaltspflicht** gem. § 1603 Abs. 2 Satz 2 BGB ist die Vermutung im Rahmen der festgestellten Leistungsfähigkeit grundsätzlich als unwiderlegbar anzusehen.

67 Im Rahmen der Abwägung, ob die bestehende Leistungsvermutung als widerlegt angesehen werden kann, sind die Besonderheiten des jeweiligen Sachverhalts angemessen zu würdigen. Die Heranziehung des Angehörigen darf insbesondere nicht zur Zerstörung des Familienfriedens oder zur **Auflösung der Haushaltsgemeinschaft** führen.

68 Wird die Vermutung nicht durch Gegenbeweis widerlegt, liegt nach § 9 Abs. 1 SGB II insoweit Hilfebedürftigkeit nicht vor, weil der Leistungsberechtigte die erforderliche Hilfe von anderen ganz oder teilweise erhält.

D. Zumutbarkeit

69 Die Regelung, unter welchen Voraussetzungen eine Arbeit zumutbar bzw. unzumutbar ist, orientiert sich an der früheren Sozialhilfe. „Grundsätzlich ist erwerbsfähigen leistungsberechtigen Personen **jede Arbeit zumutbar**, weil sie verpflichtet sind, die Belastung der Allgemeinheit durch ihre Hilfebedürftigkeit zu minimieren" (so die ursprüngliche Gesetzesbegründung).

70 Anders als in der früheren Arbeitslosenhilfe besteht kein Berufs- oder Einkommensschutz. Die Beurteilung der Zumutbarkeit ist dabei auf die konkrete Beschäftigungsmöglichkeit im Einzelfall abzustellen.

71 Die Zumutbarkeitsregelungen gelten nicht nur in Bezug auf eine reguläre Beschäftigung im allgemeinen Arbeitsmarkt, sondern auch in Bezug auf Leistungen zur Eingliederung in Arbeit nach §§ 14 ff. SGB II (vgl. § 10 Abs. 3 SGB II).

I. Zumutbare Arbeit

72 § 10 Abs. 2 Nr. 1 SGB II stellt ausdrücklich klar, dass eine Arbeit nicht allein deswegen unzumutbar ist, weil sie nicht der früheren Ausbildung oder beruflichen Tätigkeit des Leistungsberechtigten entspricht bzw. als geringerwertig anzusehen ist (Nr. 2). Des Weiteren wird klargestellt, dass im Vergleich zur früheren Tätigkeit auch eine weitere Anfahrt zur Arbeitsstätte oder ungünstigere Arbeitsbedingungen zumutbar sind (Nr. 3 und 4). Es kann in der Regel sogar die Beendigung einer Erwerbstätigkeit zumutbar sein, z.B. die Aufgabe einer geringfügigen Beschäftigung zu Gunsten der Aufnahme einer sozialversicherungspflichtigen Beschäftigung (Nr. 5).

D. Zumutbarkeit

II. Unzumutbare Arbeit

1. Körperlich, geistige oder seelische Überbelastung

Unzumutbar ist jede Arbeit, zu der der Hilfebedürftige **„körperlich, geistig oder seelisch" nicht in der Lage ist** (§ 10 Abs. 1 Nr. 1 SGB II). Die „körperliche" und „geistige" Eignung ist gegebenenfalls durch ein ärztliches oder amtsärztliches Gutachten festzustellen. Beispiele für „seelische" Ablehnungsgründe sind etwa: Die Beschäftigung bei einem früheren Arbeitgeber, wenn das Arbeitsverhältnis z.b. wegen Mobbings beendet wurde; die Beschäftigung als Koch bei Vorliegen von krankhaften Essstörungen oder als Barkeeper bei Vorliegen von Alkoholismus.

73

2. Besondere körperliche Belastung

Unzumutbar ist auch eine Arbeit, die die künftige Ausübung der **bisherigen überwiegenden Arbeit wesentlich erschweren würde**, weil die bisherige Tätigkeit besondere körperliche Anforderungen stellt (§ 10 Abs. 1 Nr. 2 SGB II). Die Vorschrift knüpft an eine aus der Sozialhilfe bekannte Regelung an. Gemeint waren danach vor allem Fälle einer vorübergehenden Notlage Selbstständiger. Diesen sollte nach bisheriger Rechtslage wegen einer vorübergehenden Bedürftigkeit nicht zugemutet werden, ihren Gewerbebetrieb aufzugeben, um kurzfristig eine unselbstständige Tätigkeit aufzunehmen. In § 10 Abs. 1 Nr. 2 SGB II wird nun diese Ausnahme eingeschränkt auf Fälle, in denen die bisherige Tätigkeit deswegen wesentlich erschwert würde, weil hierbei besondere „körperliche Anforderungen" gestellt werden. Damit dürfte der Anwendungskreis dieser Regelung stärker eingeschränkt sein als im früheren Sozialhilferecht. Gemeint ist etwa ein Tänzer, dem eine Arbeit auf dem Bau nicht zugemutet werden kann, weil dann seine eigentliche Tätigkeit als Tänzer aus körperlichen Gründen (Verlust der besonderen Beweglichkeit) nicht mehr möglich wäre. Weitere Beispiele für körperliche Gründe: Venenerkrankung bei einer überwiegend stehenden Beschäftigung; Muskelerkrankungen bei Tätigkeiten mit schwerem Heben und Tragen.

74

3. Gefährdung der Erziehung eines Kindes

Unzumutbar ist auch eine Arbeit, die die **Erziehung eines Kindes gefährden würde** (§ 10 Abs. 1 Nr. 3 SGB II). Kinder sind leibliche, Adoptiv-, Pflege-, Stief- oder auch Enkelkinder. Die grundsätzliche Unzumutbarkeit gilt allerdings nur bis zur Vollendung des dritten Lebensjahres des Kindes. Danach wird in der Regel nicht mehr von einer Gefährdung der Erziehung des Kindes ausgegangen, soweit die Betreuung des Kindes in einer Tageseinrichtung oder in Tagespflege nach dem SGB VIII oder auf sonstige Weise sichergestellt ist. Darüber hinaus stellt das Gesetz klar, dass die zuständigen kommunalen Träger darauf hinwirken sollen, dass er-

75

werbsfähigen Erziehenden vorrangig ein Platz zur Tagesbetreuung des Kindes angeboten wird.

76 Bei mehreren Kindern ist das Alter des jüngsten Kindes entscheidend. Sind im Haushalt beide Elternteile arbeitslos, gelten zunächst beide als erwerbsfähig und müssen für eine Arbeit zur Verfügung stehen. Sobald ein Elternteil eine Arbeit aufgenommen hat, kommt er als Betreuungsperson nicht mehr in Frage, sodass der verbleibende Elternteil wegen Unzumutbarkeit ein etwaiges Angebot ablehnen könnte.

77 Die Regelvermutung, dass nach Vollendung **des dritten Lebensjahres** eines Kindes der Einsatz der eigenen Arbeitskraft für die Erziehungsperson zumutbar ist, ist widerlegt wenn dies nach den Umständen des Einzelfalles gerechtfertigt ist. Das ist z.B. dann der Fall, wenn keine geeignete Betreuung für das Kind zur Verfügung steht.

4. Pflege von Angehörigen

78 **Unzumutbar** ist schließlich eine Arbeit, wenn diese mit der **Pflege eines Angehörigen nicht vereinbar** wäre und die Pflege auch nicht anderweitig gesichert werden kann (§ 10 Abs. 1 Nr. 4 SGB II). Der Begriff des Angehörigen ist weit auszulegen, darunter zu verstehen sind Ehepartner, gleichgeschlechtliche Partner, Verlobte und Verwandte und Verschwägerte. Neben Verwandten und Verschwägerten können hierunter auch Personen verstanden werden, die der Leistungsberechtigte aus „sittlichen Erwägungen" pflegt, wie z.B. Pflegekinder. Der Begriff der Pflegebedürftigkeit entspricht dem des § 14 SGB XI.

5. Sonstiger wichtiger Grund

79 Als Auffangtatbestand dient die Regelung, dass die Ausübung der Arbeit unzumutbar ist, wenn ihr ein „sonstiger wichtiger Grund" entgegensteht (§ 10 Abs. 1 Nr. 5 SGB II). Dieser Auffangtatbestand ist restriktiv anzuwenden und bedarf im Einzelfall der Auslegung. Der einer Aufnahme einer Erwerbstätigkeit entgegenstehende individuelle Grund des Leistungsberechtigten muss im Verhältnis zu den Interessen der Allgemeinheit, die die Leistungen an ihn und die Mitglieder seiner Bedarfsgemeinschaft aus Steuermitteln erbringt, besonderes Gewicht haben. Grundsätzlich müssen die persönlichen Interessen zurückstehen. Der erwerbsfähige Leistungsberechtigte muss den zumutbaren Versuch unternommen haben, den vorliegenden wichtigen Grund zu beseitigen, soweit dies den Umständen nach möglich ist.

80 Die Ablehnung eines Arbeitsangebotes aus einem sonstigen wichtigen Grund war auch in der früheren Sozialhilfe möglich. Hier galt, dass beispielsweise eine Arbeit abgelehnt werden konnte, wenn bindende Bestimmungen über Arbeitsbedingungen oder Arbeitsschutzvorschriften nicht eingehalten worden waren. Ein weiterer Ablehnungsgrund war z.B. auch, wenn durch die angebotene Arbeit eine längere Trennung von der Familie erforderlich gewesen wäre, „soweit das Wohl der Familie dadurch gefähr-

D. Zumutbarkeit

det" worden wäre. Abgelehnt werden kann auch eine Arbeit, die gegen ein Gesetz oder die guten Sitten verstößt. Hierunter fällt z.B. eine Entlohnung, die so weit unter dem **Tarif- oder ortsüblichen Lohn** liegt, dass von einer Sittenwidrigkeit ausgegangen werden muss. Ein sonstiger wichtiger Grund kann auch in der vollen Beanspruchung des Leistungsberechtigten aufgrund einer Ausbildung oder Umschulung liegen. Es ist aber im Einzelfall zu prüfen, inwieweit die Maßnahme gerechtfertigt ist und ob nicht zumindest eine Teilzeitbeschäftigung zumutbar ist.

Allerdings sieht das SGB II eine wichtige Neuerung gegenüber der früheren Sozialhilfe vor: Nach § 31 Abs. 1 S. 2 SGB II gilt eine **Umkehr der Beweislast**. Das heißt, der Leistungsberechtigte muss den wichtigen Grund für sein Verhalten darlegen und nachweisen, also z.B. für die Ablehnung einer Arbeit. Gelingt ihm dies nicht, wird sein Anspruch auf Leistung gekürzt.

Kapitel 3
Leistungen

A. Leistungen zur Sicherung des Lebensunterhalts

I. Übersicht

Die Grundsicherung für Arbeitsuchende nach dem SGB II umfasst neben den Leistungen zur Eingliederung in Arbeit (unter B.) die **Leistungen zur Sicherung des Lebensunterhalts** (§ 1 Abs. 3 SGB II). Diese Leistungen sollen Leistungsberechtigten ermöglichen, ein der Würde des Menschen entsprechendes Leben zu führen (§ 1 Abs. 1 SGB II) und den Lebensunterhalt im Rahmen des **soziokulturellen Existenzminimums** zu sichern (Begründung zum Vierten Gesetz für moderne Dienstleistungen am Arbeitsmarkt, BT-Drucks. 15/1516, S. 44 f.). Sie stellen insofern staatliche Fürsorgeleistungen dar, die am Grundsatz der Nachrangigkeit orientiert sind. Anders als in der früheren Sozialhilfe sind die Leistungen **weitgehend pauschaliert**, insbesondere wurden die früheren einmaligen Leistungen mit wenigen Ausnahmen (§ 24 Abs. 3 SGB II) in den Regelbedarf einbezogen. Diese einmaligen Leistungen sowie die Mehrbedarfe werden als Pauschale gewährt. Die so verstärkte Pauschalierung sollte vor allem der Transparenz und Verwaltungsvereinfachung dienen (vgl. BT-Drucks. 15/1516, S. 45, 46). Ein erhöhter individueller Regelbedarf konnte zunächst gesetzlich nur unter engen Voraussetzungen in Form eines Darlehens gedeckt werden. Das BVerfG (v. 9. 2. 2010 - 1 BvL 1/09) hat diese Pauschalierung grundsätzlich gebilligt, aber einen Mehrbedarf für Härtefälle zugelassen, der seit Juni 2010 in § 21 Abs. 6 SGB II seinen Niederschlag gefunden hat (s. Rn. 142). Ausfluss dieses Grundsatzurteils des BVerfGs sind zudem die ab 1. 1. 2011 zu gewährenden Leistungen für Bildung und Teilhabe sowie die Neuberechnung des Regelbedarfs (G zur Ermittlung von Regelbedarfen u. zur Änderung des 2. und 12. Buches SGB v. 24. 3. 2011, BGBl. S. 435). 82

Die Leistungen zur Sicherung des Lebensunterhalts werden grundsätzlich an erwerbsfähige Leistungsberechtigte als **Arbeitslosengeld II** und an nicht erwerbsfähige Angehörige der Bedarfsgemeinschaft als **Sozialgeld** erbracht (§ 19 Abs. 1 SGB II). Darüber hinaus besteht für Kinder, Jugendliche und junge Erwachsene ein Anspruch auf Leistungen für Bildung und Teilhabe (§ 19 Abs. 2 SGB II). Ergänzt werden diese Leistungen zur Sicherung des Lebensunterhalts durch die soziale Absicherung der Leistungsberechtigten (vgl. Kapitel 6) sowie einzelne Leistungen für Auszubildende nach § 27 SGB II. Die Leistungen bestimmen sich im Einzelnen nach den §§ 19 ff. SGB II, und zwar auch dann, wenn ein Mitglied der Bedarfsgemeinschaft vom Leistungsbezug nach dem SGB II 83

Kapitel 3. Leistungen

ausgeschlossen ist, z.B. Altersrentner ist (vgl. BSG v. 29.3. 2007 – B 7b AS 2/06 R).

84 Demnach umfassen die Leistungen zur Sicherung des Lebensunterhalts für **erwerbsfähige Leistungsberechtigte:**

85 1. **Arbeitslosengeld II** mit folgenden Einzelleistungen:
 – Regelbedarf zur Sicherung des Lebensunterhalts (§ 20 SGB II) in Form einer Pauschale,
 – Leistungen für Mehrbedarfe beim Lebensunterhalt (§ 21 SGB II), regelmäßig in pauschalierter Form als Prozentsatz des Regelbedarfs,
 – die Übernahme der Kosten für Unterkunft und Heizung grundsätzlich in tatsächlicher Höhe, soweit angemessen (§ 22 SGB II),
 – einmalige Leistungen in drei Fällen (§ 24 Abs. 3 SGB II),
 – bei unabweisbarem Regelbedarf Geld- oder Sachleistungen in Form eines Darlehens (§ 24 Abs. 1 SGB II),
 – Mehrbedarf im Einzelfall bei unabweisbarem, laufendem nicht nur einmaligem besonderen Bedarf (§ 21 Abs. 6 SGB II).

86 2. Leistungen für Bildung und Teilhabe für Kinder, Jugendliche und junge Erwachsene (§§ 28 f. SGB II).

87 3. Zuschüsse zur Flankierung der **sozialen Absicherung**: Bezieher von Arbeitslosengeld II sind in der gesetzlichen Kranken- und Pflegeversicherung grundsätzlich pflichtversichert. Greift die Pflichtversicherung nicht, wird ein Zuschuss zu den Beiträgen für die Kranken- und Pflegeversicherung übernommen. Für Personen, die allein durch die Beiträge zur Kranken- und Pflegeversicherung hilfebedürftig würden, werden die Kosten dafür im notwendigen Umfang getragen (§ 26 SGB II). Für die gesetzliche Rentenversicherung werden ab 1.1 2011 keine Pflichtbeiträge oder Zuschüsse mehr übernommen.

Der befristete Zuschlag (§ 24 SGB II a.F.), der finanzielle Härten beim Übergang vom Arbeitslosengeld nach dem SGB III in die Grundsicherung für Arbeitsuchende abfedern sollte, ist ab 1.1. 2011 weggefallen.

88 Für nicht erwerbsfähige Angehörige der Bedarfsgemeinschaft werden die oben genannten Leistungen als **Sozialgeld** erbracht. Sozialgeldempfänger erhalten nur in Ausnahmefällen einen Zuschuss nach § 26 SGB II. Die soziale Absicherung bei Krankheit und Pflegebedürftigkeit ist grundsätzlich im Rahmen der Familienversicherung gewährleistet (vgl. Kapitel 6). Beim Sozialgeld ist die **Nachrangigkeit gegenüber der Grundsicherung im Alter und bei Erwerbsminderung** nach dem SGB XII zu berücksichtigen: Ein Anspruch auf Sozialgeld besteht nur, „soweit" kein Anspruch auf Leistungen der Grundsicherung (§§ 41 ff. SGB XII) begründet ist (§ 19 Abs. 1 S. 2 SGB II). Diese sind also vorrangig zu prüfen. Nur soweit sie den Bedarf i.S.d. SGB II nicht decken, kommt Sozialgeld in Betracht (vgl. im Einzelnen Rn. 108). Grundsätzlich gelten für das Sozialgeld die gleichen Regelungen wie für das Arbeitslosengeld II (vgl. § 19 Abs. 1 S. 2, 3 SGB II). Daher wird in der folgenden Darstellung der Leistungen auf das

A. Leistungen zur Sicherung des Lebensunterhalts

Sozialgeld nur dort eingegangen, wo Sonderregelungen bestehen oder sich Abweichungen ergeben.

Auszubildende sind nach § 7 Abs. 5 SGB II vom Bezug von Arbeitslosengeld II ausgeschlossen. Sie erhalten nur Leistungen nach Maßgabe des § 27 SGB II. So werden insbesondere ein Zuschuss zu den Kosten der Unterkunft und Heizung (§ 27 Abs. 3 SGB II), bestimmte Mehrbedarfe, der einmalige Bedarf nach § 24 Abs. 3 Nr. 2 SGB II (§ 27 Abs. 2 SGB II) und Darlehn (§ 27 Abs. 4 SGB II) gewährt. Diese Leistungen gelten gemäß § 27 Abs. 1 S. 2 SGB II nicht als Arbeitslosengeld II. 89

Zu den Leistungen vgl. folgende **Übersicht**: 90

Leistungen zur Sicherung des Lebensunterhalts für	
erwerbsfähige Leistungsberechtigte	**nicht erwerbsfähige Angehörige der Bedarfsgemeinschaft**
– ALG II i.S.v. § 19 Abs. 1 S. 1 SGB II: – Regelbedarf – Mehrbedarfe – Unterkunft und Heizung – einmalige Bedarfe – Darlehen für unabweisbaren Regelbedarf – Mehrbedarf im Einzelfall bei unabweisbarem, laufendem nicht nur einmaligem besonderen Bedarf – Bildung und Teilhabe bei Jugendlichen und jungen Erwachsenen – Soziale Absicherung in der gesetzlichen Kranken- und Pflegeversicherung bzw. Beitragszuschüsse	– Sozialgeld i.S.v. § 19 Abs. 1 S. 2 SGB II: – Regelbedarf – Mehrbedarfe – Unterkunft und Heizung – einmalige Bedarfe – Darlehen für unabweisbaren Regelbedarf – Mehrbedarf im Einzelfall bei unabweisbarem, laufendem nicht nur einmaligem besonderen Bedarf – Bildung und Teilhabe bei Kindern, Jugendlichen und jungen Erwachsenen – Grds. soziale Absicherung als Familienversicherte in der gesetzlichen Kranken- und Pflegeversicherung, evt. Beitragszuschüsse
Auszubildende: u.a. Zuschuss zu den Kosten der Unterkunft und Heizung, Mehrbedarfe, einmaliger Bedarf nach § 24 Abs. 3 Nr. 2 SGB II, Darlehn (siehe im einzelnen § 27 SGB II)	

Für Arbeitslosengeld II bzw. Sozialgeld gilt gleichermaßen: Beide Leistungen sind bedürftigkeitsabhängig, daher sind die gesetzlich vorgesehenen Leistungen (Bedarf) grundsätzlich um das zu berücksichtigende **Einkommen und Vermögen zu mindern** (§ 19 Abs. 3 SGB II). Die Höhe des Anspruchs im Einzelfall ergibt sich also erst aus einer Gegenüberstellung von Bedarf und dem anzurechnenden Einkommen und Vermögen. Da mit der Bundesagentur für Arbeit und den Kommunen zwei Träger die Leistungen zur Sicherung des Lebensunterhalts erbringen, regelt § 19 Abs. 3 SGB II eine Rangfolge der Anrechnung insoweit, als Einkommen und 91

Kapitel 3. Leistungen

Vermögen zunächst auf Leistungen nach §§ 20, 21, 23 SGB II und erst zweitrangig auf solche nach § 22 SGB II angerechnet werden. Eine Anrechnung auf Leistungen für Bildung und Teilhabe erfolgt an dritter Stelle (§ 19 Abs. 3 S. 3 SGB II).

92 Der Anspruch auf Arbeitslosengeld II bzw. Sozialgeld steht jeder **Person gesondert** zu (vgl. §§ 9 Abs. 2 S. 3, 38 S. 1 SGB II), so dass die Anspruchsvoraussetzungen für jede einzelne Person zu prüfen sind. Allerdings werden innerhalb einer Bedarfsgemeinschaft Einkommen und Vermögen aller Angehörigen zusammengerechnet (mit Ausnahme des Einkommens/Vermögens der Kinder): Ist in einer Bedarfsgemeinschaft nicht der gesamte Bedarf aus anrechenbaren Einkommen und Vermögen gedeckt, gilt jede Person der Bedarfsgemeinschaft im Verhältnis des eigenen Bedarfs zum Gesamtbedarf als hilfebedürftig (§ 9 Abs. 2 S. 3 SGB II). Dabei bleiben die Bedarfe nach § 28 SGB II außer Betracht. Anderes gilt nur im Fall der sog. gemischten Bedarfsgemeinschaft: Ist der Partner zwar Mitglied der Bedarfsgemeinschaft, aber nicht leistungsberechtigt für ALG II bzw. Sozialgeld, weil er z.B. Altersrentner ist, muss zunächst vom Einkommen dessen eigener Bedarf i.S.d. SGB II abgezogen werden. Der verbleibende ungedeckte Gesamtbedarf steht allein dem leistungsberechtigten Mitglied der Bedarfsgemeinschaft zu, entgegen der Verteilungsregel des § 9 Abs. 2 S. 3 SGB II (so BSG v. 15.4. 2008 -B14 7b AS 581/06R; vgl. Rn. 105). Besonderheiten bestehen bei den Leistungen für Bildung und Teilhabe: Kinder und Jugendliche erhalten diese Leistungen auch dann, wenn sie mit Personen nur deshalb keine Bedarfsgemeinschaft bilden, weil diese aufgrund ihres Einkommens und Vermögens selbst nicht leistungsberechtigt sind (§ 7 Abs. 2 S. 3 SGB II).

93 Leistungen zur Sicherung des Lebensunterhalts werden nur **auf Antrag** erbracht (§ 37 SGB II). Der Antrag wirkt auf den Monatsersten zurück. Sie werden in der Regel als **Geldleistungen** gewährt (§ 4 Abs. 1 Nr. 2 SGB II). Sachleistungen kommen in Betracht, wenn Leistungsberechtigte sich als ungeeignet erweisen, ihren Bedarf mit dem Regelbedarf zu decken (§ 24 Abs. 2 SGB II).

94 Die Leistungen zur Sicherung des Lebensunterhalts sind nach der Gesetzesbegründung so bemessen, dass sie den gesamten Bedarf abdecken und die Leistungsberechtigten **keine ergänzenden Leistungen** der Hilfe zum Lebensunterhalt nach dem SGB XII benötigen. Nach § 5 Abs. 2 SGB II ist daher ein Rückgriff auf die Hilfe zum Lebensunterhalt nach dem SGB XII ausgeschlossen (nicht dagegen auf die Hilfen nach den Kapiteln 5–9 des SGB XII wie Hilfe zur Gesundheit, Eingliederungshilfe für behinderte Menschen, Hilfe zur Pflege, Hilfe zur Überwindung besonderer sozialer Schwierigkeiten, Hilfe in anderen Lebenslagen). Für das Verhältnis der Grundsicherung für Arbeitsuchende und dem **Kinderzuschlag** nach § 6a BKGG gilt: Der Kinderzuschlag wird an Personen gewährt, die zwar ihren Bedarf, nicht aber den ihrer Kinder decken können, wobei die Bedarfe für Bildung und Teilhabe außer Betracht bleiben. Er verhindert

also den Bezug von Leistungen nach dem SGB II und ist insoweit vorrangig. Hinweis: Leistungen für Bildung und Teilhabe werden in diesem Fall nach § 6b BKGG gewährt.

II. Regelbedarf zur Sicherung des Lebensunterhalts

1. Umfang des Regelbedarfs

Basis der Leistungen zur Sicherung des Lebensunterhalts im Rahmen des Arbeitslosengeldes II bzw. des Sozialgeldes bildet der „**Regelbedarf zur Sicherung des Lebensunterhalts**" nach § 20 SGB II. Diese Leistung wird als laufende Pauschale gewährt, die insbesondere Ernährung, Kleidung, Körperpflege, Hausrat, Haushaltsenergie ohne die auf die Heizung und Erzeugung von Warmwasser entfallenden Anteile umfasst sowie persönliche Bedürfnisse des täglichen Lebens, wozu in vertretbarem Umfang eine Teilhabe am sozialen und kulturellen Leben in der Gemeinschaft gehört (§ 20 Abs. 1 S. 1 SGB II). Die vom Regelbedarf umfassten Bedarfe sind in § 20 SGB II allerdings nicht abschließend geregelt („insbesondere"), sodass auch weitere Bedarfe aus dem Regelbedarf zu decken sind.

Mit dem Regelbedarf müssen **laufende und einmalige Bedarfe** – mit Ausnahme der drei einmaligen Leistungen nach § 24 Abs. 3 SGB II – getragen werden. Der pauschale Regelbedarf nach dem SGB II wurde deshalb gegenüber dem Regelsatz des BSHG erheblich angehoben, damit ein Teil der monatlichen Leistungen für größere einmalige Bedarfe angespart werden kann. Dies ist jetzt in § 20 Abs. 1 S. 4 SGB II ausdrücklich formuliert worden. In § 12 Abs. 2 Nr. 4 SGB II ist dafür ein entsprechendes Schonvermögen vorgesehen.

Anders als früher im BSHG können auch bei besonderen Umständen, die zu einem gegenüber dem Regelbedarf höheren Bedarf führen, die Pauschalen nicht erhöht werden, denn eine **abweichende Bemessung** des pauschalierten Regelsatzes im Einzelfall ist im Gesetz nicht mehr vorgesehen (vgl. §§ 3 Abs. 3, 24 Abs. 1 S. 3 SGB II). Aufgrund des Urteils des BVerfGs vom 9.2.2010 (1 BvL 1/09) ist aber die Regelung für besondere, unabweisbare laufende Bedarfe (§ 21 Abs. 6 SGB II) eingeführt worden, die entsprechende **Härtefälle** abdecken soll. Kann ein Leistungsberechtigter die Kosten z.B. für eine größere Anschaffung nicht aufbringen, so kommt vorrangig die **Gewährung eines Darlehens** in Betracht, falls es sich um einen unabweisbaren Bedarf handelt, der nicht aus dem pauschalen Regelbedarf oder mit anderen Mitteln gedeckt werden kann (§ 24 Abs. 1 SGB II; vgl. Rn. 236 ff.). Leistungen nach § 73 SGB XII sind seit der Neuregelung für Härtefälle nicht mehr möglich (so ausdrücklich LSG Rh.-Pfalz v. 21.11.2010 – L1 SO 133/10 BER).

Umgekehrt ist **keine anteilige Kürzung des Regelbedarfs** für den Fall zulässig, dass Leistungsberechtigte die vom Regelsatz umfassten Bedarfe unentgeltlich erhalten (z.B. freie Kost und Logis, wenn Kinder über 25 Jahren bei den Eltern wohnen, kostenlose Mitbenutzung eines Telefons, etc.). Eine Kürzung des Regelbedarfs, auf den ein Anspruch besteht, ist im Gesetz nicht vorgesehen und daher unzulässig. Dies widerspräche auch der Rechtsnatur des Regelsatzes als Pauschale für mehrere Bedarfe. Mit anderen Worten: Die Verteilung des Geldes auf einzelne Bedarfe spielt keine Rolle.

Kostenfrei bezogene **Sachleistungen** sind aber grundsätzlich **als Einkommen anzurechnen**, denn zum Einkommen zählen auch geldwerte Leistungen. Das BSG (v. 18.6. 2009 -B14 AS 22/07) hat jedoch für die Zeit bis 31.12. 2007 keine gültige Rechtsgrundlage für die Einkommensanrechnung oder Kürzung des Regelbedarfs bei kostenfreier Verpflegung gesehen. Seit 1.1. 2008 bestimmt § 1 Abs. 1 Nr. 11 ALG II–V, dass kostenlose Verpflegung außer bei Erwerbstätigkeit und Wehr-bzw. Ersatzdienst nicht als Einkommen berücksichtigt werden darf (s. Rn. 342). Des Weiteren ist im Zusammenspiel mit § 22 SGB II zu bedenken: Sind Bedarfe, die aus dem Regelbedarf zu decken sind (z.B. Möblierung bei Untervermietung), in den Unterkunftskosten enthalten, so ist zwar nicht der Regelbedarf zu kürzen, diese Anteile sind jedoch **aus den Kosten für Unterkunft und Heizung herauszurechnen** (vgl. Rn. 153 f.).

2. Höhe des Regelbedarfs

98 a) **Allgemeines.** Die im SGB II festgelegte **Höhe des Regelsatzes** ergibt sich aus der Auswertung der vom Bundesministerium für Arbeit und Soziales in Zusammenarbeit mit dem Statistischen Bundesamt erhobenen Einkommens- und Verbrauchsstichprobe (EVS) 2008. Die EVS wird alle fünf Jahre erhoben. Für die Neuermittlung der Regelbedarfe ist § 28 SGB XII i.V.m. dem Regelbedarfs-Ermittlungsgesetz (RBEG) entsprechend anwendbar (§ 20 Abs. 5 S. 2 SGB II).

Die Höhe der **vollen Pauschale** beträgt nach § 20 Abs. 2 S. 1 SGB II einheitlich rückwirkend seit dem 1.1. 2011 **364 Euro** monatlich. Ab 1.1. 2012 wird sie auf 367 € erhöht (vgl. § 138 SGB XII), wobei die planmäßige Regelanpassung (s. Rn. 112) zum 1.1. 2012 zusätzlich zu dieser Erhöhung erfolgt. Die Höhe der Leistung für den einzelnen Leistungsempfänger bestimmte sich bis zum 31.12. 2010 als Prozentzahl dieser Pauschale. Ab 1.1. 2011 werden jeweils eigene **absolute Beträge** festgelegt (s. Rn. 100 f.).

99 Die bis zum 31.12. 2010 geltende Berechnung des Regelbedarfs als Pauschale entsprach nicht den **verfassungsrechtlichen Vorgaben**: Das BVerfG (v 9.2. 2010 -1BvL 1/09) hielt zwar den Regelbedarf sowohl in Form der Pauschale als auch in seiner absoluten Höhe nicht für evident verfassungswidrig. Es bemängelte aber die Art und Weise und die Transparenz der Ermittlung des Regelbedarfs aus der EVS sowie den Anpassungsmechanismus. Diese gewährleisten nicht die Sicherung des Anspruchs auf ein menschenwürdiges Existenzminimum. So sei von den Strukturprinzipien des Statistikmodells ohne sachliche Rechtfertigung abgewichen worden. Insbesondere die Ermittlung des Regelbedarfs für Kin-

A. Leistungen zur Sicherung des Lebensunterhalts

der (kinderspezifischer Bedarf) sei verfassungswidrig, weil sie sich nicht am Bedarf eines Kindes orientiert sondern als Prozentsatz des Regelbedarfs für Erwachsene abgebildet worden sei (Kinder sind keine kleinen Erwachsenen!). Die schulischen, kulturellen und sozialen Bedarfe der Kinder seien völlig außer Acht gelassen worden. Außerdem wird die Form des Regelbedarfs als Festbetrag insofern kritisiert als sie keine Abweichung zulässt, anders als noch im BSHG. Deshalb kann aufgrund des Urteils des BVerfGs bei laufendem unabweisbarem Bedarf, wenn dieser bisher nicht vom Regelsatz gedeckt ist, als sog. Härtefall nun ein zusätzlicher Betrag gefordert werden. Der Gesetzgeber hat daher einen Absatz 6 in den § 21 SGB II angefügt, der diesen atyischen Fall erfasst. Bisher ließ das SGB II bei unabweisbarem Regelbedarf höchstens ein Darlehen zu. Das BVerfG hatte dem Gesetzgeber für die Neuregelung eine Frist bis zum 31.12.2010 eingeräumt. Diese ist – rückwirkend – zum 1.1.2011 erfolgt und beseitigt die vom BVerfG gerügten Mängel. Allerdings hat das BMAS die Auflage, einen Bericht über die Weiterentwicklung der für die Ermittlung des Regelbedarfs anzuwendenden Methodik auf der Grundlage der EVS 2013 zu erstellen (§ 10 RBEG).

b) Regelbedarf als Arbeitslosengeld II. Empfänger von Arbeitslosengeld II erhalten nach § 20 SGB II Regelbedarfe in folgender Höhe: **100**

Alleinstehend, Alleinerziehende mit eigenem Haushalt oder Partner minderjährig	Stufe 1	364 €
Volljährige Personen in einer Ehe oder Partnerschaft (Bedarfsgemeinschaft)	Stufe 2	328 €
Kinder im Alter von 18 bis zur Vollendung des 25. LJs im Haushalt der Eltern oder die ohne Zusicherung des Trägers ausziehen	Stufe 3	291 €
Wie Stufe 3, aber minderjährig, minderjährige Partner	Stufe 4	287 €

Den **vollen Regelbedarf** erhalten Personen, die allein stehend oder allein **101** erziehend sind oder deren Partner minderjährig ist (§ 20 Abs. 2 SGB II). **Allein erziehend** ist, wer sich tatsächlich allein um die Erziehung und Pflege eines minderjährigen Kindes kümmert (vgl. ausführlich Rn. 127 f.). **Allein stehend** zu sein setzt nicht voraus, dass jemand alleine lebt. Aus § 20 Abs. 2 und 4 SGB II ergibt sich vielmehr, dass es entscheidend darauf ankommt, ob und welche Personen der Bedarfsgemeinschaft angehören. Allein stehend ist demnach nicht, wer mit einem volljährigen Partner zusammen wohnt (vgl. Rn. 103). Lebt der Leistungsberechtigte mit sonstigen erwerbsfähigen Angehörigen der Bedarfsgemeinschaft i.S.v. § 20 Abs. 2 S. 2 SGB II zusammen, ist er trotzdem i.S.d. § 20 SGB II allein stehend. Unerheblich ist auch das Zusammenleben mit einer Person, die eine eigene Bedarfsgemeinschaft bildet, auch wenn eine **Wohngemeinschaft** i.S.e. Wirtschaftens aus einem Topf besteht. Das ergibt sich daraus, dass die Regelungen des § 20 SGB II allein auf das Bestehen einer Bedarfsgemeinschaft und nicht mehr auf die Rolle als Haushaltsvorstand/-angehöriger abstellen (vgl. BSG v. 7.11.2006, B 7b AS 6/06 R). Vorübergehende Änderungen, z.B. berufliche Abwesenheit sind unerheblich.

102 Abweichend davon erhalten Personen, die **das 25. Lebensjahr noch nicht vollendet haben** und **ohne Zusicherung des zuständigen kommunalen Trägers** zum Umzug (§ 22 Abs. 5 SGB II) **ausziehen**, bis zur Vollendung des 25. Lebensjahres nur 291 € als Regelbedarf (§ 20 Abs. 3 SGB II). Diese Regelung korrespondiert damit, dass seit dem 1.7.2006 im Haushalt lebende Kinder bis 25 Jahren zur Bedarfsgemeinschaft gehören, außer Haus lebende Kinder dagegen eine eigene Bedarfsgemeinschaft bilden. Mit dem Auszug kann ein Jugendlicher also eine eigene Bedarfsgemeinschaft begründen. Vor der Einfügung des § 20 Abs. 2a SGB II a.F. war damit auch eine höhere Regelleistung (100% statt 80% bei Verbleib im Haushalt der Eltern, sofern überhaupt Hilfebedürftigkeit bestand) verbunden. Diese Regelung wirkt damit einem Anreiz zum Auszug entgegen (vgl. BT-Drucks. 16/688).

103 Der reduzierte Regelbedarf gilt „**abweichend von Abs. 2**". Er greift also nur in Fällen, in denen sonst der volle Regelbedarf zu zahlen wäre, nicht dagegen in den Fällen des Abs. 4, also nicht, wenn Jugendliche bis 25 Jahren in eine Bedarfsgemeinschaft mit ihrem Partner ziehen.

> **Beispiel:**
> Zwei 23-jährige Partner ziehen vom Elternhaus in eine neue Wohnung und bilden dort eine Bedarfsgemeinschaft. Sie erhalten je 328 € als Regelbedarf unabhängig von einer Zustimmung des kommunalen Trägers.

104 Der Regelsatz wird reduziert, wenn ein **Auszug ohne Zusicherung gemäß § 22 Abs. 5 SGB II** erfolgte. Die Verweisung auf § 22 Abs. 5 SGB II ist insofern problematisch, als dort mehrere Fälle geregelt werden und fraglich ist, welche Fälle von der Verweisung umfasst sind. Insofern gilt:

- Umzug ohne Zusicherung i.S.d. § 22 Abs. 5 S. 1 SGB II: In diesem Fall greift unproblematisch der reduzierte Regelsatz.
- Absehen von Zusicherung (§ 22 Abs. 5 S. 3 SGB II): Hier kommt der reduzierte Regelbedarf nicht zur Anwendung. Zwar trifft § 20 Abs. 3 SGB II vom Wortlaut her zu, da keine Zusicherung vorliegt. Jedoch ist er nach Sinn und Zweck nicht anwendbar, wenn von einer Zusicherung abgesehen wurde.
- Umzug vor Beantragung von Leistungen in der Absicht, die Leistungsvoraussetzungen herbeizuführen (der nachträglich eingefügte § 22 Abs. 5 S. 4 SGB II): Dieser Fall ist insofern problematisch, als zwar

keine Zusicherung vorliegt, aber in diesem Fall auch keine Zusicherung erfolgen konnte, da der Umzug vor Leistungsbeantragung stattfand. § 20 Abs. 3 SGB II passt also vom Wortlaut nicht. Einiges spricht aber dafür, auch in diesem Fall nur den reduzierten Regelbedarf zu gewähren. Denn § 20 Abs. 3 SGB II verweist auf § 22 Abs. 5 SGB II insgesamt, also auch auf die hier fragliche Konstellation, die erst nachträglich in § 22 Abs. 5 SGB II eingefügt wurde. Nach Sinn und Zweck soll diese Regelung (§ 22 Abs. 5 S. 4 SGB II) eine Umgehung des Zusicherungserfordernisses vermeiden. Beide, § 22 Abs. 5 S. 1–3 und S. 4 SGB II, bilden also eine Einheit, was eine Gleichbehandlung auch im Rahmen von § 20 Abs. 3 SGB II rechtfertigt (aA. wohl Behrend in Schlegel/Voelzke jurisPK, § 20 SGB II, Rn. 29).

Da für die Entscheidung nach § 22 Abs. 5 SGB II die kommunalen Träger zuständig sind, ist deren Entscheidung bindend für die BA.

Leben in der Bedarfsgemeinschaft **zwei Personen, die das 18. Lebens-** **105** **jahr vollendet** haben, bekommen beide einen Regelsatz der Stufe 2 (328 €). Der geringere Regelbedarf berücksichtigt, dass bei einem gemeinsamen Wirtschaften gewisse Kosten nur einmal anfallen und daher der Regelbedarf eines Partners etwas niedriger als bei Alleinstehenden liegen wird. Diese Annahme sowie die typisierende Berücksichtigung dieses geringeren Bedarfs sind verfassungsrechtlich nicht zu beanstanden (BSG v. 23.11.2006 – B 11b AS 1/06 R). Gegenteiliges zu diesem Punkt ergibt sich auch nicht aus dem grundlegenden Urteil des BVerfG v. 9.2.2010 (1BvL 1/09). Bei der sog. gemischten Bedarfsgemeinschaft (Partner hat keinen Anspruch auf Leistungen nach dem SGB II) besteht eine Regelungslücke. Bezieht der Partner gleichwertige Leistungen z.B. nach dem SGB XII oder § 2 AsylbLG i.V.m. SGB XII dürfte die reduzierte Leistung gerechtfertigt sein. Erhält der Partner nur Grundleistungen nach § 3 AsylbLG steht dem Leistungsberechtigten der volle Regelsatz zu (so LSG Hamburg v. 2.9.2010 – L 5 AS 19/08; s. Rn. 92).

Für **sonstige erwerbsfähige Angehörige** der Bedarfsgemeinschaft von **106** 15 bis 18 Jahren (d.h. minderjähriger Partner des volljährigen oder minderjährigen Leistungsberechtigten, Kinder zwischen 15 und 18 Jahren im Haushalt der Eltern oder u.E. auch bei Auszug ohne Zusicherung) beträgt der Regelbedarf 287 € (§ 20 Abs. 2 S. 2 SGB II). Nach Vollendung des 18. Lebensjahr erhöht sich der Betrag auf 291 €.

c) Regelbedarf als Sozialgeld. Die oben dargestellten Regelungen gel- **107** ten genauso für Empfänger von Sozialgeld (nicht erwerbsfähige Angehörige der Bedarfsgemeinschaft, § 19 Abs. 1 SGB II). Besondere Regelungen sind für **Personen bis zur Vollendung des 15. Lebensjahrs** vorgesehen, die kraft Gesetzes als nicht erwerbsfähig gelten, also nur Sozialgeld erhalten können. Sie bekamen bis 31.12.2010 einen jeweiligen Prozentsatz der Regelleistung. Ab 1.1. **2011** bemisst sich der Regelbedarf als Absolutbetrag, verbleibt aber in der bisherigen Höhe:

bis Vollendung des 6. Lebensjahrs	Stufe 6	215 €
vom 7. bis Vollendung des 14. Lebensjahrs	Stufe 5	251 €
im 15. Lebensjahr	Stufe 4	287 €

Diese Basissätze sollen als **bestimmte Beträge** die Eigenständigkeit des Regelbedarfs für Kinder und Jugendliche verdeutlichen (Gesetzesbegründung zu § 23 SGB II, BT-Drucks. 17/3404). Sie bleiben auf dem bisherigen Niveau, obwohl die Berechnung aufgrund der EVS 2008 zu geringeren Ergebnissen führte. Allerdings werden sie zunächst von der regelmäßigen Anpassung ausgenommen. Darüber hinaus sind für Kinder und Jugendliche ab 2011 Leistungen für Bildung und Teilhabe (§§ 28 f. SGB II) vorgesehen. Soweit Kinder sich teilweise bei einem und teilweise bei dem anderen Elternteil aufhalten, kommt eine **anteilige Leistung** aufgrund einer teilweisen Bedarfsgemeinschaft in Betracht (siehe dazu Rn. 128).

108 Leistungen der bedarfsorientierten Grundsicherung im Alter oder bei Erwerbsunfähigkeit sind gegenüber dem Sozialgeld **vorrangig** (vgl. § 19 Abs. 1 S. 2 SGB II und Rn. 88). Soweit solche Leistungen gewährt werden, entfällt also der Anspruch auf Sozialgeld.

109 **Beispiel:**
Die verheirateten E (erwerbsfähig) und F (nicht erwerbsfähig) haben zwei Kinder K und P im Alter von 8 und 14. Die Familie hat einen Regelbedarf von:

E: Stufe 2 – als Arbeitslosengeld II	328 €
F: Stufe 2 – als Sozialgeld, aber nur soweit Differenz zum Anspruch auf Grundsicherung besteht	328 €
K: Stufe 5 – als Sozialgeld	251 €
P: Stufe 4 – als Sozialgeld	287 €
Insgesamt:	1194 €

110 **Alternative 1:**
Ist P bereits 17 Jahre alt, ergibt sich kein Unterschied zum Beispiel unabhängig davon, ob P erwerbsfähig ist (ALG II) oder nicht (Sozialgeld). Deckt P seinen Bedarf z.B. aus Erwerbstätigkeit selbst, fällt er nicht mehr in die Bedarfsgemeinschaft (§ 7 Abs. 3 Nr. 4 SGB II). Der Regelbedarf der Familie beträgt dann 907 €.

> **Alternative 2:** 111
> Ist P 26 Jahre alt, fällt er nicht in die Bedarfsgemeinschaft (§ 7 Abs. 3 Nr. 4 SGB II). Er hat ggf. eigene Ansprüche aus dem SGB II oder SGB XII.

Ist der erwerbsfähige Angehörige z. B. als Auszubildender i. S. d. BAföG vom ALG II ausgeschlossen, steht dem nicht erwerbsfähigen Mitglied der Bedarfsgemeinschaft m. e. dennoch ein Anspruch auf Sozialgeld zu (z. b. ein noch nicht volljähriger Partner). Der Anspruch auf Sozialgeld setzt nicht voraus, dass der Erwerbsfähige ALG II bezieht. Das volljährige erwerbsunfähige Mitglied ist allerdings auf den vorrangigen Anspruch auf Grundsicherung nach dem 4. Kapitel des SGB XII zu verweisen (vgl. Eicher/Spellbrink, SGB II, § 28 Rn. 10).

3. Anpassung der Höhe der Regelsätze

Der Regelsatz wird jeweils zum 1. Januar eines Jahres **angepasst** (§ 20 112 Abs. 5 SGB II). Die Fortschreibung erfolgt ab 2011 zu 70% durch Preis- und zu 30% durch Lohnindikatoren (§ 20 Abs. 5 S. 1 SGB II i. V. m. § 28a SGB XII). Bis zum 31.12.2010 war die prozentuale Veränderung des aktuellen Rentenwerts in der gesetzlichen Rentenversicherung maßgebend. Die Anpassung überbrückt die Zeit bis zur Neuermittlung der Regelbedarfe, die alle 5 Jahre aufgrund einer Einkommens- und Verbrauchsstichprobe stattfindet (s. Rn. 98).

Das Bundesministerium für Arbeit und Soziales gibt jeweils spätestens 113 zum 1. November eines Kalenderjahres die Höhe der Regelbedarfe, die für die folgenden zwölf Monate maßgeblich sind, im Bundesgesetzblatt bekannt (§ 20 Abs. 5 S. 3 SGB II).

4. Erbringung des Regelbedarfs als Sachleistung

Die Leistungen zur Sicherung des Lebensunterhalts werden abgesehen 114 von den Leistungen für Bildung und Teilhabe grundsätzlich als Geldleistungen gewährt (§ 4 Abs. 1 Nr. 2 SGB II). Abweichend davon kann der Regelbedarf nach § 20 (nicht dagegen die anderen Leistungen!) ganz oder teilweise als **Sachleistung** erbracht werden, wenn der Leistungsberechtigte sich als ungeeignet erweist, seinen Bedarf durch diese Geldleistung zu decken (§ 24 Abs. 2 SGB II).

Voraussetzung dafür ist zunächst, dass ein **Bedarf nach § 20 SGB II** un- 115 gedeckt bleibt. § 20 Abs. 1 SGB II definiert, was zum relevanten Bedarf gehört. Nur wenn diese Bedürfnisse nicht gedeckt werden, kommt eine Sachleistung in Frage. Dabei muss dem Leistungsberechtigten ein gewisser Spielraum bei der Gewichtung seiner Bedürfnisse zugebilligt werden.

Der Leistungsberechtigte muss zudem **zur Bedarfsdeckung „ungeeig-** 116 **net"** sein. Das Gesetz konkretisiert als Gründe mangelnder Eignung beispielhaft „Drogen- und Alkoholabhängigkeit" sowie „unwirtschaftliches

Kapitel 3. Leistungen

Verhalten". Letzteres ist zu bejahen, wenn ein leistungsberechtigter Erwerbsfähiger bei allen oder einzelnen seiner Handlungen jede wirtschaftlich vernünftige Betrachtungsweise vermissen lässt und hierbei ein Verhalten zeigt, das vom Durchschnitt wesentlich abweicht (Gesetzesbegründung zum insoweit wortgleichen § 31 Abs. 3 SGB II a.F., BT-Drucks. 15/1516).
Einmalige Vorkommnisse reichen nicht aus, da es auf die grundsätzlich fehlende Eignung ankommt. Im Rahmen des Verhältnismäßigkeitsgrundsatzes ist zudem zu verlangen, dass zuvor andere Maßnahmen ausprobiert worden sind, z.b. Beratung, Warnung, Ratenzahlung. Vorwerfbar braucht das Verhalten allerdings nicht zu sein (a.A. LSG Hamburg v. 9.6. 2005 – L 5 B 71/05 ER AS), da die Sachleistung sonst gerade bei krankhaftem Verhalten (z.B. Suchtkrankheit) ausscheiden würde.

117 Der Leistungsempfänger muss sich als ungeeignet **erweisen**. Es müssen also konkrete Tatsachen dafür vorliegen, dass der Lebensunterhalt nicht gedeckt wird. Daher kann auch bei einem Suchtverhalten nicht automatisch eine Sachleistung gewährt werden, sondern nur bei mangelnder Eignung im konkreten Fall.

118 Sind diese Voraussetzungen erfüllt, liegt es im **Ermessen** der Behörde, ob und inwieweit sie Sachleistungen erbringt (auch teilweise Sachleistungen sind nach dem Gesetzeswortlaut möglich). Dabei ist zu berücksichtigen, dass die Freiheit des Leistungsempfängers, seine Bedürfnisse individuell nach eigener Entscheidung am Markt zu befriedigen, durch Sachleistungen beeinträchtigt wird. Das Verhältnismäßigkeitsprinzip verlangt daher, grundsätzlich nur auf Sachleistungen zurückzugreifen, soweit dies erforderlich ist.
Sachleistungen können unmittelbar oder in Form von Gutscheinen erbracht werden. Vor der Entscheidung ist eine **Anhörung** (§ 24 SGB X) erforderlich.

119 Bei unwirtschaftlichem Verhalten sieht das Gesetz darüber hinaus vor, dass alle Leistungen (nicht nur der Regelbedarf) gekürzt oder ganz entfallen können (§§ 31 Abs. 2 Nr. 2 i.V.m. 31a SGB II; vgl. Kapitel 5).

III. Leistungen für Mehrbedarfe

1. Allgemeines

120 Bei bestimmten Lebensumständen wird der Regelbedarf den besonderen Bedürfnissen nicht gerecht. Daher sind Leistungen für **zusätzliche dauernde Bedarfe** vorgesehen (§ 21 Abs. 1 SGB II). Sie werden regelmäßig als Pauschale in Form eines Prozentsatzes des jeweils maßgebenden Regelbedarfs gewährt. Dabei besteht kein Raum für eine abweichende Bemessung in besonderen Fällen.

121 Leistungen für Mehrbedarfe werden an **Empfänger von Arbeitslosengeld II** und von **Sozialgeld** (§ 19 Abs. 1 S. 2, 3 SGB II) erbracht (zu Besonderheiten für Sozialgeldempfänger vgl. Rn. 144).

A. Leistungen zur Sicherung des Lebensunterhalts

Mehrbedarfe nach § 21 SGB II werden auch an **Auszubildende** erbracht, die nach § 7 Abs. 5 SGB II vom Leistungsbezug grundsätzlich ausgeschlossen sind. Dies stellt § 27 Abs. 2 SGB II jetzt ausdrücklich klar. Auszubildende haben Anspruch auf die nicht ausbildungsgeprägten Mehrbedarfe nach den Absätzen 2, 3, 5 und 6. Dies dürfte nach Sinn und Zweck auch für den erst im Vermittlungsverfahren angefügten Abs. 7 gelten (vgl. § 27 Abs. 3 SGB II zumindest als Zuschuss). Denn nur Mehrbedarfe, die im Zusammenhang mit der Ausbildung stehen, sollen ausgeschlossen sein (vgl. LSG Niedersachsen-Bremen v. 14.4. 2005, L 815 36/05 ER zur a.F.). 122

Als Bedarf des Auszubildenden bzw. Studenten ist der fiktive **Bedarf nach dem SGB II** zugrundezulegen, nicht der pauschalierte Bedarf nach dem BAföG (Höchstsatz). Diese Berechnung ist für den Leistungsempfänger i.d.R. günstiger. Übersteigendes Einkommen wird auf den Mehrbedarf angerechnet. Der ausbildungsgeprägte Anteil bei BAföG (20%) bleibt allerdings anrechnungsfrei (s. Rn. 364; BA FH 11.83). 123

Beispiel: 124
Die Auszubildende A, die Kosten der Unterkunft und Heizung von 400 Euro hat, benötigt einen Mehrbedarf wegen kostenaufwändiger Ernährung von 20% (= 73 Euro). Sie erzielt ein anrechenbares Einkommen von 590 Euro. Der Bedarf nach dem SGB II beträgt: Regelsatz (364 €) plus 400 € plus 73 Euro Zuschlag. Unter Berücksichtigung des anrechenbaren Einkommens wäre der Mehrbedarfszuschlag voll zu zahlen.

Aus § 21 Abs. 1 SGB II folgt, dass die Mehrbedarfstatbestände in § 21 SGB II **abschließend** geregelt sind, also keine weiteren Tatbestände als Mehrbedarf geltend gemacht werden können (vgl. BSG v. 27.2. 2008 -B14/7b AS 32/06R). 125

2. Mehrbedarf für werdende Mütter

Werdende Mütter erhalten einen Mehrbedarf vom Beginn der 13. Schwangerschaftswoche (§ 21 Abs. 2 SGB II). Der Nachweis kann durch Vorlage des Mutterpasses oder ärztliche Bescheinigung erfolgen. 126

Der Zuschlag beträgt **17 % des jeweils maßgeblichen Regelbedarfs**:

- 62 € (bei Stufe 1) alleinstehende Schwangere/Partner minderjährig
- 56 € (bei Stufe 2) in einer Ehe/Partnerschaft lebende Schwangere
- 49 € (bei Stufe 3, 4) Schwangere bis zur Vollendung des 25. LJs im Haushalt der Eltern, minderjährige Partnerin

Zusätzlich werden als einmalige Leistung **Erstausstattungen bei Schwangerschaft und Geburt** gewährt (§ 24 Abs. 3 S. 1 Nr. 2 SGB II).

Kapitel 3. Leistungen

3. Mehrbedarf für allein Erziehende

127 Alleinerziehende erhalten Leistungen für Mehrbedarfe nach § 21 Abs. 3 SGB II. Damit wird dem Umstand Rechnung getragen, dass sich keine weitere Person im Haushalt an der Pflege und Erziehung des Kindes beteiligt. Dies setzt voraus, dass die fragliche Person tatsächlich **allein für die Pflege und Erziehung** von einem oder mehreren minderjährigen Kindern sorgt (dabei ist Pflege nicht mit echter „Pflegebedürftigkeit" gleichzusetzen, sondern bezieht sich auf die naturgegebene Sorgebedürftigkeit jedes Kindes). Zur Auslegung kann nach der Gesetzesbegründung (BT-Drucks. 15/1516) auf die zum BSHG entwickelten Grundsätze zurückgegriffen werden. Der Mehrbedarf steht auch Alleinstehenden zu, die Pflegekinder allein erziehen (BSG v. 27.1.2009 -B14/7bAS 8/07).

Maßgebend sind demnach die **tatsächlichen Verhältnisse**. Daher ist unerheblich, wer zur Erziehung berechtigt und verpflichtet wäre. Auch andere Personen als die Eltern können den Mehrbedarf erhalten, sofern die Erziehung allein wahrgenommen wird. Es kommt nicht darauf an, ob der Leistungsempfänger in einer Bedarfsgemeinschaft lebt.

128 Beteiligt sich eine andere Person so nachhaltig an der Erziehung wie ein Elternteil (z.B. Partner nach Trennung) oder lebt ein Kind je zur Hälfte bei beiden Eltern, liegt eine **teilweise Bedarfsgemeinschaft** vor. Dabei ist zu differenzieren: Nach dem BSG (v. 3.3.2009 -B4 AS 50/07R) sind besondere Lebensumstände wegen Alleinerziehung gegeben, wenn sich geschiedene Eltern Pflege und Erziehung des Kindes teilen, und zwar abwechselnd in mindestens eine Woche umfassenden Intervallen und wenn jeder etwa die Hälfte der Kosten trägt. Ihnen steht dann jeweils der halbe Mehrbedarf zu (BA FH 21.8b).

Auch bei Zusammenleben mit Dritten, die sich nicht oder nur geringfügig um die Erziehung kümmern, kann der/die Leistungsempfänger/in allein erziehend sein, z.B. bei Zusammenleben mit gebrechlichen Großeltern oder älteren Geschwistern. Leben Kinder mit volljährigen Geschwistern zusammen, ist grds. nicht davon auszugehen, dass diese sich an der Erziehung beteiligen (BA FH 21.8b). Wenn Minderjährige mit einem eigenen Kind im Haushalt der Eltern leben, stellen sie eine eigene Bedarfsgemeinschaft dar (keine überlappenden Bedarfsgemeinschaften (LSG Bad-W. v. 25.3.2011 – L 12 AS 910/10)).

Unerheblich ist, ob der andere Elternteil seiner Unterhaltspflicht nachkommt und sein Besuchsrecht wahrnimmt, ob der Leistungsempfänger sich einer Haushaltshilfe bedient und ob die Kinder einen Kindergarten oder Hort besuchen.

129 Der Wortlaut des Abs. 3 setzt **keinen Dauerzustand** voraus, so dass eine Person grundsätzlich auch vorübergehend, z.B. während einer Gefängnisstrafe/längeren Krankenhausaufenthalts des anderen Elternteils, allein erziehend sein kann (vgl. Schlegel/Voelzke jurisPK, SGB II, § 21 Rn. 25).

A. Leistungen zur Sicherung des Lebensunterhalts

Der **Mehrbedarf** wird ab dem Tag der Entbindung gewährt und beträgt: **130**
- 36% des vollen Regelbedarfs für Leistungsempfänger, die mit einem Kind unter sieben Jahren oder mit zwei oder drei Kindern unter sechzehn Jahren zusammenleben (§ 21 Abs. 3 Nr. 1 SGB II); aufgrund des Regelungszwecks ist davon auszugehen, dass dies nicht Fälle ausschließt, in denen zusätzlich weitere, ältere Kinder in dem Haushalt leben, solange die Empfänger allein erziehend bleiben **oder**
- 12% des vollen Regelbedarfs für jedes Kind, wenn sich dadurch ein höherer Prozentsatz ergibt, höchstens jedoch 60% des Regelbedarfs (§ 21 Abs. 3 Nr. 2 SGB II). Dabei wird nicht auf das Alter der Kinder abgestellt, so dass dies für Kinder bis 18 Jahren gelten dürfte.

Übersicht der Mehrbedarfe für Alleinerziehende:

Kinder	Mehrbedarf	Euro
1 Kind < 7 Jahre	36%	131
1 Kind > 7 Jahre	12%	44
2 Kinder < 16 Jahren	36%	131
2 Kinder > 16 Jahren	24%	87
1 Kind > 7 Jahre 1 Kind > 16 Jahre	24%	87
3 Kinder	36%	131
4 Kinder	48%	175
5 oder mehr Kinder	60%	218

131

4. Mehrbedarf für behinderte Leistungsberechtigte

Behinderte Leistungsberechtigte erhalten unter bestimmten Voraussetzungen einen Mehrbedarf (§ 21 Abs. 4 SGB II). Dieser Mehrbedarf steht Auszubildenden nicht zu, da er ausbildungsbedingt ist (s. Rn. 122). Nach § 2 Abs. 1 S. 1 SGB IX sind Menschen **behindert**, wenn ihre körperliche Funktion, geistige Fähigkeit oder seelische Gesundheit mit hoher Wahrscheinlichkeit länger als sechs Monate von dem für das Lebensalter typischen Zustand abweichen und daher ihre Teilhabe am Leben in der Gesellschaft beeinträchtigt ist. Eine drohende Behinderung i.S.v. § 2 Abs. 1 S. 2 SGB IX reicht nicht aus (so BA FH 21.14). **132**

Behinderte Leistungsberechtigte erhalten einen Mehrbedarf, wenn sie eine der folgenden **Leistungen tatsächlich erhalten** (§ 21 Abs. 4 S. 1 SGB II). Dass der Behinderte lediglich die Voraussetzungen dafür erfüllt, genügt nach dem Wortlaut „erbracht werden" nicht:

- Leistungen zur Teilhabe am Arbeitsleben nach § 33 SGB IX (insbesondere Hilfen zur Erhaltung und Erlangung eines Arbeitsplatzes, Berufs- **133**

Kapitel 3. Leistungen

vorbereitung einschließlich Grundausbildung, berufliche Anpassung und Weiterbildung. Werden dagegen nur Beratung und Vermittlung nach § 33 Abs. 3 Nr. 1 SGB IX erbracht, dürfte dies nicht ausreichen);
- sonstige Hilfen zur Erlangung eines geeigneten Platzes im Arbeitsleben (Diese Formulierung lehnt sich an § 40 Abs. 1 Nr. 3 BSHG an, die in § 54 SGB XII nicht übernommen wurde. Es ist daher unklar, welche Leistungen gemeint sind. Jedenfalls müssen sie von einem öffentlichen Träger erbracht werden, Eicher/Spellbrink, SGB II, § 21 Rn. 45);
- Eingliederungshilfen nach § 54 Abs. 1 S. 1 Nr. 1–3 SGB XII (Hilfen zu einer angemessenen Schulbildung, Hilfe zur schulischen Ausbildung für einen angemessenen Beruf einschließlich des Besuchs einer Hochschule, Hilfe zur Ausbildung für eine sonstige angemessene Tätigkeit).

134 Zum **Nachweis** der Behinderung und des Leistungsbezugs reicht ein aktueller Bewilligungsbescheid des Rehabilitationsträgers aus.

Die Leistung für Mehrbedarfe beträgt **35 % des maßgeblichen Regelbedarfs**:

Mehrbedarf (35 %)

- 127 € (bei Stufe 1) Alleinstehende/Partner minderjährig
- 115 € (bei Stufe 2) in Ehe/Partnerschaft
- 102 € (bei Stufe 3) Kind von 18 bis zur Vollendung des 25.LJs im Haushalt der Eltern oder bei Auszug ohne Zusicherung
- 100 € (bei Stufe 4) wie Stufe 3 aber minderjährig, minderjähriger Partner

135 Der Anspruch auf Leistung für den Mehrbedarf besteht grundsätzlich nur während der **Dauer** der o.g. Eingliederungsmaßnahme (vgl. BSG v. 22.3.2010 – B4 AS 59/09R). Sie sollte 3 Monate nicht überschreiten (BA FH 21.22). Jedoch kann der Mehrbedarf auch nach Beendigung der Maßnahme für eine angemessene **Übergangszeit**, insbesondere während der Einarbeitungszeit, weiterhin übernommen werden (§ 21 Abs. 4 S. 2 SGB II). Das liegt im pflichtgemäßen Ermessen des Trägers („kann").

5. Mehrbedarf bei kostenaufwändiger Ernährung

136 Erwerbsfähige Leistungsberechtigte, die einer kostenaufwändigen Ernährung bedürfen, erhalten einen Mehrbedarf in angemessener Höhe (§ 21 Abs. 5 SGB II). Vorausgesetzt wird, dass die kostenaufwändigere Ernährung aus medizinischen Gründen erforderlich ist. Zur Konkretisierung dieser Frage sowie zur Frage der angemessenen Höhe der Zuschläge kann laut Gesetzesbegründung (BT-Drucks. 15/1516) auf die **Empfehlungen des Deutschen Vereins zur Gewährung von Krankenkostzulagen in der Sozialhilfe (vom 1.10. 2008)** zurückgegriffen werden (www.deutscher-verein.de>Empfehlungen>2008>Oktober). Diese Empfehlungen sind zwar weder mit einer Rechtsnorm noch mit einem antizipierten Sach-

A. *Leistungen zur Sicherung des Lebensunterhalts*

verständigengutachten gleichzusetzen, sie dienen lediglich der Konkretisierung des angemessenen Mehrbedarfs (BSG v. 27.2. 2008 -B14/7b AS 64/06R zur a.f., fraglich für die neue Fassung LSG Berlin-B. v. 3.2. 2011 – L 34 AS 1509/10B). Laut BVerfG (v. 20.6. 2006 – 1 BvR 2673/05) kommt ihnen aber insoweit besondere Bedeutung zu, als ein Abweichen davon begründungsbedürftig ist und Fachkompetenz voraussetzt. Daher kann ein erhöhter Mehrbedarf nicht allein mit einem Einzelfallgutachten begründet werden. Vielmehr ist ein Abweichen im Einzelfall nach Verwaltungsauffassung nur unter Einbeziehung des Ärztlichen Dienstes bzw. des Gesundheitsamtes möglich (so BA FH 21.24).

Nach den Empfehlungen des Deutschen Vereins gilt Folgendes: **137**

Art der Erkrankung	Krankenkost/Kostform	Zulage in % des Regelbedarfs
Niereninsuffizienz (Nierenversagen)	Eiweißdefinierte Kost	10%
Niereninsuffizienz mit Hämodialysebehandlung	Dialysediät	20%
Zöliakie/Sprue (Durchfallerkrankung bedingt durch Überempfindlichkeit gegenüber Klebereiweiß)	Glutenfreie Kost	20%

Ein krankheitsbedingter Mehrbedarf für kostenaufwändige Ernährung ist bei folgenden Erkrankungen in der Regel nur bei schweren Verläufen oder besonderen Umständen zu gewähren.

Art der Erkrankung	Erläuterung	Zulagen in % des Regelbedarfs
Krebs (bösartiger Tumor)	Mehrbedarf aufgrund einer verzehrenden Krankheit	10%
HIV-Infektion/AIDS	Mehrbedarf aufgrund einer verzehrenden Krankheit	10%
Multiple Sklerose (degenerative Erkrankung des Zentralnervensystems, häufig schubweise verlaufend)	Mehrbedarf aufgrund einer verzehrenden Krankheit	10%
Colitis ulcerosa (mit Geschwürbildungen einhergehende Erkrankung der Dickdarmschleimhaut)	Mehrbedarf aufgrund einer verzehrenden Krankheit/ schwerer Verlauf	10%
Morbus Crohn (Erkrankung des Magen-Darmtrakts mit Neigung zur Bildung von Fisteln und Verengungen)	Mehrbedarf aufgrund einer verzehrenden Krankheit/ schwerer Verlauf	10%

Kapitel 3. Leistungen

In der Rechtsprechung ist die Gewährung eines Mehrbedarfs bei Diabetes umstritten (vgl. z.B. LSG Hessen v. 5.2. 2007 – L 7 AS 241/06 ER). Nach den Empfehlungen des Deutschen Vereins vom 1.10. 2008 (s.o.) ist bei Diabetes mellitus Vollkost (= gesunde Mischkost) angezeigt, die vom Regelbedarf abgedeckt ist. Ein krankheitsbedingter Mehrbedarf wird also nicht gewährt. Gleiches gilt z.B. bei Leberinsuffizienz und Neurodermitis (vgl. BA FH Anlage 1 zu § 21).

138   Bei **Reduktionskost** ist in den Empfehlungen kein Mehrbedarf vorgesehen. Ist aber im Einzelfall festzustellen, dass der Fettleibigkeit Krankheitswert zukommt und diese Krankheit einer besonderen Diät bedarf, kann ein Mehrbedarf anzuerkennen sein (BSG 27.2. 2008 -B14/7b AS 32/06R). Dieser ist durch Einbeziehung des Ärztlichen Dienstes bzw. des Gesundheitsamtes festzustellen (z.B. bei Lebensmittelunverträglichkeit). Die Sollvorschrift der Verwaltung, bei mehreren Erkrankungen die höchste Krankenkostzulage zu gewähren, ist nach Ansicht des BSG (v. 27.2. 2008 s.o.) rechtswidrig. Vielmehr ist in einem solchen Fall der Ernährungsaufwand aufgrund des gesamten Krankheitsbildes konkret zu ermitteln. Im Einzelfall kann dies durch ein ärztliches Gutachten erfolgen (so inzwischen BA FH 21.30).

139   Die Empfehlungen gelten ausdrücklich nur für Erwachsene. Für Minderjährige können diese Werte allenfalls als Richtwerte anzuerkennen sein. Außerdem sind die Empfehlungen **nicht abschließend**. Soweit sich aus einer anderen Erkrankung ein nachgewiesener ernährungsbedingter Mehrbedarf ergibt, besteht ebenfalls ein Anspruch auf einen Zuschlag.

Zum **Nachweis** genügt bei Vorliegen einer der in den Empfehlungen genannten Krankheiten grundsätzlich eine ärztliche Bescheinigung, die in der Regel für 12 Monate ausreicht. Die BA erstattet dafür angemessene Kosten nach § 65a SGB I. Wird ein Mehrbedarf für eine andere Erkrankung oder in einer von den Empfehlungen abweichenden Höhe geltend gemacht, so ist eine Stellungnahme/Gutachten durch den medizinischen Dienst des Leistungsträgers erforderlich (BA FH 21.28).

6. Mehrbedarf für Warmwassererzeugung

140   Im Gegensatz zur bisherigen Regelung, die die Kosten für die Warmwasseraufbereitung in den Regelbedarf nach § 20 SGB II integrierte, werden diese ab 2011 im Rahmen der Kosten der Unterkunft oder als Mehrbedarf berücksichtigt. Soweit Warmwasser durch in der Unterkunft installierte Vorrichtungen erzeugt wird, ist der Mehrbedarf i.S.d. § 21 Abs. 7 SGB II anzuerkennen (**dezentrale Warmwassererzeugung**).

Der Mehrbedarf beträgt 2,3 % des jeweils maßgebenden Regebedarfs (Stufen 1–3), bei Kindern im 15. bis zur Vollendung des 18. Lebensjahrs 1,4 % (Stufe 4), vom 7. bis zur Vollendung des 14. Lebensjahrs 1,2 % (Stufe 5) und bis zur Vollendung des 6. Lebensjahrs 0,8 % (Stufe 6). Im Einzelfall kann ein abweichender Bedarf bestehen oder ein Teil nach § 22 Abs. 1 SGB II anerkannt werden.

A. Leistungen zur Sicherung des Lebensunterhalts

7. Mehrere Mehrbedarfszuschläge

Erfüllt eine Person mehr als einen der Mehrbedarfstatbestände, können 141 mehrere Mehrbedarfszuschläge **nebeneinander** gewährt werden. Jedoch darf die Summe der insgesamt an einen Leistungsberechtigten gezahlten Mehrbedarfe nach den Absätzen 2 bis 5 die Höhe des Regelbedarfs für diesen Leistungsberechtigten nicht übersteigen (§ 21 Abs. 8 SGB II).

> **Beispiel:**
> Eine behinderte Alleinerziehende mit vier Kindern unter 16 Jahren (Mehrbedarf: 175 Euro), die Leistungen zur beruflichen Anpassung und Weiterbildung nach § 33 SGB IX bezieht (Mehrbedarf 127 Euro), benötigt glutenfreie Kost (Mehrbedarf nach Empfehlungen des Deutschen Vereins: 73 Euro). Damit würde ihr Gesamt-Mehrbedarf 375 Euro mtl. betragen. Er ist jedoch auf die Höhe des maßgebenden Regelbedarfs (364 Euro) begrenzt.

8. Unabweisbare, laufende Bedarfe in Härtefällen

Nach dem Leistungssystem des SGB II können über die in § 21 SGB II 142 genannten Mehrbedarfe hinaus keine weiteren geltend gemacht werden (vgl. BSG v. 27.2. 2008 – B14/7b AS 32/06). Dazu hat das BVerfG (v. 9.2. 2010 1 BvL 1, 3, 4/09) entschieden, dass die Konzeption des Regelbedarfs als Pauschale nur den durchschnittlichen Bedarf abdeckt. Wenn in seltenen Einzelfällen für ein menschenwürdiges Existenzminimum aber ein unabweisbarer laufender, nicht nur einmaliger besonderer Bedarf erforderlich ist, muss auch der gedeckt werden. In diesen Extremfällen steht dem Leistungsempfänger ein direkter Anspruch auf die Sozialleistung aus Art. 1 i.V.m. Art 20 Abs. 1 GG zu. Als Ausfluss dieser Entscheidung wurde der Anspruch für Härtefälle in § 21 Abs. 6 SGB II gesetzlich fixiert.

Voraussetzung ist, dass ein **atypischer Bedarf** besteht, also neben den durchschnittlichen Bedarfen, die vom Regelbedarf abgedeckt sind. Er ist unabweisbar, wenn er in einer Sondersituation auftritt, einen atypischen Ursprung hat (qualitativer Mehrbedarf) oder zwar im Regelbedarf enthalten, im konkreten Einzelfall aber erheblich überdurchschnittlich ist (quantitativer Mehrbedarf) und insbesondere nicht durch Zuwendungen Dritter oder Einsparmöglichkeiten des Leistungsberechtigten gedeckt ist (BA FH 21.33). Dabei handelt es sich nicht um einmalige Bedarfsspitzen, sondern die besonderen Bedarfe müssen längerfristig oder dauerhaft, zumindest regelmäßig wiederkehrend anfallen (BA FH 21.36). Einmalige Bedarfe wie z.B. Wintermantel, Kühlschrank können durch Darlehen abgedeckt werden (§ 24 SGB II). Die Mehrbedarfe nach § 21 Abs. 2–5 SGB II dürfen durch Abs. 6 allerdings nicht aufgestockt werden.

Ein solcher atypischer Bedarf kann in folgenden Situationen vorliegen: 143 Pflege- und Hygieneartikel aus gesundheitlichen Gründen z.B. bei Neurodermitis (Bay.LSG v. 25.6. 2010 – L7 AS 404/10 BER), bei Aids-Erkrankung (BSG v. 19.8. 2010 – B 14 AS 13/10R), Haushaltshilfe bei körperlich stark beeinträchtigten Personen, Kosten zur Wahrnehmung des Umgangsrechts (LSG Rh.-Pfalz v. 24.11. 2010 – L1 SO 133/10 BER), insbesondere Fahrtkosten.

Ein besonderer unabweisbarer, laufender Bedarf liegt regelmäßig nicht vor bei: Praxisgebühr, Schulmaterialien (vgl. BSG v. 19.8. 2010 – B 14 AS 47/09 R), Schulverpflegung, Schülerfahrkarte, Kinderkleidung (BSG v. 23.3. 2010 – B 14 AS 81/08 R), Bekleidung und Schuhe in Über- bzw. Untergrößen, Zusatzbeitrag zur gesetzlichen Krankenversicherung (s. BA FH 21.37f), Krankenhausaufenthalt (LSG NRW v. 28.4. 2010 – L 12 AS 34/09).

9. Sonderregelungen für Empfänger von Sozialgeld

144 Auch Empfänger von Sozialgeld haben **Anspruch auf Mehrbedarfszuschläge** (§ 19 Abs. 1 S. 2, 3 SGB II).

Damit können Empfänger von Sozialgeld grundsätzlich alle Mehrbedarfszuschläge unter den oben dargelegten Voraussetzungen erhalten. In § 23 Nr. 2 und 3 SGB II ist allerdings klargestellt, dass der Mehrbedarfszuschlag für behinderte Menschen (§ 21 Abs. 4 SGB II) erst ab Vollendung des 15. Lebensjahres gezahlt wird. Diese müssen Eingliederungshilfen nach § 54 Abs. 1 S. 1 Nr. 1–2 SGB XII (Hilfen zu einer angemessenen Schulbildung, Hilfe zur schulischen Ausbildung für einen angemessenen Beruf einschließlich des Besuchs einer Hochschule) erhalten oder erhalten haben.

Für Sozialgeldempfänger, die voll erwerbsgemindert sind, ist zusätzlich – anders als für Empfänger von Arbeitslosengeld II – ein **Mehrbedarfszuschlag von 17 %** des maßgebenden Regelbedarfs vorgesehen, wenn sie einen **Schwerbehinderten-Ausweis nach § 69 Abs. 5 SGB IX mit dem Merkzeichen G** besitzen. Dies gilt allerdings dann nicht, wenn sie bereits einen Mehrbedarf wegen Behinderung nach §§ 19 Abs. 1, 21 Abs. 4 oder 23 Nr. 2, 3 SGB II erhalten. Da voll erwerbsgemindert ist, wer wegen Krankheit oder Behinderung auf nicht absehbare Zeit nicht mindestens 3 Stunden täglich arbeiten kann, scheidet für Kinder unter 15 Jahren, die wegen der allgemeinen Schulpflicht aufgrund ihres Alters als nicht erwerbsfähig i.S.d. SGB II gelten, dieser Mehrbedarf aus. Sozialgeldempfängern steht der Anspruch auf einen besonderen, unabweisbaren, laufenden Bedarf nach § 21 Abs. 6 SGB II ebenso zu wie ALG II-Empfängern.

IV. Leistungen für Unterkunft und Heizung

145 Die Kosten für Unterkunft und Heizung sind nicht in der Regelleistung enthalten. Auf sie besteht ein separater Anspruch, der grundsätzlich auf Übernahme der **tatsächlichen Aufwendungen** geht, soweit diese angemessen sind (§ 22 Abs. 1 SGB II). Besonderheiten gelten allerdings für Personen unter 25 Jahren, die bei einem Umzug die Kosten der Unterkunft und Heizung grundsätzlich nur bei vorheriger Zusicherung erhalten. Neben den Unterkunfts- und Heizkosten können unter bestimmten Voraussetzungen Kosten für **Wohnungsbeschaffung, Mietkautionen** und einen **Umzug** (§ 22 Abs. 6 SGB II) übernommen werden. Auch eine **Schuldenübernahme** kommt bei entsprechender Notlage in Betracht (§ 22 Abs. 8 SGB II).

Bezieher von Arbeitslosengeld II/Sozialgeld sind **vom Bezug von Wohngeld ausgeschlossen** (§ 1 Abs. 2 Nr. 1 und 1c WoGG). Die Unterkunfts- und Heizkosten werden allein nach Maßgabe des SGB II erbracht.

Kosten der Unterkunft und Heizung werden von den **kommunalen Trägern** gewährt (§ 6 Abs. 1 S. 1 Nr. 2 SGB II). 146

Verfahrensrechtlich ist zu bedenken, dass die Bewilligung von Unterkunfts- und Heizkosten insgesamt eine abtrennbare Verfügung des Gesamt-Bewilligungsbescheids darstellt; eine Trennung in Unterkunfts- und Heizkosten ist demgegenüber nicht möglich (BSG v. 7.11. 2006, B 7b AS 8/06 R) **Prozessual** bedeutet dies, dass der **Streitgegenstand** auf die Kosten der Unterkunft und Heizung insgesamt beschränkt werden kann, nicht dagegen auf die Unterkunfts- oder Heizkosten jeweils einzeln; insoweit können lediglich einzelne Elemente durch Teilvergleich oder Teilanerkenntnis unstreitig gestellt werden (BSG aaO.). 147

1. Übernahme der Kosten für Unterkunft und Heizung (§ 22 Abs. 1 SGB II)

a) Anspruch auf tatsächliche angemessene Kosten der Unterkunft. 148
Aus § 22 Abs. 1 S. 1 SGB II ergibt sich ein Anspruch auf Übernahme der tatsächlichen Kosten für die Unterkunft, soweit diese angemessen sind. **Einschränkungen** ergeben sich allerdings **nach einem Umzug**: Soweit ein nicht erforderlicher Umzug in eine noch angemessene, aber teurere Unterkunft als bisher erfolgt, werden nur die bisher übernommenen Kosten getragen (§ 22 Abs. 1 S. 2, vgl. Rn. 225 ff.); für unter 25-Jährige werden unter bestimmten Umständen überhaupt keine Kosten der Unterkunft und Heizung mehr übernommen (§ 22 Abs. 5 SGB II.

Aus dem Wortlaut („in Höhe der tatsächlichen Aufwendungen") folgt, dass § 22 SGB II allein auf Kostenübernahme gerichtet ist; es besteht **kein Anspruch auf Zur-Verfügung-Stellung von Wohnraum**.

aa) Umfang der übernommenen Unterkunftskosten. 149
Voraussetzung für die Übernahme der Unterkunftskosten ist, dass Kosten für eine privat genutzte Unterkunft entstehen; Kosten für gewerblich genutzte Räume werden nicht übernommen, auch wenn die Hilfebedürftigen sich tagsüber ausschließlich dort aufhalten (BSG v. 23.11.2006, B 11b AS 3/05 R). Ansonsten würde man über die Übernahme der Kosten zur Sicherung des Lebensunterhalts die Erwerbstätigkeit mit finanzieren; eine Förderung der Erwerbstätigkeit ist im SGB II jedoch nur über die Leistungen zur Eingliederung und § 29 SGB II vorgesehen, die jeweils an besondere Voraussetzungen

Kapitel 3. Leistungen

zungen geknüpft sind, welche nicht auf dem Umweg über § 22 SGB II umgangen werden dürfen. Soweit Kosten für gewerbliche Miete anfallen, können diese aber etwaige Einnahmen mindern (§ 11 Abs. 2 S. 1 Nr. 5 SGB II). Der Grundsicherungsträger kann im Rahmen der Leistungsgewährung die zivilrechtliche Wirksamkeit mietvertraglicher Vereinbarungen überprüfen. Ist eine mietvertragliche Klausel nach der Rechtsprechung unwirksam und sind die entsprechenden Mietaufwendungen daher vom Mieter nicht geschuldet, kann ein entsprechender Anspruch gegen den Grundsicherungsträger nicht entstehen (LSG Baden-Württemberg v. 22.1.2009, L 7 AS 4343/08).

150 Grundsätzlich werden Kosten nur für den **aktuellen Unterkunftsbedarf** übernommen, maßgeblich ist also, ob die Unterkunft **tatsächlich genutzt** wird. Unerheblich sind daher die formal-vertraglichen Verhältnisse (vgl. BayLSG v. 15.3.2007, L 7 AS 134/06) ebenso wie die Frage, ob die Nutzung rechtmäßig ist, sodass z.B. eine fehlende Untermieterlaubnis oder baurechtliche Zulässigkeit der Nutzung irrelevant sind (vgl. Berlit in LPK-SGB II, § 22 Rn. 13 mwN.), solange den Hilfebedürftigen tatsächlich Unterkunftskosten entstehen. Im Einzelfall kann allerdings auch ohne aktuelle Nutzung ein **Wohnungserhaltungsbedarf** einen aktuellen Bedarf darstellen (anerkannt bei 3-monatiger Haft, BVerwG v. 22.12.1998, NDV-RD 2000, 27, abgelehnt bei auswärtigem Studium von Kindern, BVerwGE 72, 88).

151 Im Einzelnen zählen **folgende Aufwendungen** zu den Unterkunftskosten:

– Bei **Mietwohnungen** die tatsächlichen Mietkosten wie sie sich aus dem Mietvertrag ergeben.
– Bei **Eigentumswohnungen und Eigenheimen** grundsätzlich 1/12 der notwendigen Ausgaben, insbes. Schuldzinsen, Erbbauzins, dauernde Lasten, Steuern auf Grundbesitz sowie sonstige öffentliche Ausgaben und notwendiger Erhaltungsaufwand. **Tilgungsleistungen** für den Kauf (anders für Erhaltungsmaßnahmen, vgl. LSG BW v. 27.4.2007, L 8 AS 1503/07 ER) sind **grundsätzlich nicht** zu berücksichtigen, und zwar auch dann nicht, wenn sie die Angemessenheitsgrenze nicht übersteigen. Ansonsten würde das Arbeitslosengeld II zur Bildung von Vermögen führen, was nicht Aufgabe einer Existenz sichernden Leistung ist; nichts anderes folgt aus § 12 SGB II, da dort bestehendes Vermögen geschützt wird, was bei Schuldentilgung gerade nicht der Fall ist (hM., vgl. BSG v. 7.11.2006, B 7b AS 8/06 R; BayLSG v. 21.4.2006, L 7 AS 1/05; LSG Hessen v. 12.2.2007, L 7 AS 225/06 ER; aA. Berlit in LPK-SGB II, § 22, Rn. 23 unter Berufung auf den Gleichheitssatz, vermittelnd Lang in Eicher/Spellbrink, § 22, Rn. 28 ff.). Nach Auffassung des BSG sind aber Tilgungsleistung als Bestandteil der Finanzierungskosten einer vom Leistungsberechtigten selbst genutzten Eigentumswohnung vom Grundsicherungsträger bis zur Höhe der angemessenen Kosten einer Mietwohnung als Kosten der Unterkunft zu übernehmen, wenn der Leistungsberechtigte anderenfalls gezwungen wäre, seine Wohnung

A. Leistungen zur Sicherung des Lebensunterhalts

aufzugeben (BSG v. 18.6. 2008, B 14/11b AS 67/06). Besonderen Fällen kann im Rahmen der vom Gesetz vorgesehenen Einzelfallprüfung Rechnung getragen werden; zudem kommt ggf. eine Schuldenübernahme nach Abs. 5 in Betracht (vgl. LSG Hessen v. 12.2. 2007, L 7 AS 225/06 ER; LSG NRW v. 16.10. 2006, L 20 AS 39/06: darlehensweise Übernahme aus § 22 Abs. 1 SGB II). Als Bedarf werden nach § 22 Abs. 2 SGB II auch unabweisbare Aufwendungen für Instandhaltung und Reparatur bei selbst genutztem Wohneigentum anerkannt, soweit diese unter Berücksichtigung der im laufenden sowie den darauf folgenden elf Kalendermonaten anfallenden Aufwendungen insgesamt angemessen sind.

- Kosten der **Instandhaltung** der Unterkunft sowie **Schönheitsreparaturen**, soweit der Mieter vertraglich zur Übernahme verpflichtet ist, denn der Anspruch auf eine Unterkunft nach § 22 SGB II beinhaltet zweifellos eine Wohnung in angemessenem Zustand; nicht erfasst sind demgegenüber Verbesserungsmaßnahmen, die über eine Erhaltung hinausgehen, denn damit würde der Aufbau von Vermögen finanziert, was nicht Aufgabe einer Existenz sichernden Leistung ist. **152**
- Die mit der Unterkunft verbundenen **Nebenkosten**; bei Mietwohnungen sind dies die Kosten, die zulässigerweise mietvertraglich auf den Mieter umgelegt werden können (§ 556 BGB i. V. m. § 2 Betriebskostenverordnung für Verträge ab 1.1. 2004 bzw. mit Anlage 3 zu § 27 der II Berechnungsverordnung für ältere Verträge). Zu den Nebenkosten zählen insbes. Umlagen für Gemeinschaftsbeleuchtung, Hausmeister, Gartenpflege, Aufzug, Gebühren für Schornsteinfeger, Straßenreinigung, Kanalisation und Müllabfuhr, Gemeinschaftsantennen, auf die Miete umgelegte Grundsteuern und Gebäudeversicherung sowie Wassergeld. Eine Vereinbarung der Umlage von Kosten, die nicht als Betriebskosten unter § 2 BetrKV fallen, ist unwirksam (BSG v. 19.2. 2009, B 4 AS 48/08 R)

Die **Garagenmiete** gehört i. d. R. nicht zu den Kosten der Unterkunft und Heizung, außer die Wohnung ist ohne die Garage nicht anmietbar und die Kosten halten sich einschließlich der Garagenmiete im Rahmen des Angemessenen (BSG v. 7.11. 2006, B 7b AS 10/06 R).

Keine Unterkunftskosten stellen solche Bedarfe dar, die **von der Regelleistung** umfasst sind, insbes. Kosten für **153**

- Haushaltsenergie
- Möblierung
- Verköstigung.

Die Kosten der Warmwasserzubereitung sind bei zentraler Wasserversorgung über die Unterkunftskosten, ansonsten über den Mehrbedarf abzurechnen, § 21 Abs. 7 SGB II.

Sind in der Miete derartige Kosten mit enthalten, sind diese **aus den Unterkunftskosten herauszurechnen**, sodass die Leistung entsprechend ge- **154** ringer ist. Grundsätzlich ist dabei auf den tatsächlichen Kostenanteil abzustellen (hM.; vgl. Sächsisches LSG v. 7.9. 2006, L 3 AS 11/06 für Küchenmöbelzuschlag in der Miete; aA. BayLSG v. 17.2. 2006, L 7 AS 6/06). Auch ein im Rahmen der Wohnraumförderung nach den jeweiligen Landeswohnraumprogrammen an den Mieter – zur weiterleitung an den Vermieter – ausgezahlter Mietkostenzuschuss ist heraus zu rechnen und mindert den Unterkunftsbedarf (LSG Baden-Württemberg v. 22.1. 2009, L 7 AS 4343/08).

155 Soweit es sich um Unterkunftskosten handelt, werden die **tatsächlichen Aufwendungen** übernommen. Einnahmen aus **Untervermietung** mindern diese unmittelbar (Rechtsgedanke des § 22 Abs. 1 S. 3 SGB II, wonach Untervermietung ein Mittel der Kostensenkung darstellt). Besonderheiten gelten für Gutschriften und Rückzahlungen, die den Unterkunfts- und Heizkosten zuzuordnen sind (vgl. Rn. 234 ff.).

Eine **Pauschalierung** ist **möglich**, wenn eine Rechtsverordnung nach § 22a Nr. 1 SGB II vorliegt Danach können die Länder die Kreise und kreisfreien Städte ermächtigen oder verpflichten, durch Satzung zu bestimmen, in welcher Höhe Aufwendungen für Unterkunft und Heizung in ihrem Gebiet angemessen sind. Die Länder können Kreise und kreisfreie Städte auch ermächtigen, die Bedarfe für Unterkunft und Heizung in ihrem Gebiet durch eine monatliche Pauschale zu berücksichtigen, wenn auf dem örtlichen Wohnungsmarkt ausreichend freier Wohnraum verfügbar ist und dies den Grundsätzen der Wirtschaftlichkeit entspricht, § 22a Abs. 2 Satz 1 SGB II. Ohne eine auf Basis einer landesgesetzlichen Regelung erfolgte Begrenzung der zu übernehmenden Heizkosten auf eine Pauschale wäre ohne Ermittlung der nach den Umständen des Einzelfalles angemessenen Heizkosten unzulässig (LSG Bremen-Niedersachsen v. 3.12. 2009, L 13/6 AS 8/06; BSG v. 2.7. 2009, B 14 AS 36/08 R).

156 Da der Anspruch auf Arbeitslosengeld II/Sozialgeld für jede einzelne Person besteht, sind bei **Zusammenwohnen mehrerer** die Kosten für Unterkunft und Heizung grundsätzlich nach Kopfteilen auf die Personen zu verteilen (vgl. BSG v. 23.11. 2006, B 11b AS 1/06 R). Dies gilt auch dann, wenn einzelne dieser Personen vom Hilfebezug (z.B. nach § 7 Abs. 5 SGB II) ausgeschlossen sind; sonst würden indirekt deren Kostenanteile über § 22 SGB II mit übernommen, was dem Leistungsausschluss zuwider liefe (str., so Bay. LSG v. 29.6. 2006, L 7 AS 91/06; teilw. aA Berlit in LPK-SGB II, 2. Aufl., § 22 Rn. 24; vgl. auch Lauterbach, S. 491). Eine andere als kopfteilige Verteilung greift nur, wenn eine Person aufgrund ihrer besonderen Umstände, z.B. Behinderung, Pflegebedürftigkeit, einen besonderen Platzbedarf hat, oder wenn im Rahmen eines Untermietvertrags eine andere Aufteilung vereinbart ist und tatsächlich durchgeführt wird. Wohnen Hilfebedürftige mit nicht hilfebedürftigen Personen in einer gemeinsamen Wohnung (z.B. Wohngemeinschaft), werden nur die jeweiligen Kostenanteile der Hilfebedürftigen übernommen.

bb) **Angemessenheit der Unterkunftskosten.** Unterkunftskosten werden 157
bei Mietwohnungen oder selbst genutztem Eigentum nur übernommen,
soweit sie angemessen sind (§ 22 Abs. 1 S. 1 SGB II). Dabei handelt es
sich um einen **unbestimmten Rechtsbegriff**; die Festsetzung der Angemessenheitsgrenzen durch die Kommunen unterliegt also voller gerichtlicher Überprüfung.

Das SGB II selbst enthält zu dieser Frage keine Regelung, die Gesetzesbegründung verweist auf die Sozialhilfepraxis. Demnach richtet sich der Unterkunftsbedarf auf eine nach **Ausstattung, Substanz, Zuschnitt und Lage einfache Wohnung der unteren Kategorie** (vgl. BSG v. 7.11. 2006, B 7b AS 18/06 R); der Lebensstandard vor Hilfebezug ist unerheblich. Gemäß § 22 Abs. 1 S. 1 SGB II ist die Angemessenheit der Unterkunftskosten nach der „Besonderheit des Einzelfalls" zu bestimmen.

Ausgehend davon wird die Angemessenheit in **mehreren Schritten** geprüft (vgl. BSG v. 7.11. 2006, B 7b AS 18/06 R): 158

– Bestimmung der angemessenen Wohnungsgröße
– Bestimmung des angemessenen m²-Preises
– Berechnung der angemessenen Unterkunftskosten unter Berücksichtigung der Produkttheorie
– Prüfung, ob zu diesem Preis vor Ort tatsächliche Wohnungen verfügbar sind.

Die so bestimmte Angemessenheitsgrenze ist für Mietwohnungen und Eigentum gleichermaßen relevant.

Zunächst wird unter Berücksichtigung der Größe der Bedarfsgemein- 159
schaft die **angemessene Wohnungsgröße** bestimmt. Dabei kann auf die Durchführungsbestimmungen der Länder zum Sozialen Mietwohnungsbau zurückgegriffen werden, aus dem sich folgende Richtwerte ergeben (Achtung: dies ist klar zu trennen von der Frage, bis wann eine selbst genutzte Immobilie von der Vermögensanrechnung ausgenommen bleibt.):

– 1 Person: 45–50 m²;
– 2 Personen: 60 m²;
– 3 Personen: 75 m²;
– 4 Personen: 85–90 m²,
– für jede Person ca. 10 m² mehr

Abweichungen können sich im Einzelfall z.B. bei hohem Alter, Behinderung, Pflegebedürftigkeit ergeben.

> **Beispiel:**
> Für Familie F mit 3 minderjährigen Kindern ist ein Wohnraum mit einer Größe von 95–100 m² angemessen. Studiert dagegen eines der Kinder auswärts und kommt nur während der Semesterferien nach Hause, ist dies grundsätzlich nicht zu berücksichtigen, so dass der Bedarf nur 85–90 m² beträgt.

Kapitel 3. Leistungen

160 Fraglich ist, was bei **Zusammenwohnen mehrerer Personen** gilt, die **nicht in einer Bedarfsgemeinschaft** leben, z.b. Wohngemeinschaft, Kind über 25 Jahren wohnt noch bei seiner Familie. Würde man die Personen außerhalb der Bedarfsgemeinschaft separat betrachten, wäre die angemessene Wohnfläche höher als wenn man alle zusammen wohnenden Personen zusammenzählt (**Beispiel**: Für zwei Alleinstehende ergäbe sich bei separater Betrachtung eine angemessene Wohnungsgröße von 90–100 m^2 (2 × 45 bis 50 m^2), bei gemeinsamer Betrachtung nur von 60 m^2). Hier dürfte zu differenzieren sein: Soweit die Personen einen **gemeinsamen Haushalt** bilden, ist kein Grund für eine separate Betrachtung ersichtlich. Denn dann werden – wie bei einer Bedarfsgemeinschaft – bestimmte Räume zusammen genützt. Der Grund, warum einzelnen Personen eine höhere m^2-Zahl zugebilligt wird, trifft hier nicht zu. Anderes dürfte für reine Wohngemeinschaften gelten, die keinen gemeinsamen Haushalt bilden, z.B. Untervermietung. Hier sind alle Personen getrennt zu betrachten.

---

161 **Beispiel:**
A+E leben zusammen mit ihren drei Kindern X, Y und Z (über 25 Jahre und damit bei Vorliegen der Voraussetzungen als eigene Bedarfsgemeinschaft anzusehen). Bei gemeinsamer Betrachtung ist für alle eine Wohnungsgröße von 95–100 m^2 angemessen. Die Kosten für Unterkunft und Heizung (700€Euro) werden anteilig auf alle verteilt, d.h. 140 Euro pro Person. Ist Z nicht bedürftig, so werden jeweils 140 bei A, E, X und Y angesetzt; Z muss seinen Anteil selbst tragen.

---

162 In einem zweiten Schritt ist der **angemessene m^2-Preis** zu ermitteln. Dabei ist von einer Unterkunft auszugehen, die nach Ausstattung, Lage und Bausubstanz einfachen und grundlegenden Bedürfnissen genügt und keinen gehobenen Wohnstandard aufweist. Der Preis bestimmt sich nach demjenigen für vergleichbare Wohnungen angemessener Größe, die in dem räumlichen Bezirk liegen, der den Vergleichsmaßstab bildet (vgl. BSG v. 7.11.2006, B 7b AS 18/06 R; BSG v. 7.11.2006, B 7b AS 10/06 R).

163 Dieses **Vergleichsgebiet** soll nach der Rechtsprechung des BSG grundsätzlich der **Wohnort** des Hilfebedürftigen sein; ein Umzug in einen anderen Wohnort, der mit einer Aufgabe des sozialen Umfelds verbunden wäre, kann im Regelfall nicht verlangt werden. Jedoch ist Wohnort nicht strikt mit der Gemeinde gleichzusetzen; im ländlichen Bereich kann das Vergleichsgebiet ggf. einen größeren Bereich umfassen, in größeren Städten ggf. nur einen Teilbereich. Das ist eine Frage des Einzelfalls; dabei wird nach dem BSG auch auf die Frage einzugehen sein, inwieweit ein Umzug mit dem Verlust des sozialen Umfelds verbunden ist.

164 Zur konkreten Bestimmung des angemessenen Mietpreises kann auf den **örtlichen Mietspiegel, Mietdatenbanken, Zeitungsannoncen** etc. zurückgegriffen werden. Die Tabellenwerte nach § 12 WoGG stellen grund-

A. Leistungen zur Sicherung des Lebensunterhalts

sätzlich keinen geeigneten Maßstab für die Angemessenheit der Kosten der Unterkunft dar, weil sie zum einen die örtlichen Gegebenheiten nicht angemessen widerspiegeln und zum anderen nicht darauf abstellen, ob der Wohnraum bedarfsangemessen ist (BSG v. 18.6. 2008, B 14/7b AS 44/06). Erst wenn die lokalen Erkenntnisquellen nicht ausreichen, kann auf die Tabelle des § 12 WoGG oder die zulässigen Mietgrenzen der in Ergänzung zum Wohnraumförderungsgesetz erlassenen landesrechtlichen Wohnraumförderungsbestimmungen zurückgegriffen werden (vgl. BSG v. 7.11. 2006, B 7b AS 18/06 R). Hiervon kann aber nicht schon dann ausgegangen werden, wenn ein qualifizierter Mietspiegel im Sinne von § 558d BGB nicht besteht (BSG v. 18.6. 2008, B 14/7b AS 44/06).

Die **angemessene Miete** errechnet sich sodann aus der angemessenen Wohnfläche, multipliziert mit dem angemessenen m²-Preis (**Produkttheorie**; vgl. BSG v. 7.11. 2006, B 7b AS 18/06 R). Maßgeblich ist also der Gesamtpreis; es kommt im konkreten Fall nicht darauf an, ob die einzelnen Berechnungselemente (Größe, Preis) angemessen sind. Die Hilfebedürftigen können also auch eine sehr große, aber billige oder teurere, aber kleine Wohnung mieten, solange die Obergrenze nicht überschritten ist. **165**

> **Beispiel:**
> Wohnt Familie F in einer 95 m²-Wohnung an einem Ort, wo derzeit ein ortsüblicher Mietpreis von 6,14 Euro anerkannt wird, sind Kosten für Unterkunft bis zu 583,30 Euro (95 m² × 6,14 Euro) angemessen. Ersetzt werden die tatsächlichen Aufwendungen, solange sie diese Grenze nicht überschreiten.

Abschließend ist zu prüfen, ob auf dem jeweils relevanten Wohnungsmarkt eine abstrakt als angemessen eingestufte Wohnung **verfügbar** ist. Gibt es keine relevanten Miet-Angebote, so sind die tatsächlichen Unterkunftskosten zu übernehmen (vgl. BSG v. 7.11. 2006, B 7b AS 18/06 R). Die Beweislast trifft den Leistungsträger, doch können substantiierte Bemühungen des Hilfebedürftigen verlangt werden, wenn dieser sich auf mangelnden Wohnraum beruft (vgl. Rn. 230 sowie Hessisches LSG v. 25.1. 2006, L 8 AS 4296/05 ER-B).

b) Anspruch auf tatsächliche angemessene Kosten der Heizung. Neben den Kosten für Unterkunft besteht ein Anspruch auf Leistungen für die Heizung, die grundsätzlich – oder durch Verordnung zur Pauschalierung nach § 22a SGB II – in **tatsächlicher Höhe** erbracht werden (§ 22 Abs. 1 S. 1 SGB II). **166**

Heizkosten sind daher grundsätzlich in der Höhe zu übernehmen, wie sie sich aus der **Heizkostenabrechnung** darstellen (vgl. Hessisches LSG v. 21.3. 2006, L 9 AS 124/05 ER). Meist werden dies monatliche Heizkostenvorauszahlungen sein, ggf. ergänzt durch eine Heizkostennachzahlung (bzw. eine Rückforderung).

Kapitel 3. Leistungen

Soweit die Heizkosten nicht laufend, sondern einmalig anfallen, ist eine entsprechende **Einmalleistung** zu erbringen (vgl. BSG v. 16.5. 2007, B 7b 40/06 R), sofern ein entsprechender Bedarf (einmalige Abrechnung oder Notwendigkeit des Kaufs von Heizmaterial) besteht. Wurde **vor** dem aktuellen Bewilligungszeitraum Heizmaterial gekauft, so ist dies nicht der Fall, da Heizmaterial vorhanden ist; ein Anspruch auf Ersatz bereits früher getätigter Aufwendungen besteht nicht (vgl. BSG v. 7.11. 2006, B 7b AS 8/ 06 R; BSG v. 16.5. 2007, B 11b AS 39/06 R), allenfalls kommt – soweit für den Kauf noch Zahlungen zu leisten sind – eine Schuldenübernahme nach § 22 Abs. 5 SGB II in Betracht. Geht im aktuellen Bewilligungszeitraum das Heizmaterial aus, so besteht Bedarf für einen Kauf. Bezüglich der Menge an Brennmaterial kann auf die Dauer des Bewilligungsabschnitts abgestellt werden, d.h. es sind jedenfalls kosten für das Material zu übernehmen, das im Be-willigungsabschnitt voraussichtlich verbraucht wird (vgl. (vgl. BSG v. 16.5. 2007, B 7b 40/06 R).

Warmwasser ist bei dezentraler Wasserversorgung über den Mehrbedarf nach § 21 Abs. 7 abzurechnen. Bei zentraler Warmwasserzubereitung fallen die Kosten unter die Kosten der Unterkunft, § 20 SGB II. Wird mit **Strom geheizt**, so sind die anteilig auf die Heizung entfallenden Kosten im Rahmen von § 22 SGB II zu übernehmen.

167 Auch Heizkosten werden nur in **angemessener Höhe** übernommen. Dies bestimmt sich nach einer Vielzahl von Faktoren. Der parallele § 29 Abs. 3 SGB XII erwähnt insbesondere die persönlichen und familiären Verhältnisse, die Größe und Beschaffenheit der Wohnung, die vorhandenen Heizmöglichkeiten und die örtlichen Gegebenheiten; diese Faktoren können auch im SGB II berücksichtigt werden. Dabei dürften wie bisher die Heizkosten, die dem wohnflächenbezogenen durchschnittlichen Verbrauch der an die jeweilige Heizungsanlage angeschlossenen Abnehmer entsprechen, einen wichtigen Anhaltspunkt darstellen, der jedoch nach den Besonderheiten des Einzelfalls (z.B. Kleinkind, zeitmäßig hohe Anwesenheit von Hilfebedürftigen zu Hause etc.) anzupassen ist (Hessisches LSG v. 21.3. 2006, L 9 AS 124/05 ER). Eine allgemeine, pauschale Angemessenheitsgrenze dürfte aufgrund der Vielzahl der relevanten Einzelumstände (z.B. Isolierung, Alter der Wohnung etc.) ausscheiden.

168 Grundsätzlich spricht für die vom Energieversorger festgesetzten Vorauszahlungen eine **Vermutung der Angemessenheit**, soweit nicht Anhaltspunkte für ein unwirtschaftliches Heizverhalten vorliegen (Hessisches LSG v. 21.3. 2006, L 9 AS 124/05 ER).

169 Für die Übernahme **unangemessener Heizkosten** besteht keine Rechtsgrundlage. Beruhen die unangemessenen Heizkosten allerdings auf einer unangemessen großen Wohnung, für die nach § 22 Abs. 1 S. 3 SGB II trotzdem die tatsächlichen Kosten zu übernehmen sind, so müsste dies auch die (unangemessenen) Heizkosten umfassen; es wäre widersprüchlich, zwar unangemessene Unterkunftskosten, nicht aber die für die zu teure Wohnung erforderlichen Heizkosten zu übernehmen.

c) **Übernahme der angemessenen Unterkunfts- und Heizkosten nach** **170**
nicht erforderlichem Umzug. Mit Wirkung zum 1.8. 2006 wurde die Regelung, dass die tatsächlichen Unterkunfts- und Heizkosten zu erbringen sind, soweit sie angemessen sind, insoweit modifiziert, als nach einem nicht erforderlichen Umzug in eine noch angemessene Unterkunft nur die vor dem Umzug zu tragenden Aufwendungen ersetzt werden. Diese Regelung soll einer Kostensteigerung durch Ausschöpfung der jeweiligen kommunalen Angemessenheitsgrenzen entgegenwirken (vgl. Gesetzesbegründung, BT-Drucks. 16/1410).

Die Neuregelung greift nur im Fall eines **nicht erforderlichen Umzugs**. Laut Gesetzesbegründung soll ein Umzug insbesondere dann erforderlich sein, wenn er zur beruflichen Eingliederung oder aus gesundheitlichen Gründen notwendig ist; es sind aber auch andere Gründe denkbar, vgl. im Einzelnen Rn. 240. Da das Gesetz auf die „Erforderlichkeit" abstellt, dürften reine Zweckmäßigkeitserwägungen oder nachvollziehbare Gründe nicht ausreichen; im Einzelfall wird die Grenze aber schwer zu ziehen sein. Sollte sich später ein wichtiger Grund ergeben, z.B. Berufsaufnahme, so ist ab diesem Zeitpunkt von der Erforderlichkeit des Umzugs auszugehen (vgl. Berlit in LPK-SGB II, § 22, Rn. 47).

Die Regelung greift nach dem Wortlaut („die angemessenen Aufwen- **171**
dungen für Unterkunft und Heizung") sowie der Gesetzesbegründung (BT-Drucks. 16/1410) nur bei einem Umzug von einer angemessenen in eine teurere, aber **noch angemessene Unterkunft**. Bei Umzug in eine unangemessene Unterkunft gilt der Grundsatz des § 22 Abs. 1 S. 1 SGB II, dass die tatsächlichen Kosten bis zur Angemessenheitsgrenze zu gewähren sind; die Begrenzung auf die bisherigen Kosten dürfte nicht greifen (vgl. dazu Rn. 242).

Offen gelassen wurde vom BSG (7.11. 2006, B 7b AS 10/06 R) unter **172**
Hinweis auf die Gesetzesbegründung, ob diese Regelung auch bei einem **Umzug außerhalb des maßgebenden örtlichen Bereichs** (vgl. Rn. 218) gilt.

Hat ein nicht erforderlicher Umzug in eine noch angemessene Unterkunft stattgefunden, so sind nur die **bisherigen Aufwendungen für Unterkunft und Heizung** zu übernehmen. Da das Gesetz insoweit nicht auf die einzelnen Komponenten, sondern die insgesamt zu tragenden Aufwendungen abstellt, ist es unerheblich, wenn sich die einzelnen Komponenten verschieben, z.B. die Wohnung billiger, aber die Heizkosten teurer werden (vgl. Berlit in LPK-SGB II, § 22, Rn. 46).

§ 22 Abs. 1 S. 2 SGB II entbindet nicht von der Obliegenheit, vor dem **Umzug** die **Zusicherung des kommunalen Trägers** einzuholen (§ 22 Abs. 2 SGB II; vgl. dazu Rn. 239 ff.).

d) **Übernahme unangemessener Unterkunftskosten.** Kosten der Unter- **173**
kunft und Heizung werden in tatsächlicher Höhe nur übernommen, soweit diese Kosten angemessen sind (§ 22 Abs. 1 S. 1 SGB II). Jedoch sind Unterkunftskosten (nicht dagegen Heizkosten, vgl. aber Rn. 224), die über

Kapitel 3. Leistungen

der Angemessenheitsgrenze liegen, so lange zu übernehmen, wie es dem Hilfebedürftigen bzw. der Bedarfsgemeinschaft durch Wohnungswechsel, durch Vermieten nicht möglich oder nicht zumutbar ist, die Aufwendungen zu senken, in der Regel jedoch längstens für sechs Monate (§ 22 Abs. 1 S. 3 SGB II). Dabei handelt es sich um eine zeitlich begrenzte **Bestandsschutzregelung**, die die Hilfebedürftigen vor einer abrupten Änderung der Wohnsituation schützen und ihnen Zeit zur Suche einer neuen Wohnung geben soll. Aus diesem Zweck heraus greift die Regelung nur für Personen, die bei Eintritt der Hilfebedürftigkeit in einer unangemessenen Wohnung wohnen oder deren Unterkunftskosten während des Leistungsbezugs, z.b. durch Mieterhöhung, unangemessen werden (vgl. BSG v. 7.11. 2006, B 7b AS 10/06 R). Sie greift nicht, wenn die Unterkunftskosten bereits bei einem vorangegangenen Bezug von Sozialhilfe auf das Angemessene abgesenkt waren, denn dann ist die Regelung von Ihrem Zweck her (Bestandsschutz) nicht mehr anwendbar (vgl. BSG v. 7.11. 2006, B 7b AS 10/06 R).

174 **Unmöglich** ist die Senkung der Unterkunftskosten insbesondere, wenn auf dem relevanten Markt kein angemessener Wohnraum verfügbar und keine Untervermietung möglich ist (rechtlich, tatsächlich oder weil kein Untervermieter gefunden wird). Dabei dürfte der relevante Markt grundsätzlich der Wohnort sein, da ein Umzug in einen anderen Wohnort, der mit dem Verlust der sozialen Kontakte verbunden ist, nicht verlangt werden kann; vgl. zu dieser Frage Rn. 218.

175 Es reicht allerdings nicht die Behauptung der Hilfebedürftigen, keine angemessene Unterkunft gefunden zu haben; diese müssen vielmehr **ernsthafte und intensive Bemühungen** um eine angemessene Wohnung **substantiiert darlegen**, z.B. detaillierte Liste von Telefonaten, die sie mit Wohnungsanbietern geführt haben, Schreiben an Wohnungsanbieter, Nachweis, dass sie sich um eine Sozialwohnung bemüht haben (vgl. LSG Hessen v. 21.3. 2006, L 9 AS 124/05 ER). Gelingt der Nachweis, dass trotz solcher Bemühungen eine angemessene Wohnung nicht zu bekommen war, so sind weiterhin die tatsächlichen Kosten zu übernehmen. Werden keine oder nicht ausreichende Bemühungen dargelegt, so können sich die Hilfebedürftigen nicht darauf berufen, dass angemessener Wohnraum ohnehin nicht verfügbar gewesen wäre (vgl. LSG Hessen v. 21.3. 2006, L 9 AS 124/05 ER).

176 **Unzumutbar** ist die Senkung der Unterkunftskosten u.a., wenn der Hilfebedarf einmalig oder vorübergehend ist (z.B. wenn schon eine Arbeit in Aussicht steht, LSG Niedersachsen-Bremen v. 12.8. 2005, L 7 AS 164/05 ER) und ausnahmsweise auch bei alten, kranken oder behinderten Menschen (z.B. ältere blinde Menschen, die lange in einer Wohnung gelebt haben) bzw. besonderen sozialen Gegebenheiten (z.B. Erreichbarkeit einer Schule). Die mit einem Umzug verbundenen Unannehmlichkeiten oder eine lange Wohnzeit in einer Wohnung reichen demgegenüber nicht aus. Auch die Tatsache, dass eine Person den Umzug als solchen nicht bewältigen kann, ist unerheblich, da in diesem Fall die

A. Leistungen zur Sicherung des Lebensunterhalts

Kosten für einen Umzug durch eine Firma zu übernehmen sind (§ 22 Abs. 6 SGB II).

Grundsätzlich werden die tatsächlichen Kosten übernommen, so lange die Kostensenkung unmöglich oder unzumutbar ist; in der Regel sollen unangemessene Kosten jedoch für **maximal sechs Monate** erbracht werden. Es handelt sich nach dem Gesetzeswortlaut um eine Regel-Höchstfrist. Daher sind in Einzelfällen Abweichungen möglich; die Ausgestaltung als Höchstfrist bedeutet, dass die Hilfebedürftigen die sofortige Obliegenheit zur Suche einer angemessenen Unterkunft trifft (vgl. Berlit in LPK-SGB II, § 22, Rn. 61). Die 6-Monats-Frist beginnt allerdings erst dann zu laufen, wenn der Hilfebedürftige durch ein **Hinweisschreiben** (das keinen Verwaltungsakt darstellt; zum Rechtsschutz vgl. Berlit, Wohnung und Hartz IV, S. 13) über die Angemessenheitsgrenzen informiert wurden oder diese kannten (vgl. BSG v. 7.11. 2006, B 7b AS 10/06 R). 177

Aus dem Wortlaut des § 22 Abs. 1 S. 1 SGB II („soweit") ergibt sich, dass bei Verweigerung der Kostensenkung zumindest die angemessenen Kosten übernommen werden (vgl. BSG v. 7.11. 2006, B 7b AS 10/06 R). Denn § 22 Abs. 1 S. 3 SGB II bezieht sich nur auf die das Angemessene übersteigenden Kosten. 178

e) Rückzahlungen und Gutschriften. Nach dem mit Wirkung zum 1.8. 2006 neu eingefügten § 22 Abs. 3 SGB II mindern Rückzahlungen und Gutschriften, die den Kosten der Unterkunft und Heizung zuzuordnen sind, die Kosten der Unterkunft und Heizung; ausgenommen sind solche Rückzahlungen und Gutschriften, die sich auf Haushaltsenergie beziehen. Damit soll ausweislich der Gesetzesbegründung die zuvor erfolgte **Anrechnung über § 11 SGB II vermieden** werden, die als nicht sachgerecht empfunden wurde. Denn nach § 11 Abs. 2 SGB II sind bestimmte Freibeträge zu berücksichtigen (insbes. Pauschale nach § 3 Nr. 1 ALG II–V); außerdem werden Einnahmen nach § 11 SGB II primär auf Leistungen der BA angerechnet, so dass der Bund profitiert hätte, obwohl die die überzahlten Beträge weitgehend von den kommunalen Trägern aufgebracht wurden (vgl. Gesetzesbegründung, BT-Drucks. 16/1696). 179

Erfasst sind alle **Rückzahlungen** und **Gutschriften**, die die **Unterkunfts- und Heizkosten betreffen**, also insbesondere aus Neben- und Betriebskostenabrechnungen. **Nicht erfasst** von der Anrechnung sind demgegenüber 180

– Anteile, die auf die **Haushaltsenergie** entfallen (. Zur Berechnung der Anteile für Haushaltsenergie ist auf die tatsächliche Kostenverteilung abzustellen; soweit dies nicht möglich ist (z.B. weil diese Kosten nicht gesondert ausgewiesen sind), kann eine Pauschalierung nach denselben Maßstäben erfolgen, die zuvor bei der Gewährung der Kosten gewählt wurde (vgl. dazu Rn. 209);
– Anteile der Rückzahlung/Gutschrift, die andere Regelbedarfe betreffen, welche aus den Unterkunfts- und Heizkosten herausgerechnet wurden (z.B. betreffend Möblierung, vgl. Rn. 208, 209), denn insoweit handelt

Kapitel 3. Leistungen

es sich gerade nicht um Gutschriften, die den Unterkunfts- und Heizkosten zugeordnet sind.
- Anteile der Rückzahlung/Gutschrift, welche den Anteilen der Unterkunfts- und Heizkosten entsprechen, die infolge von **Sanktionen** oder aufgrund von **Unangemessenheit der Unterkunfts- und Heizkosten** nicht gewährt wurden. Wenn die Hilfebedürftigen bestimmte Teile der Unterkunfts- und Heizkosten selbst tragen mussten, dann müssen sie anteilig auch die Rückzahlungen und Guthaben erhalten (vgl. Berlit in LPK-SGB II, 2. Aufl., § 22, Rn. 54);
- Kautionsrückzahlungen, die unter § 22 Abs. 3 SGB II fallen (vgl. Berlit in LPK-SGB II, 2. Aufl., § 22, Rn. 50).

181 Die Anrechnung der Rückzahlungen bzw. Guthaben erfolgt – abweichend von § 11 SGB II – **nach dem Monat der Rückzahlung bzw. der Gutschrift**, also in den auf diesen Zeitpunkt folgendem Monat bzw. folgenden Monaten.

2. Zusicherungserfordernisse zur Kostenübernahme nach einem Umzug (§ 22 Abs. 5 SGB II)

182 § 22 SGB II enthält verschiedene Normen für die Übernahme von Kosten der Unterkunft und Heizung nach einem Umzug gesondert geregelt sind die Kosten, die anlässlich des Umzugs entstehen (Kaution, Wohnungsbeschaffung, Umzugskosten; § 22 Abs. 3 SGB II). Betreffend die Kostenübernahme nach einem Umzug ist zu trennen zwischen den **materiellen Ansprüchen auf Übernahme der Unterkunfts- und Heizkosten**, die in § 22 Abs. 1 SGB II geregelt sind (mit Sonderregelung für die Kostenübernahme nach einem Umzug in S. 2; die materiellen Ansprüche sind unten 1. dargestellt), und der Frage, ob eine **Zusicherung zur Kostenübernahme nach einem Umzug** erforderlich ist und welche Wirkung eine Zusicherung/fehlende Zusicherung hat; dies ist in § 22 Abs. 4 geregelt.

183 Hinsichtlich der **Zusicherungserfordernisse** gilt:
- Bei Umzug in eine neue Wohnung sollen alle Hilfebedürftigen die Zusicherung des für die Leistungserbringung bisher örtlich zuständigen Trägers einholen (§ 22 Abs. 4 Satz 1 SGB II). Dies stellt eine Obliegenheit dar, deren Unterlassen die Ansprüche auf Kostenübernahme nach § 22 Abs. 1 SGB II nicht berührt (vgl. Rn. 241).
- Anderes gilt für die **unter 25-Jährigen**: Bei Ihnen ist die vorherige Zusicherung grundsätzlich konstitutive Voraussetzung der Kostenübernahme nach dem Umzug, § 22 Abs. 5 Satz 1 SGB II.

184 a) **Allgemeines Erfordernis der Zusicherung vor Umzug.** Vor Abschluss eines Mietvertrags über eine neue Unterkunft sollen die Hilfebedürftigen die **Zusicherung des bisher örtlich zuständigen kommunalen Trägers** zu den Aufwendungen für die neue Unterkunft einholen (§ 22 Abs. 4 S. 1 SGB II). Anders als früher in der Sozialhilfe reicht also nicht

A. Leistungen zur Sicherung des Lebensunterhalts

mehr aus, den Träger vor Abschluss eines neuen Vertrags über die für die Angemessenheit der Unterkunftskosten maßgeblichen Umstände in Kenntnis zu setzen. Nach dem klaren Wortlaut muss die Zusicherung **zeitlich vor Abschluss** des Vertrags über die neue Unterkunft eingeholt werden.

Der Träger ist **zur Abgabe der Zusicherung verpflichtet,** wenn der Umzug erforderlich ist und die Aufwendungen für die neue Unterkunft angemessen sind (§ 22 Abs. 4 S. 2 SGB II). In diesen Fällen besteht ein Rechtsanspruch auf Zusicherung, der gerichtlich durchsetzbar ist. Als **notwendig** ist ein Umzug insbes. anzusehen, wenn dies zur Annahme eines Arbeitsplatzes erforderlich ist, wenn ein rechtskräftiges Räumungsurteil vorliegt, die bisherige Wohnungen nicht den gesundheitlichen oder sozialen (z. B. Eintritt einer Behinderung) Anforderungen genügt, zu klein (z. B. bei Familienzuwachs) oder zu teuer ist oder wenn Eheleute sich scheiden lassen. Zur Angemessenheit der Unterkunftskosten vgl. Rn. 212 ff. 185

Das Zusicherungserfordernis hat allerdings eine reine **Aufklärungs- und Warnfunktion,** daher berührt das **Fehlen einer Zusicherung vor Vertragsschluss** die sich materiell aus § 22 Abs. 1 SGB II ergebenden Ansprüche auf Übernahme der Unterkunfts- und Heizkosten nach dem Umzug nicht (vgl. BSG v. 7.11. 2006, B 7b AS 10/06 R). Denn § 22 Abs. 4 SGB II sieht nur vor, dass der Hilfebedürftige eine Zusicherung einholen „soll". Insofern unterscheidet sich die Formulierung von § 22 Abs. 5 SGB II, der die Zusicherung klar als Voraussetzung der Übernahme von Umzugskosten bezeichnet. Zudem galt Entsprechendes bereits nach dem Recht des BSHG (Anspruch auf Übernahme zumindest der angemessenen Kosten, § 3 Abs. 1 S. 3, Halbsatz 2 RegelsatzVO, auch wenn die gebotene Information der Sozialhilfeträger unterblieben war; vgl. LPK-BSHG, § 12 BSHG, Rn. 39 ff., 43 ff.; Fichtner/Wenzel, § 12 BSHG, Rn. 15 ff.); hätte der Gesetzgeber dies ändern wollen, wäre eine eindeutige Regelung zu erwarten gewesen. 186

Damit bestehen unabhängig vom Vorliegen einer Zusicherung **nach einem Umzug** folgende **Ansprüche**: 187

– Ist der Umzug erforderlich und sind die Kosten für die neue Unterkunft angemessen, so besteht ein Anspruch auf Zusicherung (§ 22 Abs. 4 SGB II) und damit auch ein Anspruch auf Übernahme der tatsächlichen Kosten.
– Ist der Umzug nicht erforderlich und erfolgt in eine noch angemessene Unterkunft, so sind nur die Kosten zu übernehmen, die für die bisherige Unterkunft zu tragen waren (§ 22 Abs. 1 S. 2 SGB II; vgl. Rn. 225 ff.).
– Sind die neuen Unterkunftskosten unangemessen hoch, so sind nur die angemessenen Kosten zu tragen (§ 22 Abs. 1 S. 1 SGB II). Nach ihrem Wortlaut ist die Begrenzung auf die vor dem Umzug übernommenen Kosten (§ 22 Abs. 1 S. 2 SGB II) hier nicht anwendbar, was allerdings zu einem Wertungswiderspruch führt (Besserstellung der Hilfebedürftigen, die von einer angemessenen in eine unangemessene Wohnung zie-

hen (= Übernahme der angemessenen Kosten) gegenüber denen, die in eine nur teurere, aber noch angemessene Wohnung ziehen (= Übernahme nur der niedrigeren bisherigen Kosten); eine Anwendung des Abs. 1 S. 2 im Erst-Recht-Schluss zu Lasten der Hilfebedürftigen erscheint aber fraglich.

188 Bei der Zusicherung handelt es sich um einen **Verwaltungsakt**; **zuständig** ist der bisher örtlich zuständige Träger, der den für den Ort der neuen Unterkunft zuständigen Träger beteiligen muss. Eine fehlende Beteiligung hat nach dem Wortlaut des § 22 Abs. 4 SGB II keinen Einfluss auf Wirksamkeit oder Rechtmäßigkeit der Zusicherung, bindet also den neuen Träger unabhängig von dessen Beteiligung (vgl. Berlit in LPK-SGB II, 2. Aufl., § 22 Rn. 78).

189 **b) Besonderheiten für Jugendliche unter 25 Jahren.** Abweichend von dem Zuvor Gesagten erhalten Personen, die vor Vollendung des 25. Lebensjahres umziehen, Kosten der Unterkunft und Heizung für die Zeit nach dem Umzug bis zur Vollendung des 25. Lebensjahres nur, wenn der kommunale Träger dies vor Vertragsabschluss zugesichert hat (§ 22 Abs. 5 S. 1 SGB II). Auf die Zusicherung besteht unter bestimmten Umständen ein Rechtsanspruch. In diesen Fällen kann vom Erfordernis der Zusicherung abgesehen werden, wenn es den Betroffenen nicht zumutbar war, die Zusicherung einzuholen (§ 22 Abs. 5 S. 3 SGB II). Personen unter 25 Jahren, die vor Beantragung von Leistungen in der Absicht umziehen, die Voraussetzungen für die Leistungsgewährung herbeizuführen, erhalten keine Kosten der Unterkunft und Heizung (§ 22 Abs. 5 S. 4 SGB II).

190 Die Neuregelung dient der **Kostenbegrenzung**. Denn durch den Bezug einer eigenen Wohnung können Jugendliche unter 25 Jahren eine eigene Bedarfsgemeinschaft begründen und sich damit ggf. sogar die Voraussetzungen für die Hilfebedürftigkeit erst schaffen (wenn vor Umzug keine Hilfebedürftigkeit bestand). Um angesichts dessen einen Anreiz gegen den Auszug zu setzen und zu vermeiden, dass dadurch ein Anspruch auf Übernahme der Kosten für eine eigene Wohnung entsteht, erhalten die Jugendlichen bei dem Erstbezug einer eigenen Wohnung ohne entsprechenden Härtefall keine Kosten der Unterkunft und Heizung (und auch keinen vollen Leistungssatz) mehr (vgl. Gesetzesbegründung, BT-Drucks. 16/688). Satz 4 wurde später eingefügt, um sicherzustellen, dass das Erfordernis der Zusicherung nicht durch Umzug vor Beginn des Leistungsbezugs umgangen werden kann (vgl. Gesetzesbegründung, BT-Drucks. 16/1696).

191 **aa) Zusicherungserfordernis.** Personen, die vor Vollendung des 25. Lebensjahres umziehen, erhalten mit Wirkung zum 1. 4. 2006 (vgl. aber Rn. 248) Kosten der Unterkunft und Heizung für die Zeit nach dem Umzug bis zur Vollendung des 25. Lebensjahres nur, wenn der kommunale Träger dies vor Vertragsabschluss zugesichert hat (§ 22 Abs. 5 S. 1 SGB II).

A. Leistungen zur Sicherung des Lebensunterhalts

Einer Zusicherung bedürfen also nur **Jugendliche bis zur Vollendung des 25. Lebensjahres**. Diese Begrenzung erklärt sich daraus, dass ältere Personen auch bei Leben im Haushalt der Eltern eine eigene Bedarfsgemeinschaft bilden, sodass der Gesetzeszweck nicht mehr einschlägig ist.

Es ist davon auszugehen, dass das Zusicherungserfordernis nur greift, wenn der Jugendliche bereits **vor dem Umzug Arbeitslosengeld II beantragt** hatte. Zwar ist der Wortlaut des S. 1 insoweit nicht beschränkt; jedoch wurde mit § 22 Abs. 5 S. 4 SGB II eine Sonderregelung für den Umzug vor Beantragung von Leistungen geschaffen. Damit ist davon auszugehen, dass in diesen Fällen kein Zusicherungserfordernis greift, zumal vor Bentragung von Arbeitslosengeld II kein Anlass für eine Zusicherung besteht (ähnlich, auf den Beginn des Leistungsbezugs abstellend Berlit in LPK-SGB II, 2. Aufl., § 22 Rn. 82). 192

Nach dem Wortlaut ist bei jedem Umzug eines Jugendlichen eine Zusicherung erforderlich. Die Gesetzesbegründung beschränkt das Zusicherungserfordernis jedoch auf Fälle des **Erstbezugs einer eigenen Wohnung** (BT-Drucks. 16/688). Das entspricht dem Gesetzeszweck, da nur in diesen Fällen mit dem Auszug eine Kostensteigerung durch Begründung einer eigenen Bedarfsgemeinschaft verbunden ist. In folgenden Fällen dürfte daher **kein Zusicherungserfordernis gelten**: 193

– Umzug eines Jugendlichen, der am 17.2. 2006 (so die Übergangsregelung des § 68 Abs. 2 SGB II) nicht mehr zum Haushalt der Eltern gehörte (allerdings ist zu bedenken, dass die Pflicht zur Einholung der Zusicherung erst zum 1.4. 2006 in Kraft getreten ist, daher ist fraglich, ob für Umzüge bis zum 31.3. 2006 ein Zusicherungserfordernis gilt; jedenfalls aber kann in diesem Fall von einer Verzichtbarkeit der Zusicherung nach S. 3 ausgegangen werden, so Berlit in LPK-SGB II, 2. Aufl., § 22 Rn. 93)
– Umzug der gesamten Bedarfsgemeinschaft (vgl. Berlit in LPK-SGB II, 2. Aufl., § 22 Rn. 81)
– Auszug der Eltern, da § 22 Abs. 5 S. 1 SGB II eindeutig einen Umzug des Jugendlichen voraussetzt (vgl. LSG Schleswig-Holstein v. 19.3. 2007, L 11 B 13/07 AS ER).

Die Zusicherung muss **vor Abschluss des Vertrags** über die neue Unterkunft eingeholt werden. Ansonsten besteht ein Anspruch auf Kosten der Unterkunft und Heizung nur, wenn vom Zusicherungserfordernis abgesehen werden konnte. 194

Bei der Zusicherung handelt es sich um einen **Verwaltungsakt**, auf den unter bestimmten Umständen ein Rechtsanspruch besteht (vgl. die folgenden Rn.).

bb) Rechtsanspruch auf Zusicherung. Auf eine Zusicherung besteht unter folgenden Voraussetzungen ein **Rechtsanspruch** (§ 22 Abs. 5 S. 2 SGB II): 195

– Der Jugendliche kann aus **schwerwiegenden sozialen Gründen nicht auf die Wohnung der Eltern oder eines Elternteils verwiesen** werden.

Die Gesetzesbegründung verweist zur Konkretisierung dieses unbestimmten Rechtsbegriffs auf die Auslegung zu § 64 Abs. 1 S. 2 Nr. 4 SGB III (Regelung zur Berufsausbildungsbeihilfe); demnach sind sowohl die Interessen des Jugendlichen (gemäß § 1612 BGB) als auch die der Eltern zu berücksichtigen. Ein schwerwiegender sozialer Grund kann nach § 1612 BGB insbes. bei Herabwürdigung des Jugendlichen, gewalttätigen Auseinandersetzungen oder tief greifender Entfremdung vorliegen (vgl. LSG Hamburg v. 2.5. 2006, L 5 B 1060/06 ER: schwangere Antragstellerin, deren Mutter Schwangerschaft ablehnte und Besuch verbot). Es muss sich um schwerwiegende Gründe handeln, die üblichen Auseinandersetzungen und Konflikte mit den Eltern reichen daher nicht aus.

– Der Bezug der Unterkunft ist **zur Eingliederung in den Arbeitsmarkt** (Aufnahme einer Arbeit, Ausbildung, Arbeitsgelegenheit) erforderlich; dies ist insbesondere der Fall, wenn Pendeln unter Berücksichtigung des Alters des Jugendlichen und der Umstände der Ausbildung nicht zumutbar ist.

– Es liegt ein **sonstiger, ähnlich schwerwiegender Grund** vor. Es handelt sich um einen unbestimmten Rechtsbegriff, unter den weitere Gründe gefasst werden, die nicht bereits unter die vorgenannten Begriffe fallen, z.B. wenn sich nicht unterhaltsfähige oder -verpflichtete Eltern gegen den weiteren Aufenthalt des Jugendlichen entscheiden (vgl. Berlit in LPK-SGB II, 2. Aufl., § 22 Rn. 89).

Sofern kein Rechtsanspruch besteht, liegt die Erteilung der Zusicherung im **Ermessen** des zuständigen kommunalen Trägers.

196 **cc) Absehen vom Zusicherungserfordernis.** Vom Zusicherungserfordernis kann abgesehen werden, wenn ein Anspruch auf Zusicherung besteht (S. 2; vgl. Rn. 250) und es dem Betroffenen aus wichtigem Grund nicht zumutbar war, die Zusicherung einzuholen.

197 Bei der Frage, ob die Einholung der Zusicherung **unzumutbar** war, handelt es sich um einen unbestimmten Rechtsbegriff. Unzumutbarkeit ist insbes. zu bejahen, wenn die Einholung aus zeitlichen oder sozialen (z.B. häusliche Gewalt) Gründen unmöglich war. Angesichts der gravierenden Folgen bei unterlassener Zusicherung (kein Anspruch) und der Tatsache, dass die Zusicherung ohnehin nur bei einem Rechtsanspruch auf Zusicherung i.S.v. S. 2 – also in Härtefällen – verzichtbar sein kann, ist der Begriff Unzumutbarkeit **weit auszulegen.** Daher kann z.B. bereits ein knapper Wohnungsmarkt mit der entsprechend kurzen Reaktionszeit bei Angeboten die Unzumutbarkeit begründen (so auch Berlit in LPK-SGB II, 2. Aufl., § 22 Rn. 92).

198 Nach dem Gesetzeswortlaut liegt es bei Vorliegen dieser Voraussetzungen im Ermessen der kommunalen Träger, ob sie vom Zusicherungserfordernis absehen („kann"). Angesichts der engen Voraussetzungen der Verzichtbarkeit einer Zusicherung (nur bei Anspruch auf Zusicherung und Unzumutbarkeit der Einholung) erscheint dies auch aus verfassungsrechtlichen Gründen problematisch, da es um eine existenzsichernde Leistung geht. Daher dürfte bei Vorliegen der Voraussetzungen des S. 3 das **Ermessen** grundsätzlich **auf Null reduziert** sein (weiter Berlit in LPK-SGB II, 2. Aufl., § 22 Rn. 91: Ermessensreduzierung bereits bei Vorliegen nur der Voraussetzungen des S. 2).

dd) Rechtsfolge bei fehlender Zusicherung. Wurde keine Zusicherung 199 eingeholt, so besteht **kein Anspruch auf Übernahme der Kosten der Unterkunft und Heizung** bis zur Vollendung des 25. Lebensjahres. Dies gilt nach dem eindeutigen Wortlaut auch denn, wenn ein Anspruch auf Zusicherung (vgl. Rn. 250) bestanden hätte und die Einholung der Zusicherung z.B. aus Unkenntnis, Vergesslichkeit etc. unterblieb. Dies erscheint problematisch, zumal der gesetzeskonforme Weg (wohl nur: Wiedereinzug bei den Eltern und Zusicherung vor erneutem Auszug) wenig sinnvoll oder ggf. unmöglich ist; hier kann ggf. mit einer weiten Auslegung der Regelung zum Absehen vom Zusicherungserfordernis (S. 3) geholfen werden (vgl. Rn. 253).
Ab dem 25. Geburtstag sind die Kosten nach Maßgabe des § 22 Abs. 1 SGB II zu übernehmen, und zwar unabhängig davon, ob zuvor eine Zusicherung nach § 22 Abs. 5 SGB II erteilt wurde.

ee) Leistungsausschluss bei Umzug vor Antragstellung. Leistungen 200 für Unterkunft und Heizung werden Personen, die das 25. Lebensjahr noch nicht vollendet haben, nicht erbracht, wenn diese vor der Beantragung von Leistungen in eine Unterkunft in der Absicht umziehen, die Voraussetzungen für die Gewährung der Leistungen herbeizuführen (§ 22 Abs. 5 S. 4 SGB II). Diese Regelung wurde mit Wirkung zum 1.8.2006 eingefügt um zu verhindern, dass Jugendliche durch einen Umzug vor Beantragung von Leistungen das Zusicherungserfordernis der § 22 Abs. 5 S. 1–3 SG II umgehen (vgl. Gesetzesbegründung, BT-Drucks. 16/1696). Es handelt sich bei S. 4 also um einen Tatbestand, der **vom Leistungsbezug ausschließt**; eine Zusicherung ist nicht erforderlich.

Die Ausschlussregelung erfasst nach dem Wortlaut nur Jugendliche bis 201 zur Vollendung des 25. Lebensjahres, die **bisher nicht Bezieher von Arbeitslosengeld II** waren (v.a. weil sie im elterlichen Haushalt wohnten und die Eltern für ihren Lebensunterhalt aufgekommen sind); das ergibt sich daraus, dass die Absicht bestehen muss, die Leistungsvoraussetzungen „herbeizuführen".

Der Ausschluss greift nur bei entsprechender **Absicht**, also Kenntnis des künftigen Leistungsanspruchs und Handeln mit dem Ziel, diesen herbeizuführen. Das dürfte in den in S. 2 genannten Härtefällen grundsätzlich zu verneinen sein, ggf. auch in Fällen, die diesen entsprechen, aber nicht schwerwiegend genug wären, um die Voraussetzungen des S. 2 zu erfüllen, maßgeblich ist die Einzelfall-Prüfung, ob der Umzug primär auf die Erfüllung der Leistungsvoraussetzungen zielte.

Die **Beweislast** trifft insoweit den Leistungsträger, der sich auf den Leistungsausschluss beruft (vgl. Berlit in LPK-SGB II, 2. Aufl., § 22 Rn. 95).

Kapitel 3. Leistungen

3. Aufwendungen für Wohnungsbeschaffung, Mietkaution, Umzugskosten

202 Während Abs. 4 und 5 sich auf die Kostenübernahme nach einem Umzug beziehen, regelt § 22 Abs. 6 SGB II die Kosten anlässlich eines Umzugs. Demnach können Wohnungsbeschaffungs- und Umzugskosten bei vorheriger Zusicherung durch den bis zum Umzug örtlich zuständigen kommunalen Träger übernommen werden; eine Mietkaution kann bei vorheriger Zusicherung durch den am Ort der neuen Unterkunft zuständigen kommunalen Träger übernommen werden.

Voraussetzung der Kostenübernahme ist nach dem Gesetzeswortlaut die **vorherige Zusicherung** durch den jeweils zuständigen kommunalen Träger, die einen **Verwaltungsakt** darstellt. Daher werden keine Kosten übernommen, die vertraglich *vor* der Zusicherung des Trägers begründet wurden (allgM.; vgl. LSG Berlin-Brandenburg v. 1.12. 2006, L 19 B 616/06 AS ER).

203 Die Zusicherung soll erteilt werden, wenn zwei Voraussetzungen kumulativ vorliegen: Der Umzug muss erstens **durch den kommunalen Träger veranlasst** oder aus anderen Gründen **notwendig** sein. Die Notwendigkeit setzt nicht nur voraus, dass der Umzug als solcher erforderlich ist (vgl. Rn. 240), sondern auch, dass der Umzug in eine kostenangemessene Wohnung erfolgt (vgl. LSG NRW v. 28.6. 2007, L 20 B 129/07 AS ER; Berlit in LPK-SGB II, 2. Aufl., § 22 Rn. 98), denn ein Umzug, der sofort wieder eine Obliegenheit zur Kostensenkung mit der Folge eines etwaigen weiteren Umzugs begründet, kann grundsätzlich nicht erforderlich sein. Nur in Ausnahmefällen, z.B. bei besonderer Dringlichkeit, könnte etwas anderes gelten. Weitere Voraussetzung ist, dass ohne die Zusicherung eine **Unterkunft nicht in einem angemessenen Zeitraum gefunden werden kann**; das richtet sich nach den Umständen des Einzelfalls.

204 Liegen diese Voraussetzungen vor, ist die **Zusicherung im Regelfall zu erteilen** („soll"), eine Ablehnung ist nur in atypischen Fällen möglich. Fehlen die Voraussetzungen, liegt es im pflichtgemäßen Ermessen des kommunalen Trägers („können"), ob er eine Zusicherung zur Kostenübernahme abgibt.

Zuständig ist für die Zusicherung betreffend Wohnungsbeschaffungs- und Umzugskosten der bis zum Umzug örtlich zuständige Träger, für die Kaution der für den Ort der neuen Unterkunft zuständige Träger.

205 Liegt die Zusicherung vor, werden übernommen

– **Kosten für Wohnungsbeschaffung**, z.B. für Wohnungsbesichtigungen, und Zeitungsinserate; ein Anspruch auf Maklerkosten dürfte dagegen nur bei entsprechender Wohnungsknappheit bestehen Wohnungsbeschaffungskosten sind also die Aufwendungen, die mit dem Finden und Anmieten der Wohnung verbunden sind (BSG v. 16.12. 2008, B 4 AS 49/07 R). Die Kosten für die Einzugsrenovierung gehören nicht zu den Wohnungsbeschaffungskosten (BSG v. 16.12. 2008, B 4 AS 49/07)

A. Leistungen zur Sicherung des Lebensunterhalts

– Kosten für den **Umzug**, also insbes. die Unkosten (z.B. Sprit, Miete eines Umzugswagens, erforderliche Versicherungen), Mehraufwendungen (z.B. für mithelfende Bekannte) sowie ggf. die Kosten für eine Umzugsfirma, wenn der Hilfeempfänger den Umzug nicht selbst durchführen kann; auch hier gilt aber der Grundsatz der Wirtschaftlichkeit und Sparsamkeit (§ 3 Abs. 1 SGB II), sodass der Umzug von den Hilfebedürftigen selbst durchzuführen ist, soweit möglich; vor Einschaltung einer Firma sind mehrere Angebote einzuholen
– **Mietkautionen** (§ 551 BGB); diese werden im Regelfall als Darlehen erbracht (§ 22 Abs. 6 S. 3 SGB II: „sollen"), eine Tilgungsregelung ist insoweit nicht vorgesehen, sodass nicht Tilgung, sondern allenfalls Abtretung des Rückzahlungsanspruchs verlangt werden kann. Die Rückzahlung der Mietkaution ist fällig zu stellen für die Fälle des Auszugs oder der Beendigung der Hilfebedürftigkeit.

Durch Rechtsverordnung kann geregelt werden, in welcher Höhe die Umzugskosten übernommen werden, eine solche Verordnung liegt noch nicht vor. 206

4. Bezahlung an Vermieter oder andere Empfangsberechtigte

Leistungen für Unterkunft und Heizung sollen **direkt** an den Vermieter oder andere Empfangsberechtigte gezahlt werden, wenn die zweckentsprechende Verwendung durch den Hilfebedürftigen nicht sichergestellt ist (§ 22 Abs. 7 Satz 2 SGB II). Die Gesetzesbegründung nennt als Beispiele Fälle der Trunksucht oder des fortgesetzt unwirtschaftlichen Verhaltens (BT-Drucks. 15/1516). Aufgrund des Wortlauts „nicht sichergestellt" sind konkrete Hinweise für einen zweckentfremdeten Gebrauch der Mittel, z.B. Ausbleiben der Mietzinszahlungen in der jüngeren Vergangenheit, zu verlangen. 207

5. Sicherung der Unterkunft oder Behebung einer vergleichbaren Notlage

Sofern Kosten der Unterkunft und Heizung nicht unmittelbar an den Vermieter/Empfangsberechtigten gezahlt werden, können bei nicht zweckgerechter Verwendung der Leistungen Schulden auflaufen, die das Mietverhältnis bzw. die Versorgung mit Wärme, Wasser etc. bedrohen. Um in diesen Fällen Obdachlosigkeit oder eine vergleichbare Notlage abzuwenden, ist die Möglichkeit einer **Schuldenübernahme** vorgesehen (§ 22 Abs. 8 SGB II). Damit die kommunalen Träger rechtzeitig von einer drohenden Kündigung erfahren, bestehen für die Zivilgerichte bei Eingang einer Räumungsklage bestimmte **Mitteilungspflichten** (§ 22 Abs. 9 SGB II). 208

a) **Schuldenübernahme zur Sicherung der Unterkunft oder Behebung einer vergleichbaren Notlage.** Die Leistungen zur Sicherung des Lebensunterhalts nach dem SGB II dienen allein dazu, eine aktuelle Bedürftigkeit beheben. Daher werden grundsätzlich keine Schulden übernommen, weil 209

Kapitel 3. Leistungen

diese Notsituationen in der Vergangenheit betreffen. Das SGB II macht jedoch eine Ausnahme hiervon, um die Unterkunft zu sichern oder vergleichbare Notlagen abzuwenden. In diesen Fällen kommt eine Übernahme von Mietschulden bzw. sonstigen Schulden (insbes. für Nebenkosten) in Betracht. Der früher erforderliche Rückgriff auf § 34 SGB XII ist nicht mehr möglich.

Eine Schuldenübernahme kommt nur in Betracht, sofern bereits **Kosten der Unterkunft und Heizung erbracht** werden, also nicht ohne laufenden Leistungsbezug.

210 Voraussetzung einer Mietschuldenübernahme ist, dass dies zur **Sicherung der Unterkunft** gerechtfertigt ist. Dies ist insbesondere der Fall, wenn eine Kündigung durch den Vermieter unmittelbar droht (z.B. nach Mahnungen) oder bereits erfolgt ist; im letzteren Fall wird durch die rechtzeitige Verpflichtung eines öffentlichen Trägers zur Befriedigung der ausstehenden Zahlungen die Kündigung unwirksam (§ 569 Abs. 3 BGB; vgl. Rn. 270). Auch die Übernahme von Tilgungsleistungen für Eigentum kommt in Betracht, wenn dies zum Erhalt der Unterkunft gerechtfertigt ist, z.B. die Zwangsvollstreckung droht.

211 Die Übernahme sonstiger Schulden setzt voraus, dass dies zur **Behebung einer vergleichbaren Notlage** gerechtfertigt ist. Dies kommt insbes. bei Schulden betreffend Heizung und Nebenkosten in Betracht, wenn dadurch eine entsprechend gravierende Notlage droht, insbes. eine Sperre wichtiger Güter. Trotz der systematischen Stellung in § 22 SGB II ist davon auszugehen, dass auch betreffend Güter, die aus der Regelleistung zu beschaffen sind, eine Schuldenübernahme in Betracht kommt, wenn eine vergleichbare Notlage droht, z.B. Stromsperre (vgl. LSG NRW v. 29.6. 2007, L 19 B 82/07 AS ER).

212 Gerechtfertigt ist die Schuldenübernahme allerdings nur, wenn dadurch die **Unterkunft dauerhaft gesichert** wird (vgl. BayLSG v. 22.12. 2005, L 11 B 548/05 SO ER) bzw. die Notlage dauerhaft vermieden wird. Die Übernahme von Schulden scheidet daher grundsätzlich aus, wenn die Unterkunftskosten unangemessen hoch sind, denn dann wird die Unterkunft auf Dauer nicht zu halten sein, oder wenn eine Räumung bereits erfolgt oder nicht mehr abwendbar ist (vgl. Berlit in LPK-SGB II, 2. Aufl., § 22 Rn. 112). Eine wiederholte Schuldenübernahme kann bei entsprechendem Verhalten der Hilfebedürftigen – insbes. Missbrauch, mangelnder Selbsthilfewillen – ungerechtfertigt sein (vgl. LSG Berlin-Brandenburg v. 2.3. 2007, L 5 B 173/07 AS ER, Berlit in LPK-SGB II, 2. Aufl., § 22 Rn. 112). Eine Schuldenübernahme dürfte auch ausscheiden, soweit die **Unterkunft anderweitig gesichert** oder die Notlage anderweitig vermieden werden kann, z.B. durch eine Vereinbarung mit dem Schuldner (vgl. LSG NRW v. 29.6. 2007, L 19 B 82/07 AS ER).

Eine Schuldenübernahme kommt nicht in Betracht, wenn entsprechendes **Vermögen** vorhanden ist. Dabei ist auch Vermögen einzusetzen, das unter den Grundfreibetrag nach § 12 Abs. 2 Nr. 1 SGB II fällt (§ 22 Abs. 8 S. 3 SGB II).

A. Leistungen zur Sicherung des Lebensunterhalts

Liegen die Voraussetzungen vor, steht die Entscheidung über die Schuldenübernahme im **Ermessen** des Trägers („kann"). Das Ermessen ist jedoch für den Regelfall **eingeschränkt** („sollen"), wenn die Schuldenübernahme notwendig ist, um eine Wohnungslosigkeit abzuwenden. 213

Die Schuldenübernahme durch Geldleistungen erfolgt im Regelfall als **Darlehen** (§ 22 Abs. 8 S. 4 SGB II: „sollen"). Regelungen zur Rückzahlung sieht das Gesetz nicht vor. Sie müssen im Verwaltungsakt über die Bewilligung des Darlehens getroffen werden und ermessensfehlerfrei sein (vgl. Berlit in LPK-SGB II, 2. Aufl., § 22 Rn. 120);. 214

b) Mitteilungspflichten der Zivilgerichte bei Räumungsklagen. Eine vom Vermieter ausgesprochene Kündigung aufgrund Mietrückstands wird unwirksam, wenn der Vermieter spätestens bis zum Ablauf von zwei Monaten nach Eintritt der Rechtshängigkeit seines Räumungsanspruchs hinsichtlich der fälligen Miete befriedigt wird oder sich eine öffentliche Stelle zur Befriedigung verpflichtet (§ 569 Abs. 3 Nr. 2 BGB). Daher sind – flankierend zur Regelung über die Schuldenübernahme in § 22 Abs. 9 SGB II – die Zivilgerichte bei Eingang einer Räumungsklage verpflichtet, dem zuständigen Trägern folgende **Informationen zu übermitteln** (§ 22 Abs. 9 SGB II) 215

– den Tag des Eingangs der Klage,
– die Namen und die Anschriften der Parteien,
– die Höhe der monatlich zu entrichtenden Miete,
– die Höhe des geltend gemachten Mietrückstandes und der geltend gemachten Entschädigung und
– den Termin zur mündlichen Verhandlung, sofern dieser bereits bestimmt ist.

Darüber hinaus kann der Tag der Rechtshängigkeit mitgeteilt werden.

Die Übermittlung **unterbleibt**, wenn die Nichtzahlung der Miete nicht auf einer Zahlungsunfähigkeit des Mieters beruht; in diesen Fällen ist eine Information des Grundsicherungsträgers nicht erforderlich, da eine Schuldenübernahme nach § 22 Abs. 5 SGB II nicht in Betracht kommt. 216

6. Zuschuss zu den Kosten der Unterkunft und Heizung für Auszubildende

Seit dem 1.1.2007 erhalten Auszubildende, die nach § 7 Abs. 5 SGB II vom Leistungsbezug ausgeschlossen sind und bestimmte Leistungen nach dem SGB III bzw. BAföG beziehen, einen Zuschuss zu den ungedeckten angemessenen Kosten der Unterkunft und Heizung (§ 27 Abs. 3 SGB II). Diese Regelung wurde eingeführt, weil der nach diesen Gesetzen gewährte pauschalierte Unterkunftsbedarf oftmals nicht zur Kostendeckung ausreicht; der Zuschuss dient dazu, diese Lücke zu schließen (vgl. Gesetzesbegründung BT-Drucks. 16/1410). Bei dem Zuschuss handelt es sich rechtstechnisch nicht um Arbeitslosengeld II. 217

Kapitel 3. Leistungen

218   Der berechtigte **Personenkreis** umfasst Auszubildende, die nach § 7 Abs. 5 SGB II vom Leistungsbezug ausgeschlossen sind, nicht unter § 7 Abs. 6 SGB II fallen und eine der **folgenden Leistungen beziehen**:
- Berufsausbildungsbeihilfe nach §§ 59 ff. SGB III bei beruflicher Ausbildung mit Unterbringung außerhalb des Haushalts der Eltern oder eines Elternteils, ausgenommen bei Unterbringung mit voller Verpflegung in einem Wohnheim, einem Internat oder beim Ausbildenden (§ 65 Abs. 1 SGB III)
- Berufsausbildungsbeihilfe nach §§ 59 ff. SGB III bei berufsvorbereitenden Maßnahmen mit Unterbringung außerhalb des Haushalts der Eltern oder eines Elternteils, ausgenommen bei Unterbringung mit voller Verpflegung in einem Wohnheim oder Internat (§ 66 Abs. 3 SGB III)
- Berufsausbildungsbeihilfe für behinderte Menschen, wenn diese während der beruflichen Ausbildung im Haushalt der Eltern oder eines Elternteils wohnen (§ 101 Abs. 3 SGB III)
- Ausbildungsgeld bei beruflicher Ausbildung mit Unterbringung im Haushalt der Eltern oder eines Elternteils (§ 105 Abs. 1 Nr. 1 SGB III) oder bei anderweitiger Unterbringung ohne Kostenerstattung (§ 105 Abs. 1 Nr. 4 SGB III)
- Ausbildungsgeld bei berufsvorbereitenden Bildungsmaßnahmen und bei Grundausbildung mit anderweitiger Unterbringung (außerhalb des Haushalts der Eltern oder eines Elternteils, eines Wohnheims oder Internats) ohne Kostenerstattung (§ 106 Abs. 1 Nr. 2 SGB III)
- BAföG für Schüler von Abendhauptschulen, Berufsaufbauschulen, Abendrealschulen und von Fachoberschulklassen, deren Besuch eine abgeschlossene Berufsausbildung voraussetzt, wenn der Schüler nicht bei seinen Eltern wohnt (§ 12 Abs. 1 Nr. 2 BAföG)
- BAföG für Schüler von weiterführenden allgemein bildenden Schulen und Berufsfachschulen sowie von Fach- und Fachoberschulklassen, deren Besuch eine abgeschlossene Berufsausbildung nicht voraussetzt, wenn sie nicht bei ihren Eltern wohnen (§ 12 Abs. 2 Nr. 1 BAföG)
- BAföG für Schüler von Abendhauptschulen, Berufsaufbauschulen, Abendrealschulen und von Fachoberschulklassen, deren Besuch eine abgeschlossene Berufsausbildung voraussetzt, wenn sie nicht bei ihren Eltern wohnen (§ 12 Abs. 2 Nr. 2 BAföG)
- BAföG für Studierende in Fachschulklassen, deren Besuch eine abgeschlossene Berufsausbildung voraussetzt, in Abendgymnasien und Kollegs, sowie in höheren Fachschulen, Akademien und Hochschulen, wenn sie bei ihren Eltern wohnen (§ 13 Abs. 1 i.V.m. Abs. 2 Nr. 1 BAföG).

219   Der Zuschuss wird gewährt für die ungedeckten angemessenen Kosten der Unterkunft und Heizung. Er setzt also – wie die Gesetzesbegründung (BT-Drucks. 16/1419) bekräftigt – voraus, dass die **Unterkunfts- und Heizkosten angemessen** sind; für darüber hinausgehende Kosten wird kein Zuschuss erbracht. Der Zuschuss wird in Höhe der **ungedeckten Kosten**

A. Leistungen zur Sicherung des Lebensunterhalts

erbracht. Er **berechnet** sich also, indem von den angemessenen Kosten abgezogen werden:

– die pauschalierten Leistungen, die nach den zuvor genannten Gesetzen für Unterkunft und Heizung gewährt werden,
– ein etwaiges Wohngeld und
– das zu berücksichtigende Einkommen und Vermögen. Dies ist in § 27 Abs. 3 SGB II zwar nicht ausdrücklich geregelt, ergibt sich aber aus dem Wort „ungedeckt" und der Gesetzesbegründung (vgl. Gesetzesbegründung, BT-Drucks. 16/1410); es ist auch grundsätzlich sachgerecht, dass Zuschussempfänger nicht besser stehen als Empfänger von Arbeitslosengeld II oder Sozialgeld. Allerdings ist zu berücksichtigen, dass auch beim BAföG eine Einkommens- und Vermögensanrechnung erfolgt; daher muss darauf geachtet werden, dass keine Doppelanrechnung erfolgt.

Ein Zuschuss wird nach § 27 Abs. 3 S. 2 SGB II **nicht erbracht**, wenn die Übernahme der Kosten der Unterkunft und Heizung nach einem Umzug gemäß § 22 Abs. 5 SGB II ausgeschlossen ist (vgl. Rn. 244 ff.). 220

V. Leistungen für gesonderte Bedarfe

Anders als im früheren Recht der Sozialhilfe sieht das SGB II nur noch 221 in drei geregelten Fällen – Erstausstattungen für Wohnung einschließlich Haushaltsgeräten, Erstausstattungen für Bekleidung und Erstausstattungen bei Schwangerschaft und Geburt sowie Anschaffung und Reparaturen von orthopädischen Schuhen, Reparaturen von therapeutischen Geräten und Ausrüstungen sowie die Miete von therapeutischen Geräten – Leistungen für gesonderte Bedarfe vor. Durch die Regelung dieser Fälle in § 24 SGB II über „abweichende Erbringung von Leistungen" macht der Gesetzgeber deutlich, dass diese Fälle Ausnahmen darstellen, die **abschließend** sind.

1. Erstausstattungen für Wohnung einschließlich Haushaltsgeräten

Kosten für Hausrat einschließlich Haushaltsgeräten sind grundsätzlich 222 aus der Regelleistung zu tragen. Ein Anspruch auf eine einmalige Leistung besteht nur, wenn es sich um eine **Erstausstattung** handelt (§ 24 Abs. 3 S. 1 Nr. 1 SGB II). Eine solche Erstausstattung kommt beispielsweise nach einem Wohnungsbrand oder bei Erstanmietung nach einer Haft in Betracht, denkbar sind auch Fälle des Neubezugs einer Wohnung nach Trennung, Auszug aus dem Elternhaus (hier ist aber die Einschränkung des § 24 Abs. 6 SGB II zu berücksichtigen, vgl. Rn. 291) oder Obdachlosigkeit. Die Frage der Erstausstattung ist nicht rein zeitlich, sondern auch **bedarfsbezogen** zu verstehen, so dass auch notwendige Einrichtungs-/Haushaltsgegenstände umfasst sein können, die in einer bisherigen Wohnung nicht vorhanden waren (vgl. LSG NRW, Urteil vom 18.6. 2007, L 12 B 49/07 AS ER) oder die nun nicht mehr genützt werden können. Nicht erfasst sind demgegenüber nach dem klaren Wortlaut **Ersatzbeschaffungen** (vgl. BayLSG, Urteil vom 22.12. 2010, L 7 AS 924/10 B ER), auch wenn sie mehrere Gegenstände gleichzeitig umfassen; die Kosten dafür sind vielmehr aus der Regelleistung anzusparen. Gleiches gilt für einen Erhaltungsbedarf (z.B. Reparatur).

223 Zu den Erstausstattungen zählen alle Einrichtungsgegenstände, die **für eine geordnete Haushaltsführung notwendig** sind und die dem Hilfebedürftigen ein an den herrschenden Lebensgewohnheiten orientiertes Wohnen ermöglichten (vgl. LSG NRW, Urteil vom 18.6. 2007, L 12 B 49/07 AS ER). Demnach stellt die Dichte des Versorgungsgrades der Bevölkerung mit einem bestimmten Gegenstand ein wichtiges Indiz dar, jedoch sind keine Gegenstände umfasst, die lediglich Annehmlichkeiten darstellen. Hinsichtlich der Frage, was zur Erstausstattung gehört, kann grundsätzlich auf die frühere Auslegung im Sozialhilferecht (§ 21 Abs. 1a BSHG) zurückgegriffen werden. Erbracht werden u.a. Bett, Schrank, schlichte Wohnzimmerausstattung, Kücheneinrichtung, Beleuchtung, Gardinen o.ä, Teppiche, Bettzeug, Kochtöpfe, Geschirr sowie notwendige Haushaltsgeräte, eine Waschmaschine jedenfalls bei mangelnder anderweitiger Möglichkeit zu waschen und ein Radio/Fernseher, i.d.R. dagegen keine Tiefkühltruhen oder Geschirrspüler (vgl. auch Aufzählung bei Münder in LPK-SGB II, 2. Aufl., § 23 Rn. 29 ff.).

2. Erstausstattungen für Bekleidung und Erstausstattung bei Schwangerschaft und Geburt

224 Die Kosten für Kleidung sind aus der pauschalierten Regelleistung zu tragen. Als einmalige Leistung werden aber die Kosten der Erstausstattungen für Bekleidung sowie bei Schwangerschaft und Geburt erbracht (§ 24 Abs. 3 S. 1 Nr. 2 SGB II). Als Fälle der **Erstausstattung** kommt insbesondere ein Gesamtverlust (z.B. nach Wohnungsbrand) oder ein neuer Bedarf aufgrund außergewöhnlicher Umstände in Betracht (z.B. aufgrund großer Ab- oder Zunahme nach Krankheit). **Ersatzbeschaffungen** stellen keine Erstausstattung dar (vgl. Rn. 277). Schwangerschaft und Geburt sind als Fälle der Erstausstattung gesetzlich normiert; da § 24 Abs. 3 S. 1 Nr. 2 SGB II von Erstausstattungen spricht, ist davon auszugehen, dass bei jeder Schwangerschaft und Geburt ein Bedarf an Erstausstattung geltend gemacht werden kann; bereits vorhandene Gegenstände sind allein für den Umfang der Leistungen relevant.

225 Zum **Umfang der Erstausstattungen** können die Empfehlungen des Deutschen Vereins für öffentliche und private Fürsorge zur Grundausstattung (Kleine Schriften Nr. 60, 2. Auflage, 1990, S. 21 ff.) herangezogen werden. Die Ausstattung mit Bekleidung muss so groß sein, dass sie ein der Art der Bekleidung entsprechendes Wechseln ermöglicht (vgl. Münder in LPK-SGB II, 2. Aufl., § 23 Rn. 34). Daneben ist auch die Babyerstaus-

stattung (insbes. Kinderwagen, Autositz, Kinderbett und -schrank, Wickelauflage, Kinderdecken, -bettwäsche etc.) als einmalige Leistung zu erbringen; allerdings ist insoweit zu prüfen, welche bereits vorhandenen Gegenstände einen Bedarf ausschließen (z. B. reicht i. d. R. eine Wickelauflage, wenn entsprechende Unterlage vorhanden ist).

3. Anschaffung und Reparaturen von orthopädischen Schuhen, Reparaturen von therapeutischen Geräten und Ausrüstungen sowie die Miete von therapeutischen Geräten

Die Anschaffung (Eigenanteile) und Reparaturen von orthopädischen Schuhen sowie die Reparaturen von therapeutischen Geräten und Ausrüstungen sowie die Miete von therapeutischen Geräten sind als Sonderleistung neu eingeführt worden (§ 24 Abs. 3 S. 1 Nr. 3 SGB II). Die Bedarfe für diese Positionen der Einkommens- und Verbrauchsstichprobe fließen damit nicht mehr in die Bemessung des Regelbedarfs ein. Anders als typische langlebige Gebrauchsgüter (z. B. Brillen, Waschmaschinen, Kühlschränke, Fahrräder) handelt es sich um **sehr untypische Bedarfslagen**. Die seltene und untypische Bedarfslage wird wegen der Höhe der benötigten Mittel nunmehr gesondert berücksichtigt. Die Kosten hierfür werden vom Bund getragen. Sind sie unwirtschaftlich, ist insbesondere zu prüfen, ob ein vorrangiger Anspruch auf Beschaffung der Geräte und Ausrüstungen gegen einen anderen Sozialleistungsträger besteht. 226

4. Erbringung der einmaligen Leistungen

Die Leistungen zur Erstausstattung für die Wohnung und für Kleidung können als **Geld- oder Sachleistung** erbracht werden (§ 24 Abs. 3 S. 5 SGB II), auch in Form von Pauschalbeträgen. Bei der Bemessung der Pauschalen sind geeignete Angaben über die erforderlichen Aufwendungen und nachvollziehbare Erfahrungswerte zu berücksichtigen (§ 24 Abs. 3 S. 6 SGB II). Grundsätzlich sind auch gebrauchte Gegenstände zumutbar (Gesetzesbegründung zum früheren § 23 Abs. 1, BT-Drucks. 15/1516). 227

Es ist davon auszugehen, dass Leistungen nach § 24 Abs. 3 SGB II **mehrfach** gewährt werden können (vgl. auch Rn. 279), wenn die Leistungsvoraussetzungen wiederholt eintreten („Erstausstattungen"). 228

5. Einmalige Leistungen ohne den Bezug laufender Hilfe

Leistungen für einmalige Bedarfe werden auch **ohne den Bezug laufender Hilfe** erbracht, d. h. wenn der Hilfesuchende keine Leistungen zur Sicherung des Lebensunterhalts einschließlich der Kosten für Unterkunft und Heizung benötigt. Voraussetzung ist, dass ein Hilfesuchender aus eigenen Kräften und Mitteln zwar seinen laufenden Bedarf, nicht aber den Bedarf an einmaligen Leistungen voll decken kann (§ 24 Abs. 3 S. 3 SGB II). 229

Kapitel 3. Leistungen

230 | **Beispiel:**
Die allein erziehende E mit einem Kind (P, 10 Jahre), die ohne Mietaufwendungen lebt, hat ein zu berücksichtigendes Einkommen von insgesamt 633 Euro. Der Bedarf der Familie beträgt 615 Euro (Regelleistung von 364 Euro für E, 251 Euro für P). Das monatliche Einkommen von E übersteigt den Bedarf um 18 Euro. Für die orthopädischen Schuhe von P fallen nun 100 Euro an, die aus dem monatlichen Einkommen nicht gedeckt werden können.

231 In einem solchen Fall kommt eine gesonderte Leistung in Betracht. Allerdings kann das den Bedarf übersteigende **Einkommen**, das ein Leistungsberechtigter innerhalb eines Zeitraums von bis zu sechs Monaten nach dem Entscheidungsmonat erhält, **angerechnet** werden (§ 24 Abs. 3 S. 4 SGB II). Er kann also darauf verwiesen werden, bis zu sieben Monate sein über den Bedarf hinausgehendes Einkommen heranzuziehen. In der Praxis bedeutet dies, dass zunächst mit einer „normalen" Bedarfsfeststellung zu ermitteln ist, welcher Anteil des Einkommens oberhalb des Bedarfs liegt und ggf. für maximal 7 Monate zur Deckung der Kosten einzusetzen ist. Ob Einkommen angerechnet wird und – wenn ja – für wie viele Monate, liegt im **Ermessen** des Leistungsträgers („kann"). In der Sozialhilfepraxis wurden die zulässigen Heranziehungszeiträume in der Vergangenheit – je nach Art der einmaligen Leistung – teilweise enger gezogen (mithilfe sog. Multiplikatoren). Angesichts der gesetzlichen 6-Monats-Regelung für nur drei Fälle von gesonderten Bedarfen ist ein derartiges Vorgehen nicht mehr möglich, vielmehr sind die Umstände des Einzelfalls maßgeblich (teilw. aA. Münder in LPK-SGB II, 2. Aufl., § 23 Rn. 38: keine Schlechterstellung gegenüber Empfängern nach dem SGB XII).

232 | **Beispiel 1:**
Wie oben; der Leistungsträger könnte – im Rahmen des pflichtgemäßen Ermessens – verlangen, dass die 100 Euro für die orthopädischen Schuhe von E aufgebracht werden.

233 | **Beispiel 2:**
Würden die orthopädischen Schuhe 190 Euro kosten, könnte Einkommen bis zu 126 Euro (maximal 7 Monate à 18 Euro) angerechnet werden; die übersteigenden 64 Euro müssten als gesonderter Bedarf erbracht werden.

234 Besteht während dieses Sieben-Monats-Zeitraums die Notwendigkeit einer weiteren einmaligen Leistung (z.B. Erstausstattung für Geburt) und ist das übersteigende Einkommen für diese Zeit bereits berücksichtigt, so

A. Leistungen zur Sicherung des Lebensunterhalts

kann nach dem Gesetzeswortlaut („sechs Monate nach Ablauf des Monats, in dem über die Leistung entschieden wird") der Berücksichtigungszeitraum für die weiteren Aufwendungen nicht nach hinten auf einen späteren Zeitraum verschoben werden.

6. Ausschluss der Leistungen für Erstausstattungen der Wohnung

Sind Jugendliche vor Vollendung des 25. Lebensjahres umgezogen, ohne die nach § 22 Abs. 5 SGB II erforderliche Zusicherung einzuholen, und konnte auch vom Erfordernis der Zusicherung nicht abgesehen werden, werden keine Leistungen für Erstausstattungen für die Wohnung erbracht (§ 24 Abs. 6 SGB II). Zur Frage, ob dies auch den Fall des § 22 Abs. 5 S. 4 SGB II (Umzug vor Beantragung von Leistungen in der Absicht, die Leistungsvoraussetzungen herbeizuführen,) vgl. das parallele Problem in Rn. 159. 235

VI. Leistungen zur Sicherung des Lebensunterhalts als Darlehen

Die Leistungen zur Sicherung des Lebensunterhalts werden grundsätzlich als Zuschuss erbracht. Nur in wenigen Ausnahmefällen werden Leistungen als Darlehen gewährt. Abgesehen von Mietkautionen (§ 22 Abs. 6 S. 3 SGB II), die per se Darlehenscharakter haben, handelt es sich dabei um Fälle, in denen nach der Systematik des Gesetzes eigentlich kein Leistungsanspruch bestünde, zur Abwehr einer Notlage aber trotzdem Leistungen erbracht werden: 236

– Leistung für einen **vom Regelbedarf zur Sicherung des Lebensunterhalts umfassten und nach den Umständen unabweisbaren Bedarf** (§ 24 Abs. 1 SGB II): Hier handelt es sich um eine zusätzliche Leistung, mit der ein unabweisbarer Bedarf gedeckt wird, der an sich aus der pauschalen Regelleistung zu tragen wäre.
– Erbringung der gesamten Leistungen zur Sicherung des Lebensunterhalts als Darlehen, wenn **im Leistungsmonat Einkommen zu erwarten** ist (§ 24 Abs. 4 SGB II): Hier handelt es sich um einen Fall geringerer bzw. fehlender Bedürftigkeit aufgrund der erwarteten Erzielung von Einkommen; Leistungen werden erbracht, um sicherzustellen, dass bis zum Zufluss Geld zur Sicherung des Lebensunterhalts vorhanden ist (vgl. Rn. 307 ff.).
– Erbringung der gesamten Leistungen zur Sicherung des Lebensunterhalts als Darlehen, wenn zwar **Vermögen** vorhanden ist, der **sofortige Verbrauch oder die sofortige Verwertung aber nicht möglich ist oder eine besondere Härte bedeuten würde** (§ 24 Abs. 5 SGB II): Auch hier handelt es sich um einen Fall fehlender Bedürftigkeit (vgl. Rn. 312 ff.), bei dem eine Leistungsgewährung erfolgt, um sicherzustellen, dass bis zum Verbrauch bzw. bis zur Verwertung des Vermögens Geld zur Sicherung des Lebensunterhalts vorhanden ist.

– Schuldenübernahme zur **Sicherung der Unterkunft** oder **Behebung einer vergleichbaren Notlage** (§ 22 Abs. 8 SGB II; da der Gesetzgeber dies systematisch den Kosten der Unterkunft und Heizung zuordnet, vgl. dort Rn. 264 ff.).
– **Mietkautionen** (§ 22 Abs. 6 S. 3 SGB II; da der Gesetzgeber dies systematisch den Kosten der Unterkunft und Heizung zuordnet, vgl. dort Rn. 260).

1. Darlehen bei unabweisbarem Regelbedarf

237 Die Regelbedarfe zur Sicherung des Lebensunterhalts werden als Pauschale erbracht. Der Gesetzgeber geht davon aus, dass der Regelbedarf – auch die in größeren Zeitabständen auftretenden Anschaffungen – grundsätzlich durch die gegenüber dem früheren BSHG erhöhte Pauschale (und die damit verbundene Möglichkeit des Ansparens, § 12 Abs. 2 Nr. 4 SGB II) abgedeckt werden kann. Jede Pauschalierung birgt aber die Gefahr, dass die Leistungsberechtigten bestimmte Bedarfe trotzdem nicht decken können, insbesondere bei teureren, seltenen Anschaffungen, oder wenn eine Ansparung unterlassen wurde. Das SGB II reagiert auf diese Gefahr durch die Möglichkeit zur Erbringung eines Darlehens für den Fall, dass ein an sich von den Regelleistungen umfasster unabweisbarer Bedarf nicht anderweitig gedeckt werden kann (§ 24 Abs. 1 SGB II).

238 **Weitergehende Leistungen**, insbesondere eine Erhöhung der Regelleistung, sind **ausgeschlossen** (§ 24 Abs. 1 S. 3, § 3 Abs. 3 SGB II; vgl. BSG v. 7.11.2006, B 7b AS 14/06 R). Allerdings können neben den Leistungen des SGB II Leistungen nach dem Dritten Kapitel des SGB XII in Anspruch genommen werden (vgl. § 5 Abs. 2 SGB II und Rn. 306).

239 **a) Voraussetzungen einer Darlehensgewährung.** Die Gewährung eines Darlehens nach § 24 Abs. 1 SGB II setzt zunächst voraus, dass ein an sich **vom Regelbedarf zur Sicherung des Lebensunterhalts umfasster Bedarf** besteht. Vom Regelbedarf umfasst sind gem. § 20 Abs. 1 SGB II insbesondere Ernährung, Kleidung, Körperpflege, Hausrat, Haushaltsenergie ohne die auf Heizung und Erzeugung von Warmwasser entfallenden Anteile sowie persönliche Bedürfnisse des täglichen Lebens. Diese Liste ist jedoch nicht abschließend („insbesondere"), daher kann zur Abgrenzung besser umgekehrt danach gefragt werden, welche Bedarfe nicht von der Regelleistung umfasst sind. In der Praxis ist dies vor allem für die Kosten für Unterkunft und Heizung relevant, für die kein Darlehen nach § 24 Abs. 1 SGB II erbracht wird (hier ist entweder ein Umzug erforderlich bzw. bei dessen Unmöglichkeit oder Unzumutbarkeit werden auch unangemessene Kosten weiter gezahlt; ggf. kommt eine Schuldenübernahme nach § 22 Abs. 8 SGB II in Betracht, vgl. dazu die folgende Rn.).

240 Es muss sich – wie grundsätzlich im SGB II – um einen **aktuellen Bedarf** handeln; das ist bei Schulden nicht der Fall, da die Schulden für die Bedarfsdeckung in der Vergangenheit aufgelaufen sind; daher kommt grundsätzlich **keine Schuldenübernahme** in Betracht. Abgrenzungspro-

A. Leistungen zur Sicherung des Lebensunterhalts

bleme stellen sich insoweit bei Rückständen für Haushaltsenergie, die auch nach § 22 Abs. 8 S. 4 SGB II darlehensweise übernommen werden können. Insoweit dürfte wie folgt abzugrenzen sein: Wurden die Abschlagszahlungen voll getragen und ist nach Abrechnung eine Nachzahlung zu leisten, so handelt es sich um einen aktuellen Bedarf (denn dieser ist erst mit der Nachforderung entstanden); dieser ist grundsätzlich aus der Regelleistung zu tragen, ggf. kommt ein Darlehen nach § 24 Abs. 1 SGB II in Betracht. Sind demgegenüber Rückstände dadurch entstanden, dass die laufenden Abschlagszahlungen nicht getragen wurden, so handelt es sich um Schulden, die nur nach § 22 Abs. 8 SGB II übernommen werden können (vgl. auch Münder in LPK-SGB II, 2. Aufl., § 23 Rn. 8).

Voraussetzung der Leistung ist weiterhin, dass ein nach den Umständen **unabweisbarer Bedarf** besteht. Das Wort „unabweisbar" deutet bereits darauf hin, dass ein sehr strenger Maßstab anzuwenden ist in der Weise, dass auf die Erfüllung des Bedarfs keinesfalls verzichtet werden kann. Dies dürfte sowohl einen **zeitlichen** Aspekt (Dringlichkeit der Bedarfserfüllung) als auch einen **bedarfsbezogenen** Aspekt (Bedeutung des Bedarfs) haben; dabei sind auch verfassungsrechtliche Erwägungen relevant. Die Unvorhersehbarkeit eines Bedarfs dürfte demgegenüber keine Rolle spielen, da auch ein vorhersehbarer Bedarf unabweisbar sein kann. Ein unabweisbarer Bedarf kommt u.a. bei notwendiger Reparatur oder Anschaffung z.B. nach Brand, Verlust, Diebstahl oder aufgrund des Wachstums von Kindern in Betracht; die Umstände sind glaubhaft zu machen (z.B. Diebstahlsanzeige, Kostenvoranschläge etc.). Bejaht wurde ein unabweisbarer Bedarf von der Rechtsprechung bisher u.a. für die Kosten des Umgangsrechts (Art. 6 GG; sollte dadurch der Bedarf dauerhaft erhöht sein, vgl. aber Rn. 306), Stromkosten (vgl. auch Rn. 296), Schülermonatskarten. 241

Die Regelung ist nicht auf einmalige Bedarfe bzw. auf vorübergehende Notlagen beschränkt. Gerade im Fall eines **dauerhaft erhöhten Bedarfs** bestehen aufgrund der Rückzahlungspflicht jedoch verfassungsrechtliche Bedenken, sodass in diesem Fall nach der Rechtsprechung des BSG auf § 73 SGB XII zurückzugreifen ist (vgl. im Einzelnen Rn. 306).

Voraussetzung der Leistung ist weiterhin, dass der unabweisbare Bedarf **nicht gedeckt** werden kann. Das setzt voraus: 242

— Der Leistungsberechtigte und die mit ihm in Bedarfsgemeinschaft stehenden Personen verfügen nicht über ein einsatzfähiges Vermögen nach § 12 Abs. 2 Nr. 4 SGB II. Der dort vorgesehene Freibetrag von 750 Euro für jeden in der Bedarfsgemeinschaft lebenden Leistungsberechtigten muss also herangezogen werden, bevor ein Darlehen nach § 24 Abs. 1 SGB II gewährt werden kann. Nicht herangezogen wird dagegen das von den sonstigen Freibeträgen des § 12 SGB II erfasste Vermögen; auch das freigestellte Einkommen (§ 11 Abs. 2 und 3 SGB II) wird nicht herangezogen.
— Der Bedarf kann nicht gedeckt werden. Die Gesetzesbegründung verweist hier z.B. auf eine Bedarfsdeckung durch die Kleiderkammer oder

ein Gebrauchtwarenlager (enger: Münder in LPK-SGB II, 2. Aufl., § 23 Rn. 12: deren Hilfeleistung kann dem Träger nur zugerechnet werden, wenn dieser einen direkten und erheblichen Einfluss auf Angebot und Abgabemodalitäten hat).

243 **b) Darlehensgewährung und Tilgung.** Hat der Leistungsberechtigte nachgewiesen, dass diese Voraussetzungen erfüllt sind („bei entsprechendem Nachweis"), so hat er einen Anspruch darauf, dass der Bedarf gedeckt wird. Dies kann durch **Sach- oder Geldleistung** erfolgen, wobei bei Sachleistungen grundsätzlich kein Anspruch auf fabrikneue Gegenstände besteht. Beide Leistungen werden ausschließlich **als zinsloses Darlehen** erbracht. Bei Sachleistungen wird das Darlehen in Höhe des für die Agentur für Arbeit entstandenen Anschaffungswertes gewährt (§ 24 Abs. 1 S. 2 SGB II).

244 § 42a Abs. 2 SGB II sieht einen Modus für die **Tilgung des Darlehens** vor. Danach werden Rückzahlungsansprüche aus Darlehen durch monatliche Aufrechnung in Höhe von 10% des Regelbedarfs (d.h. nicht Leistung für Mehrbedarfe oder Unterkunft/Heizung) getilgt. Dabei sind die Leistungsberechtigten und die einzelnen Mitglieder der Bedarfsgemeinschaft zu berücksichtigen.

245 **Beispiel 1:**
Aufgrund eines Unfalls wurden Mitte Januar der einzige Wintermantel und die Winterschuhe von E zerstört. E müsste für deren Wiederbeschaffung 130 Euro aufwenden. E hat kein anrechnungsfreies Vermögen für notwendige Anschaffungen (i.S.v. § 12 Abs. 2 Nr. 4 SGB II) und kann die 130 Euro auch nicht aus dem Regelbedarf tragen. In der Kleiderkammer sind weder Winterschuhe noch -mantel vorhanden. Daher hat E einen Anspruch, vom Leistungsträger entweder einen Mantel und Schuhe oder den für die Anschaffung erforderlichen Geldbetrag zu bekommen. Er erhält diese Leistung aber nur gegen ein Darlehen in Höhe von 130 Euro. Zu dessen Tilgung werden 36,40 Euro (10%) monatlich vom Regelbedarf von 364 Euro abgezogen.

246 § 42a Abs. 3 SGB II schafft eine **Sonderbestimmung** für Darlehen nach § 24 Abs. 5 SGB II für den Fall der Verwertung von Vermögen und für Darlehen nach § 22 Abs. 6 Satz 3 SGB II für den Fall der Rückzahlung der Mietkaution **zur Fälligkeit des noch nicht getilgten Darlehensbetrages.** Dieser soll sofort zurückgezahlt werden, sobald entsprechende finanzielle Mittel zur Verfügung stehen, bzw. es soll eine Vereinbarung über die Rückzahlung des noch ausstehenden Betrages getroffen werden. Entsprechendes gilt bei Beendigung des Leistungsbezuges (§ 42a Abs. 4 SGB II).

2. Leistungen zur Sicherung des Lebensunterhalts als Darlehen bei zu erwartendem Einkommen

Leistungen zur Sicherung des Lebensunterhalts können als Darlehen erbracht werden, soweit in dem Monat, für den die Leistungen erbracht werden, voraussichtlich Einnahmen anfallen (§ 24 Abs. 4 SGB II). Diese Regelung erfasst insbesondere Fälle, in denen im Voraus bekannt ist, dass die Hilfebedürftigkeit wegen späteren Einkommenszuflusses oder Vermögenszuwachses für den Monat vermindert oder ausgeschlossen werden wird. Die Regelung ist vor dem Hintergrund zu sehen, dass es für die Einkommensanrechnung allein auf den Zufluss im Kalendermonat ankommt, sodass auch das erst zum Monatsende erzielte Einkommen den Bedarf für diesen Monat ausschließt bzw. verringert. Um in diesem Monat den Lebensunterhalt sicherzustellen, wird das Darlehen gewährt. 247

Diese Regelung ist also zu **unterscheiden** von der in § 24 Abs. 1 SGB II vorgesehenen Möglichkeit, bei einem unabweisbaren Bedarf zusätzlich zur Regelleistung ein Darlehen zu erbringen. Hier geht es nicht um eine weitere Leistung, sondern die Möglichkeit, alle Leistungen zur Sicherung des Lebensunterhalts selbst (also auch die Mehrbedarfe nach § 21 SGB II sowie die Kosten für Unterkunft und Heizung nach § 22 SGB II) als Darlehen zu erbringen. 248

Vorausgesetzt wird, dass im Monat der Leistungserbringung (Bedarfszeitraum) voraussichtlich **Einkommen bzw. Vermögen anfällt** (auch Vermögenszufluss stellt eine Einnahme dar), was typischerweise bei Arbeitsaufnahme, z. B. aber auch bei einer Erbschaft, der Fall ist. Aufgrund des Worts „voraussichtlich" ist eine Prognose des Trägers darüber erforderlich. 249

Ist die Prognose bzgl. des Einkommens-/Vermögensanfalls positiv, liegt die Entscheidung, ob die Leistungen als Darlehen erbracht werden, im **Ermessen** des Trägers („können"). Dabei sollte – wie bei dem früheren § 15b BSHG – eine Rolle spielen, inwieweit eine Rückzahlung des Darlehens möglich ist. 250

Das Darlehen wird grundsätzlich in **Höhe** der bisherigen Leistungen zinslos gewährt; sofern feststeht, dass das erzielte Einkommen darunter liegt, kann das Darlehen maximal in Höhe der voraussichtlichen Einnahmen gewährt werden („soweit"), im Übrigen ist ein Zuschuss zu erbringen.

Solange Leistungen zur Sicherung des Lebensunterhalts ausschließlich als Darlehen erbracht werden, besteht **kein Sozialversicherungsschutz** (§ 5 Abs. 1 Nr. 2a SGB V, § 20 Abs. 1 Nr. 2a SGB XI). 251

3. Leistungen zur Sicherung des Lebensunterhalts als Darlehen bei nicht sofort verwertbarem Vermögen

Sofern eine Person über anrechenbares Vermögen verfügt, das die Freibeträge übersteigt, ist sie nicht hilfebedürftig i.S.v. § 9 SGB II; das gilt auch dann, wenn der sofortige Verbrauch oder die sofortige Verwertung 252 des Vermögens nicht möglich ist oder eine besondere Härte bedeuten würde (§ 9 Abs. 4 SGB II). Da in diesen Fällen allerdings bis zum Verbrauch bzw. zur Verwertung tatsächlich kein Vermögen zur Deckung des Lebensunterhalts vorhanden ist, wird ein Darlehen gewährt.

253 Das Darlehen ist von dem nach § 24 Abs. 1 SGB II abzugrenzen. Ersterer ermöglicht eine zusätzlich Leistung bei einem unabweisbaren Regelbedarf. § 24 Abs. 5 SGB II ermöglicht demgegenüber, die gesamten Leistungen, auf die ohne Vermögen Anspruch bestünde, als Darlehen zu erbringen, obwohl eigentlich keine Hilfebedürftigkeit besteht.

Voraussetzung der Darlehensgewährung ist, dass Vermögen vorhanden ist, dessen sofortiger Verbrauch oder sofortige Verwertung nicht möglich ist oder eine besondere Härte bedeuten würde; vgl. dazu Rn. 108 ff.

Ist dies der Fall, so sind die Leistungen, die sich ohne das Vermögen errechnen würden, als Darlehen zu erbringen. Es besteht ein **Anspruch auf das Darlehen** („sind"), das zeitlich allerdings bis zur Möglichkeit/Zumutbarkeit der Verwertung bzw. jedenfalls bis zum Ablauf des Bewilligungsabschnitts beschränkt ist.

Der Träger kann die Gewährung des Darlehens davon abhängig machen, dass der **Rückzahlungsanspruch dinglich oder in anderer Weise gesichert** wird. Die Sicherung erfolgt durch Hypothek oder Grundschuld bzw. durch Sicherungsabtretung oder -übereignung, Bestellung eines Pfandrechts oder Stellung eines Bürgen. Ob die Sicherung verlangt wird, steht im Ermessen des Trägers („können"). Wird eine verlangte **Sicherung nicht gestellt,** so kann die Darlehensgewährung verweigert werden.

Solange Leistungen zur Sicherung des Lebensunterhalts als Darlehen erbracht werden, besteht **kein Sozialversicherungsschutz** (§ 5 Abs. 1 Nr. 2a SGB V, § 20 Abs. 1 Nr. 2a SGB XI).

VII. Leistungen für Bildung und Teilhabe

254 Neu eingeführt wurden die Leistungen für Bildung und Teilhabe am sozialen und kulturellen Leben in der Gemeinschaft zur Deckung besonderer Bedarfspositionen, die bei Kindern und Jugendlichen von besonderer Bedeutung sind (§ 28 Abs. 1 SGB II). Die Leistungen werden gesondert erbracht und ergänzen die pauschalierten Regelleistungen. Es handelt sich im Wesentlichen **um die Deckung spezieller Bedarfe**, deshalb sind auch zielgerichtete Leistungen vorgesehen. Einen Anspruch auf die Leistungen für Bildung und Teilhabe haben Kinder, Jugendliche und junge Erwachsene bis zum 25. Lebensjahr, soweit sie eine allgemein- oder berufsbildende Schule besuchen und keine Ausbildungsvergütung erhalten (Schülerinnen und Schüler).

255 Die Leistungen für Bildung und Teilhabe werden in der Regel in Form von **personalisierten Gutscheinen** erbracht (§ 29 Abs. 1 SGB II). Dadurch wird sichergestellt, dass die Leistungen tatsächlich bei den Kindern ankommen. Die Leistungsträger kommen ihrer Pflicht zur Deckung des Bil-

dungs- und Teilhabepakets mit Ausgabe von Gutscheinen nach (§ 29 Abs. 2 SGB II). Daneben wird auch die Möglichkeit eingeräumt, die Leistungen durch Direktzahlungen an die Anbieter zu gewähren (§ 29 Abs. 3 SGB II). Mit der Bezahlung der Leistungen aus dem Bildungs- und Teilhabepaket haben die Familien damit in der Regel direkt nichts zu tun.

Im Bereich der Grundsicherung für Arbeitsuchende, also für Bezieher von Arbeitslosengeld II und Sozialgeld, sind die **Kreise und kreisfreien Städte Träger der Bildungs- und Teilhabeleistungen**. Die Leistungen werden grundsätzlich durch die Jobcenter erbracht. Die Familien erhalten damit alle Leistungen des Pakets **aus einer Hand**. Für Familien, die Sozialhilfe, Wohngeld oder den Kinderzuschlag erhalten, sind die Jobcenter dagegen nicht zuständig. 256

1. Ausflüge und Schulbedarf

Damit bedürftige Kinder mit den nötigen Lernmaterialien ausgestattet sind, wird ihnen zweimal jährlich ein Zuschuss für die Ausstattung mit persönlichen Schulbedarf gezahlt, 70 Euro zu Beginn des Schuljahres am 1.8. und 30 Euro zum 1.2., insgesamt also 100 Euro p.a. Die Kosten für den Schulbedarf ist eine Geldleistung, die ohne Antrag zusammen mit dem Regelbedarf an die Eltern ausgezahlt wird. Daneben werden die Kosten eintägiger Ausflüge in Schulen und Kindertagesstätten finanziert. Die Kosten werden von der Kommune im Jobcenter übernommen. Kosten für Ausflüge im Zeitraum von Januar bis März 2011 können rückwirkend erstattet werden, wenn die Teilnahme am Ausflug z.B. durch eine Bescheinigung der Schule oder der Kindertagesstätte nachgewiesen wird. Der Antrag musste bis zum 30.6.2011 gestellt werden. Mehrtägige Klassenfahrten werden wie bisher (§ 23 Abs. 3 S. 1 Nr. 3 SGB II a.F.) erstattet (§ 28 Abs. 2 und 3 SGB II). 257

2. Schülerbeförderung

Schülerinnen und Schüler, die eine weiterführende Schule besuchen, haben oft einen weiten Schulweg. Wenn die Beförderungskosten nicht anderweitig – etwa durch den Regelbedarf – abgedeckt werden, sind die tatsächlichen Aufwendungen zu erstatten (§ 28 Abs. 4 SGB II). Je nach Konstellation gibt es entweder einen Zuschuss (z.B. wenn die Monatskarte auch privat genutzt werden kann), oder es werden die gesamten Kosten übernommen (z.B. wenn mit der Monatskarte ausschließlich der Schulbus benutzt wird). Der Zuschuss kann in der Regel bei der Kommune im Jobcenter beantragt werden. 258

3. Lernförderung

Bedürftige Schülerinnen und Schüler können Lernförderung in Anspruch nehmen, wenn nur dadurch das Lernziel, z.B. die Versetzung in die nächste Klasse, erreicht werden kann. Voraussetzung ist, dass die Lernför- 259 derung geeignet und zusätzlich erforderlich ist, die Schule den Bedarf bestätigt und keine vergleichbaren schulischen Angebote bestehen (§ 28 Abs. 5 SGB II). Die Eltern haben diese Bescheinigung in der Regel bei der Kommune im Jobcenter einzureichen. Dort erhalten sie auch Informationen über geeignete Angebote vor Ort.

4. Gemeinschaftliche Mittagsverpflegung

260 Einen Zuschuss für die Teilnahme an der gemeinschaftlichen Mittagsverpflegung gibt es dann, wenn die Schule oder die Kindertagesstätte ein entsprechendes Angebot bereithalten. Für eine rückwirkende Erstattung der Kosten müssen die Eltern einen Nachweis erbringen, dass ihr Kind im Zeitraum von Januar bis März 2011 am gemeinsamen Mittagessen teilgenommen hat. Für diesen Zeitraum wird ein monatlicher Pauschalbetrag von 26 Euro berücksichtigt. Für die Eltern verbleibt ein Eigenanteil von 1 Euro pro Mittagessen (§ 28 Abs. 6 SGB II). Der Antrag musste bis zum 30.6.2011 gestellt werden. Um den Zuschuss zu erhalten, müssen die Eltern einen Antrag bei ihrer Kommune im Jobcenter stellen.

5. Teilhabe am sozialen und kulturellen Leben

261 Bedürftige Kinder sollen bei Sport, Spiel und Kultur mitmachen können. Deswegen wird ihnen bis zur Vollendung des 18. Lebensjahres monatlich ein Budget in Höhe von 10 Euro bereitgestellt, das z.B. für eine Mitgliedschaft im Sportverein oder für die Musikschule eingesetzt werden kann. Das monatliche Budget kann auch für die Finanzierung zur Teilnahme an Freizeiten angespart werden. Es muss bei der Kommune im Jobcenter beantragt werden.

VIII. Befristeter Zuschlag nach Bezug von Arbeitslosengeld

262 Empfänger von Arbeitslosengeld II, die zuvor Arbeitslosengeld nach dem SGB III bezogen hatten, haben in der Vergangenheit in den ersten zwei Jahren nach Beendigung des Arbeitslosengeldes einen Zuschlag zu ihren sonstigen Leistungen der Grundsicherung für Arbeitsuchende erhalten (§ 24 SGB II a.F.). Dieser Zuschlag hat berücksichtigt, dass ehemalige Arbeitslosengeldempfänger durch häufig langjährige Erwerbstätigkeit und entsprechende Beitragszahlung vor dem Bezug des Arbeitslosengeldes II einen Anspruch aus der Arbeitslosenversicherung erworben haben (Gesetzesbegründung zu § 24 SGB II, BT-Drucks. 15/1516). Der Zuschlag sollte einen Teil der **Einkommenseinbußen abfedern**, die in der Regel beim Übertritt vom Arbeitslosengeld in das Arbeitslosengeld II entstanden.

Dieser befristete Zuschlag ist durch das Haushaltsbegleitgesetz 2011 mit Wirkung zum 1.1.2011 gestrichen worden. Der Gesetzgeber hält die

Funktion des befristeten Zuschlags für überholt. Eine Abfederung des Übergangs vom Arbeitslosengeld zum niedrigeren Arbeitslosengeld II wird nicht mehr für erforderlich angesehen, u. a. weil die Anspruchsdauer beim Arbeitslosengeld zwischenzeitlich für ältere Arbeitnehmer wieder verlängert worden ist (vgl. im Einzelnen, BT-Drucksache 17/3030 zu Nummer 4 (§ 24 SGB II)).

IX. Höhe und Berechnung des Arbeitslosengeldes II/ Sozialgeldes

Die Höhe der Leistung bestimmt sich aus der Differenz zwischen Bedarf und anzurechnendem Einkommen/Vermögen. Dabei kann keine Gesamtbetrachtung der Bedarfsgemeinschaft (d. h. Gesamtbedarf abzüglich Gesamteinkommen/-vermögen) erfolgen, da der Anspruch jedem Mitglied der Bedarfsgemeinschaft gesondert zusteht und Einkommen und Vermögen der zur Bedarfsgemeinschaft gehörenden Kinder nicht auf die anderen Mitglieder der Bedarfsgemeinschaft angerechnet werden. Es ist also zunächst jedes Mitglied der Bedarfsgemeinschaft gesondert zu betrachten. Ist der Bedarf der Bedarfsgemeinschaft durch das insgesamt anzurechnende Einkommen/Vermögen nicht gedeckt, so gilt jede Person im Verhältnis ihres Bedarfs zum Gesamtbedarf als hilfebedürftig (§ 9 Abs. 2 S. 3 SGB II). 263

Konkret folgt daraus eine **mehrstufige Berechnung**. 264

1. Feststellung des **Bedarfs** jedes einzelnen Mitglieds der Bedarfsgemeinschaft durch Zusammenrechnung der im Gesetz vorgesehenen
   – Regelbedarfe zur Sicherung des Lebensunterhalts (§ 20 SGB II)
   – Mehrbedarfe (§ 21 SGB II)
   – Bedarfe für Unterkunft und Heizung (§ 22 SGB II)
   nicht aber die gesonderten Leistungen (die nur bei einem entsprechenden gesonderten Bedarf anfallen, § 24 Abs. 3 SGB II, und für die hinsichtlich der Einkommensanrechnung eine Sonderregelung gilt, vgl. Rn. 287).
2. Berechnung des **anzurechnenden Einkommens und Vermögens** jedes Einzelnen.
3. Für **unverheiratete Kinder bis zur Vollendung des 25. Lebensjahrs**: Abzug ihres Einkommens und Vermögens (einschließlich Kindergeld und ggf. Kinderzuschlag) von ihrem Bedarf. Können sie diesen decken, so fallen sie nicht in die Bedarfsgemeinschaft (kein Anspruch nach dem SGB II) und werden im Folgenden nicht weiter betrachtet.
4. Berechnung des **Anteils** jedes einzelnen Mitglieds der Bedarfsgemeinschaft am Gesamtbedarf (§ 9 Abs. 2 S. 3 SGB II).
5. **Abzug** des anzurechnenden Einkommens und Vermögens vom Bedarf, dabei wird das Einkommen/Vermögen prozentual entsprechend dem Anteil am Bedarf angerechnet.

Kapitel 3. Leistungen

265 Diese Leistungen werden ggf. **ergänzt** durch einmalige Leistungen, Zuschüsse nach § 26 SGB II (vgl. zur sozialen Absicherung Kapitel 6), durch Darlehen bei unabweisbarem Bedarf (§ 24 Abs. 1 SGB II) sowie durch die neuen Bildungs- und Teilhabeleistungen (§ 28 SGB II).

266 **Beispiel:**
Das Ehepaar E und F (beide erwerbsfähig), hat zwei Kinder, R und S (4 und 12 Jahre, S hat einen ernährungsbedingten Mehrbedarf von 51,13 Euro). E erhält Leistungen zur Teilhabe nach § 33 SGB IX, F ist im 5. Monat schwanger. Sie haben angemessene 520 Euro Unterkunfts- und 84 Euro mtl. Heizkosten. Ein Beitragszuschuss wird nicht gezahlt. E hat ein zu berücksichtigendes Einkommen von 300 Euro. R und S beziehen jeweils Kindergeld in Höhe von 184 Euro.

267-277

	E	F	S	R	BG
Regelbedarfe	328	328	251	215	1122
Mehrbedarfe					
Schwangerschaft		53,09			53,09
Behinderung	109,30				109,30
ernährungsbedingter Mehrbedarf			51,13		51,13
Unterkunft	130	130	130	130	520
Heizung	21	21	21	21	84
Bedarf	588,30	532,09	453,13	366	1939,52
Anteil am Gesamtbedarf	30,33%	27,43%	23,36%	18,87%	100%
./. anzurechnendes Einkommen[1]	300	0	184	184	668
(anteilig zur Hilfebedürftigkeit)	(202,62)	(183,26)	(156,06)	(126,06)	
Leistung	385,68	348,83	297,07	239,97	1271,52

[1] Die Anrechnung erfolgt zunächst auf die Bedarfe zur Sicherung des Lebensunterhalts, erst danach auf Bedarfe für Unterkunft und Heizung (§ 19 Abs. 3 S. 2 SGB II).

B. Leistungen zur Eingliederung in Arbeit

I. Grundsatz des Förderns

Nach dem in § 14 SGB II normierten Grundsatz unterstützt der Träger der Grundsicherung erwerbsfähige Hilfebedürftige umfassend mit dem Ziel der **Eingliederung in Arbeit**. Die Träger der Grundsicherung für Arbeitsuchende sollen einen persönlichen Ansprechpartner für jeden erwerbsfähigen Hilfebedürftigen und die mit ihm in einer Bedarfsgemeinschaft Lebenden benennen. 278

§ 15 SGB II regelt den Abschluss von **Eingliederungsvereinbarungen** der Agenturen für Arbeit mit erwerbsfähigen Hilfebedürftigen. Wurde eine gemeinsame Einrichtung zwischen einem kommunalen Träger mit einer Agentur für Arbeit gegründet, schließt diese gem. § 44b Abs. 3 SGB II die Eingliederungsvereinbarungen ab. Hat ein kommunaler Träger optiert (§ 6a SGB II) und ist er mit Zustimmung der obersten Landesbehörde als Träger der Aufgaben nach dem SGB II zugelassen, obliegt der Kommune der Abschluss von Eingliederungsvereinbarungen. 279

II. Eingliederungsvereinbarung

Die Agentur für Arbeit soll im Einvernehmen mit dem kommunalen Träger mit jedem erwerbsfähigen Arbeitsuchenden die für seine Eingliederung erforderlichen Leistungen in einer Eingliederungsvereinbarung vereinbaren, § 15 Abs. 1 Satz 1 SGB II. Die Eingliederungsvereinbarung soll **verbindliche Aussagen zum Fördern und Fordern** des Hilfebedürftigen enthalten. Eine **Verpflichtung** der Bundesagentur für Arbeit, mit dem Hilfebedürftigen eine Eingliederungsvereinbarung abzuschließen, („soll … vereinbaren") **besteht nicht**. Auch eine Verpflichtung des Hilfebedürftigen zum Abschluss einer Eingliederungsvereinbarung ergibt sich weder aus dem Gesetzestext noch aus der Gesetzesbegründung. Der Gesetzgeber geht vielmehr von der **Freiwilligkeit der Vereinbarung** aus. 280

Faktisch ergibt sich aber für den Hilfebedürftigen wegen seiner Mitwirkungspflicht ein **Abschlusszwang**. Denn nach § 31 Abs. 1 Satz 1 Nr. 1 SGB II wird das Arbeitslosengeld II abgesenkt, wenn der erwerbsfähige Hilfeempfänger sich trotz Belehrung über die Rechtsfolgen weigert, in der Eingliederungsvereinbarung oder dem diese ersetzenden Verwaltungsakt nach § 15 Abs. 1 Satz 6 SGB II festgelegte Pflichten zu erfüllen Jedoch darf aus der Tatsache, dass der Hilfebedürftige eine ihm angebotene Eingliederungsvereinbarung mit einem Gegenentwurf begegnet, nicht gefolgert werden, dass der Hilfebedürftige den Abschluss einer Eingliederungsvereinbarung verweigert (LSG Hessen vom 5.9. 2006, L 7 AS 107/06 ER). Die Regelungen über die Eingliederungsvereinbarung verstoßen nicht gegen das Verbot der Zwangsarbeit (SG Schleswig vom 8.3. 2005, S AS 70/05 ER). 281

282 Vom Abschluss einer Eingliederungsvereinbarung kann bei folgenden Personen abgesehen werden (so die Hinweise der BA 15.7 zu § 15 SGB II):

- Allein Erziehende, denen nach § 10 Abs. 1 Nr. 3 SGB II eine Erwerbstätigkeit nicht zumutbar ist und die auch nicht auf eigenen Wunsch eine Eingliederungsvereinbarung abschließen wollen,
- Erwerbsfähige Hilfebedürftige im Sinne von § 10 Abs. 1 Nr. 4 SGB II, die Angehörige pflegen, so lange die Pflege die Aufnahme einer Tätigkeit verhindert,
- Antragsteller bis zur abschließenden Klärung des Status zur Erwerbsfähigkeit durch den zuständigen Rentenversicherungsträger,
- Jugendliche unter 25 Jahren, die eine allgemeine- oder berufsbildende Schule in Vollzeit nach Beendigung der Vollzeitschulpflicht besuchen und wenn ihre Leistungen den erfolgreichen Abschluss der allgemein- oder berufsbildenden Schule erwarten lassen,
- Personen mit einer festen Einstellungszusage innerhalb der nächsten acht Wochen.

1. Rechtsnatur und Form der Eingliederungsvereinbarung

283 Rechtsdogmatisch sind Eingliederungsvereinbarungen nach § 15 SGB II **öffentlich-rechtliche Verträge** im Sinne von § 53 ff. SGB X. Die Eingliederungsvereinbarung ist an keine Form gebunden. Sie wird aber in der Regel schriftlich fixiert.

2. Inhalt der Eingliederungsvereinbarung

284 In der Eingliederungsvereinbarung werden die Leistungen zur Eingliederung in Arbeit sowie die Mindestbemühungen des Hilfebedürftigen um berufliche Eingliederung nach Art und Umfang beschrieben. Die **Eingliederungsvereinbarung soll** nach § 15 Abs. 1 Satz 2 SGB II **insbesondere bestimmen,**

1. welche Leistungen der Erwerbsfähige zur Eingliederung in Arbeit erhält,
2. welche Bemühungen der erwerbsfähige Hilfeempfänger in welcher Häufigkeit zur Eingliederung mindestens unternehmen muss und in welcher Form er seine Bemühungen nachzuweisen hat,
3. welche Leistungen Dritter, insbesondere Träger anderer Sozialleistungen, der erwerbsfähige Leistungsberechtigte zu beantragen hat.

285 Nach § 15 Abs. 2 SGB II kann in der Eingliederungsvereinbarung auch vereinbart werden, welche Leistungen die Personen erhalten, die mit dem Hilfebedürftigen in einer Bedarfsgemeinschaft leben. Abs. 2 ist als **Kann-Bestimmung** formuliert. Daraus folgt, dass der Leistungsträger nach pflichtgemäßem Ermessen darüber zu entscheiden hat, ob er die Mitglieder der Bedarfsgemeinschaft in die Eingliederungsvereinbarung einbezieht. § 15 Abs. 2 Satz 2 SGB II stellt klar, dass Mitglieder der Bedarfsgemeinschaft, die in eine Eingliederungsvereinbarung einzubeziehen sind, daran zu beteiligen sind. Beteiligung heißt aber mehr, als die weiteren Mitglieder der Bedarfsgemeinschaft lediglich über den Abschluss der Integrationsvereinbarung zu unterrichten.

Wird in der Eingliederungsvereinbarung eine Bildungsmaßnahme vereinbart, ist auch zu regeln, in welchem Umfang und unter welchen Voraussetzungen der erwerbsfähige Hilfeempfänger **schadensersatzpflichtig** ist, wenn er die Maßnahme aus einem von ihm zu vertretenden Grund nicht zu Ende führt, § 15 Abs. 3 SGB II. 286

3. Dauer der Eingliederungsvereinbarung

Die Eingliederungsvereinbarung soll für **sechs Monate** geschlossen werden, § 15 Abs. 1 Satz 3 SGB II. Danach soll eine neue Eingliederungsvereinbarung abgeschlossen werden. Zweifelhaft dürfte der Abschluss einer Eingliederungsvereinbarung sein, wenn innerhalb einer Frist von deutlich weniger als sechs Monaten eine Eingliederung wahrscheinlich ist oder der Hilfebedürftige aus sonstigen Gründen aus dem Berechtigtenkreis ausscheidet, etwa aufgrund einer Einberufung zum Wehrdienst. 287

4. Verwaltungsakt statt Eingliederungsvereinbarung

Kommt eine Eingliederungsvereinbarung nicht zustande, sollen die Eingliederungsmaßnahmen nach § 15 Abs. 1 Satz 6 SGB II **durch Verwaltungsakt** bestimmt werden. Durch die konkrete Bezugnahme zu § 15 Abs. 1 Satz 2 SGB II ist deutlich gemacht worden, dass ein Verwaltungsakt nur Regelungsgegenstände hiernach umfassen kann. Ein Verwaltungsakt darüber, welche Leistungen der Bedarfsgemeinschaft des Hilfeempfängers gewährt werden, ist daher nicht möglich. Gegen den Verwaltungsakt sind **Widerspruch** und – sofern diesem nicht abgeholfen wird – **Klage** vor dem Sozialgericht zulässig. Widerspruch und Klage gegen den Verwaltungsakt haben aufschiebende Wirkung, § 39 Nr. 1 SGB II. Nach § 39 Nr. 1 SGB II entfällt nämlich die aufschiebende Wirkung von Widerspruch und Anfechtungsklage bei einem Verwaltungsakt, der über Leistungen der Grundsicherung für Arbeitssuchende entscheidet. Nach der Gesetzesbegründung umfasst dies zwar auch die Leistungen zur Eingliederung in Arbeit, zu denen auch die Eingliederungsvereinbarung nach § 15 SGB II gehört. Zu berücksichtigen ist aber, dass eine lediglich die Mitwirkungspflichten des Antragstellers ersetzende Regelung keine Entscheidung über eine Leistung der Grundsicherung im Sinne von § 39 Nr. 1 SGB II enthält (LSG Nordrhein-Westfalen vom 11.11.2005, L 19 B 89/05 AS ER; LSG Baden-Württemberg vom 22.1.2007, L 13 4160/06; VG Bremen vom 30.5.2007, S3 V 1192/07). 288

Kapitel 3. Leistungen

III. Konkrete Leistungen zur Eingliederung

289 Nach § 14 Satz 3 SGB II erbringen die Träger unter Beachtung der Grundsätze von Wirtschaftlichkeit und Sparsamkeit alle im Einzelfall für die Eingliederung in Arbeit erforderlichen Leistungen. **Welche Leistungen** dies sind, ist in den **§ 16–16g SGB II geregelt.** Nach § 16 Abs. 1 Satz 1 SGB III können die Träger der Grundsicherung für Arbeitssuchende „alle im Dritten Kapitel, im Ersten bis Dritten und Sechsten Abschnitts des vierten Kapitels, im Fünften Kapitels sowie im Ersten, Fünften und Siebten Abschnitt des Sechstens Kapitels und die in §§ 417, 421f, 421g, 421i, 421k und 421m des Dritten Buches geregelten Leistungen erbringen".

290 Auch bei nochmaliger Lektüre dieser Vorschrift erschließen sich die weitreichenden Folgen der Verweise auf diverse Abschnitte und Kapitel des SGB III nicht. Im Folgenden werden daher die möglichen Leistungen nach dem SGB III in tabellarischer Form beschrieben, die auch für Empfänger von Arbeitslosengeld II in Betracht kommen.

291

Vorschrift	Maßnahme
Drittes Kapitel SGB III	Beratungsangebot (§ 29 SGB III), Berufsberatung (§§ 30, 31 SGB III), Eignungsfeststellung (§ 32 SGB III), Berufsorientierung (§ 33 SGB III), Arbeitsmarktberatung (§ 34 SGB III).
Erster Abschnitt des Vierten Kapitels SGB III	Leistungen an Arbeitnehmer: Übernahme von Bewerbungskosten bis zu 260 € jährlich und Reisekosten (§§ 45–47 SGB III)
Zweiter Abschnitt des Vierten Kapitels SGB III	Leistungen an Arbeitnehmer: Maßnahmen der Eignungsfeststellung, Trainingsmaßnahmen (§ 48–52 SGB III)
Dritter Abschnitt des Vierten Kapitels SGB III	Leistungen an Arbeitnehmer: Mobilitätshilfen (§§ 53–55 SGB III),)
Sechster Abschnitt des Vierten Kapitels SGB III	Leistungen an Arbeitnehmer: Förderung der beruflichen Weiterbildung (§§ 77–87 SGB III). Hierzu gehören die Übernahme der Weiterbildungskosten (§ 79 SGB II), der Lehrgangskosten (§ 80 SGB III), der Fahrtkosten (§ 81 SGB III), der Kosten für auswärtige Unterbringung und Verpflegung (§ 82 SGB III) und die Kinderbetreuungskosten (§ 83 SGB III).
Fünftes Kapitel SGB III	Leistungen an Arbeitgeber: Hierzu gehören Eingliederungszuschüsse (§§ 217–222 SGB III), Einstellungszuschuss bei Neugründungen (§ 225–228); Förderung der beruflichen Weiterbildung durch Vertretung (§§ 229–233), Förderung der Berufsausbildung und der beruflichen Weiterbildung (§§ 235–235c), Förderung der Teilhabe am Arbeitsleben für schwerbehinderte Menschen (§§ 236–239 SGB III)

B. Leistungen zur Eingliederung in Arbeit

Vorschrift	Maßnahme
Erster Abschnitt des sechsten Kapitels SGB III	Leistungen an Träger: Förderung der Berufsausbildung und Beschäftigung begleitende Hilfe (§§ 240–247 SGB III)
Fünfter Abschnitt des sechsten Kapitels SGB III	Leistungen an Träger: Förderung von Arbeitsbeschaffungsmaßnahmen (§§ 260–271 SGB III)
Siebter Abschnitt des sechsten Kapitels SGB III	Leistungen an Träger: Beschäftigung schaffende Infrastrukturförderung (§ 279a SGB III)
§ 417 SGB III	Förderung beschäftigter Arbeitnehmer: Übernahme der Weiterbildungskosten für Beschäftigte, die das 50. Lebensjahr vollendet haben in Betrieben mit mehr als 100 Arbeitnehmern
§ 421f SGB III	Eingliederungszuschuss für Ältere
§ 421g SGB III	Vermittlungsgutschein: Anspruch auf Vermittlungsgutschein nach mindestens sechs Wochen Arbeitslosigkeit. Der Vermittlungsgutschein wird in Höhe von 2000 € ausgestellt
§ 421i SGB III	Beauftragung von Trägern mit Eingliederungsmaßnahmen
§ 421k SGB III	Tragung der Beiträge zur Arbeitsförderung bei Beschäftigung älterer Arbeitnehmer: Arbeitgeber, die ein Beschäftigungsverhältnis mit einem zuvor Arbeitslosen, der das 55. Lebensjahr vollendet hat, erstmalig begründen, werden vom Arbeitslosenversicherungsbeitrag befreit.
§ 421m SGB III	Sozialpädagogische Begleitung bei Berufsvorbereitung nach dem Berufsbildungsgesetz: Förderung der Arbeitgeber durch Übernahme der Kosten für eine notwendige sozialpädagogische Begleitung während einer Berufsausbildungsvorbereitung.

Für erwerbsfähige **behinderte Hilfebedürftige** erklärt § 16 Abs. 1 Satz 2 SGB II die §§ 97 bis 99, § 100 Nr. 1 bis 3 und 6, § 101 Abs. 1, 2 und 5, §§ 102, 103 Satz 1 Nr. 3, Satz 2, § 109 Abs. 1 Satz 1 und Abs. 2 des SGB II für entsprechend anwendbar. 292

Vorschrift	Maßnahme
§ 97–99 SGB III	Leistungen zur Förderung der Teilhabe am Arbeitsleben
§ 100 Nr. 1 bis 3 und 6 SGB III	Leistungen zur Unterstützung der Beratung und Vermittlung; zur Verbesserung der Aussichten auf Teilhabe am Arbeitsleben, zur Förderung der Aufnahme einer Beschäftigung, mit Ausnahme der Arbeitnehmerhilfe; zur Förderung der beruflichen Weiterbildung

293

Kapitel 3. Leistungen

Vorschrift	Maßnahme
§ 101 Abs. 1, 2 und 5 SGB III	Mobilitätshilfen, Förderung der beruflichen Aus- und Weiterbildung, Förderung bei Wiederholung
§ 102 SGB III	Besondere Leistungen für behinderte Menschen
§ 103 Satz 1 Nr. 3, Satz 2 SGB III	Übernahme von Teilnahmekosten, persönliches Budget
§ 109 Abs. 1 Satz 1 und Abs. 2 SGB III	Teilnahmekosten gem. § 33, 44, 53 und 54 SGB IX

294 Die genannten Leistungen können von den Trägern der Grundsicherung für Arbeitssuchende erbracht werden. Es handelt sich also um Leistungen, die im **Ermessen** der Träger stehen. Dies gilt nach dem ausdrücklichen Wortlaut („Als Leistung zur Eingliederung kann") auch für die sog. **Pflichtleistungen** nach dem SGB III. Für Leistungen an erwerbsfähige behinderte Hilfebedürftige nach § 16 Abs. 1 Satz 2 SGB II folgt das Sozialgesetzbuch II stets dem SGB III. Sind im SGB III Leistungen als Pflichtleistungen ausgestaltet, gilt dies auch für die Erbringung dieser Leistungen nach § 16 Abs. 1 Satz 2. Sind im SGB III Leistungen als Ermessensleistungen ausgestaltet, gilt dies auch für die Erbringung dieser Leistungen nach § 16 Abs. 1 Satz 2 SGB II.

IV. Kommunale Leistungen

295 § 16a SGB II erweitert den Leistungskatalog der kommunalen Träger der Grundsicherung für Arbeitssuchende. Danach können diese Träger weitere Leistungen erbringen, die für die Eingliederung des erwerbsfähigen Hilfeempfängers erforderlich sind. Zu den kommunalen Eingliederungsleistungen gehören:

1. Die Betreuung minderjähriger oder behinderter Kinder oder die häusliche Pflege von Angehörigen,
2. die Schuldnerberatung
3. die psychosoziale Betreuung
4. und die Suchtberatung

296 Bei den kommunalen Eingliederungsleistungen nach § 16a SGB II handelt es sich um eine Kann-Leistungen, so dass der Leistungsträger nach pflichtgemäßem Ermessen darüber entscheidet, ob, wann und in welchem Umfang eine Leistung erbracht wird. Voraussetzung ist jedoch in jedem Fall die **Erforderlichkeit** der **Leistung**, um eine berufliche Eingliederung erreichen zu können. § 16a SGB II umfasst aber auch alle Leistungen, die nicht unmittelbar mit der Aufnahme einer Erwerbstätigkeit verbunden sind. Dabei handelt es sich um Leistungen zur Überwindung spezifischer sozialer Schwierigkeiten, die ein Leben in der Gesellschaft, in der Gemeinschaft als Voraussetzung für eine dauerhafte berufliche Eingliederung eröffnen können. Damit wird ein zusätzliches, im Grunde unbegrenztes Angebot eröffnet, für das lediglich die allgemeinen Bestimmungen zur Subsidiarität im Gesetz gelten. Der Grundsatz der Wirtschaftlichkeit und Sparsamkeit ist zu beachten. Leistungen nach § 16a SGB II können erforderlichenfalls auch ergänzend zu Leistungen anderer Träger erbracht werden. Es können auch mehrere Leistungen nebeneinander erbracht werden, soweit jede für sich erforderlich ist. Leistungen nach § 16a SGB II kommen aber nicht in Betracht, wenn von vorn herein feststeht, dass eine Erwerbstätigkeit in keinem Fall und unter gar keinen Umständen erreichbar ist.

Das Gesetz fordert keine weiteren besonderen Voraussetzungen, etwa nachhaltige soziale Schwierigkeiten, besondere Lebensverhältnisse, spezifische Beeinträchtigungen. Leistungen kommen aber nicht in Betracht, sofern die Schwierigkeiten aus eigenen Kräften überwunden werden können. Auf den Grund für die Unfähigkeit, die Voraussetzungen für die Aufnahme einer Erwerbstätigkeit zu schaffen, kommt es nicht an (z.B. Krankheit, Intelligenz, Willensschwäche, soziales Umfeld). Es muss aber ein Grund identifiziert werden können, der für die Problemlage kausal ist, weil ansonsten keine verhältnismäßige Leistung erbracht werden kann; es fehlt an der Erforderlichkeit. 297

1. Betreuungsleistungen

Nach § 16a 2 Nr. 1 SGB II kann eine **Betreuung von Kindern** und die **häusliche Pflege von Angehörigen** gewährt werden. Die Betreuung ist dann erforderlich, wenn dem erwerbsfähigen Hilfebedürftigen neben der selbst durchgeführten Betreuung oder Pflege keine Arbeit mehr möglich ist. § 16a Nr. 1 SGB II kann aber auch zur Ausweitung der Verfügbarkeit für eine Erwerbstätigkeit angewendet werden, sofern dadurch Hilfebedürftigkeit entscheidend beeinflusst werden kann. 298

Die Leistung „Betreuung" kann in **tatsächlicher Form** oder in Form von **Geldleistungen** erbracht werden. In erster Linie wird nach Nr. 1 eine Geldleistung erbracht, mit der die Übernahme von Betreuungsleistungen bezahlt werden kann. Die Leistung ist nur erforderlich, wenn die Betreuung nicht anderweitig innerhalb der Bedarfsgemeinschaft oder unter weiteren Angehörigen organisiert werden kann. Soweit die Erforderlichkeit der Betreuung selbst nicht offenkundig ist, sind Bescheinigungen fachkundiger Stellen erforderlich, bei Kindern ab 12 Jahren ebenso wie über die Behinderteneigenschaft bzw. die Pflegebedürftigkeit Angehöriger. § 16a Nr. 1 SGB II verweist aber nicht ausdrücklich auf den Begriff der Schwerbehinderung nach § 68 SGB IX bzw. den Begriff der Pflegebedürftigkeit nach den §§ 14 und 15 SGB XI. Insofern kommt auch die Übernahme der Kosten für die Betreuung von Personen in Betracht, die eine körperliche oder geistige Einschränkung unterhalb der Schwelle dieser Vorschriften aufweisen. 299

2. Schuldnerberatung

300 Als weitere Ermessensleistung ist in § 16a Nr. 2 SGB II die Schuldnerberatung genannt. Hintergrund der Übernahme der Kosten hierfür ist, dass Schulden bzw. eine Überschuldung die Bereitschaft zu einer Erwerbstätigkeit zu minimieren, insbesondere aufgrund von Zwangsvollstreckungsmaßnahmen der Gläubiger. Die Leistung der Schuldnerberatung besteht in der Klärung der finanziellen Verhältnisse und dem Aufzeigen von Wegen zum Schuldenabbau. Dafür sind eine Übersicht über monatliche Einnahmen und Ausgaben sowie eine Schuldenaufstellung notwendig. Darüber hinaus bedarf es der Vorlage aller Unterlagen, die Einfluss auf die Schuldensituation haben (z. B. Pfändungs- und Überweisungsbeschlüsse, Mahnbescheide, Abtretungen usw.).

3. Psychosoziale Betreuung

301 Die psychosoziale Betreuung nach § 16a Nr. 3 SGB II umfasst die Begleitung als angebotene Unterstützung über einen kurzen oder mittelfristigen Zeitraum oder mittel- bis langfristige Begleitbetreuung bzw. Betreuung. Typischer Anwendungsfall der psychosozialen Betreuung ist die Begleitung einer Substitution eines Drogenabhängigen (mit Methadon). Über die Notwendigkeit psychosozialer Betreuung entscheidet der behandelnde Arzt. **Psychosoziale Betreuung** hat zum Ziel, dem Drogenabhängigen dabei zu helfen, in Beruf, Familie und Gesellschaft wieder Fuß zu fassen. Neben Wohnungssuche sowie der Lösung finanzieller und familiärer Probleme zielt die Betreuung auf den Aufbau einer sinnvollen Tagesstrukturierung, zu der sobald möglich auch die Einmündung in Ausbildung oder Arbeit gehört.

4. Suchtberatung

302 Zu den Eingliederungsleistungen gehört schließlich nach § 16a Nr. 4 SGB II auch die **Suchtberatung**.

V. Einstiegsgeld

303 In § 16b SGB II ist das sog. Einstiegsgeld geregelt. Mithilfe des Einstiegsgeldes soll der Leistungsberechtigte bei der Aufnahme einer sozialversicherungspflichtigen oder selbständigen Erwerbstätigkeit unterstützt werden. Das Einstiegsgeld wird erbracht, soweit für diesen Zeitraum eine Erwerbstätigkeit besteht, allerdings höchstens für 24 Monate. Die Höhe des Einstiegsgeldes ist im Gesetz nicht ausdrücklich normiert. Nach § 16b Abs. 2 Satz 2 sollen bei der Bemessung der Höhe des Einstiegsgeldes die vorherige Dauer der Arbeitslosigkeit sowie die Größe der Bedarfsgemeinschaft berücksichtigt werden.

B. *Leistungen zur Eingliederung in Arbeit*

VI. Arbeitsgelegenheiten

Nach § 16d Satz 1 SGB II sollen für erwerbsfähige Hilfeempfänger, die keine Arbeit finden können, **Arbeitsgelegenheiten** geschaffen werden. Diese – teilweise auch als „Gemeinwohlarbeiten" bezeichneten – Tätigkeiten sind abgeleitet aus den früheren Arbeitsgelegenheiten in § 19 Bundessozialhilfegesetz (BSHG). Arbeitsgelegenheit ist jede Art von Arbeit, die den Hilfebedürftigen in die Lage versetzt, für sich und seinen Angehörigen zumindest vorübergehend oder teilweise zu sorgen. 304

Hinsichtlich der Arbeitsgelegenheiten nach § 16d SGB II ist zu unterscheiden zwischen den **Entgeltvariante** und der sog. **Mehraufwendungsvariante** nach sowie den **Arbeitsbeschaffungsmaßnahmen**. Die Arbeitsgelegenheiten werden vom Träger der Grundsicherung dem Arbeitslosen zugewiesen. Der Arbeitslose hat keinen Anspruch auf Zuweisung einer Arbeitsgelegenheit. Der Empfänger von Arbeitslosengeld II muss eine ihm angebotene ABM bzw. Arbeitsgelegenheit annehmen, ansonsten kann das Arbeitslosengeld II gesenkt werden. Leistet der Hilfeempfänger gemeinnützige Arbeit, so kommt grundsätzlich eine Kürzung der Hilfe für Arbeitssuchende nicht mit der Begründung in Betracht, dass sich der Hilfeempfänger daneben nicht genügend um Arbeit auf dem allgemeinen Arbeitsmarkt bemühe (OVG Lüneburg vom 30.10. 2003, NVwZ-RR 2004, 113). 305

1. Arbeitsbeschaffungsmaßnahmen

ABM müssen nach dem SGB III „zusätzlich und im öffentlichen Interesse liegend" sein. Die **Höhe der Förderung** hängt von der Ausbildung des Beschäftigten ab und liegt zwischen 900 € (ohne Ausbildung) und 1300 € (Hochschulausbildung) monatlich. Die Dauer der Förderung darf in der **Regel nur 12 Monate** dauern. Mit dem Dritten Gesetz für moderne Dienstleistungen am Arbeitsmarkt ist die Versicherungspflicht für ABM in der Arbeitslosenversicherung entfallen. Mit ABM können also keine Alg I Ansprüche mehr erworben werden. Diese Regelungen aus dem SGB III gelten auch für ALG II Empfänger. Allerdings löst die Teilnahme eines Beziehers von Arbeitslosengeld II an einer AB-Maßnahme nicht die gleichen Rechtsfolgen aus, wie die eines Beziehers von Arbeitslosengeld I. So kann für Teilnehmer, die an einer AB-Maßnahme nach dem SGB III teilgenommen haben, ein Anspruch auf Gründungszuschuss nach § 57 SGB III entstehen. 306

2. Entgeltvariante

§ 16d Satz 1 SGB II statuiert den Grundsatz, dass für erwerbsfähige Hilfebedürftige, die keine Arbeit finden können, Arbeitsgelegenheiten geschaffen werden. Diese Arbeitsgelegenheiten in der Entgeltvariante müssen – im Gegensatz zur Mehraufwendungsvariante nicht zwingend gemeinnützig und zusätzlich sein. Die Dauer dieser Arbeitsgelegenheiten ist 307 im Gesetz nicht festgelegt. Arbeitsgelegenheiten sind aber nicht auf Dauer angelegt, sondern sollen einen ersten (Wieder-)Einstieg in das Arbeitsleben ermöglichen. Insofern sollte eine Tätigkeit im Rahmen einer Arbeitsgelegenheit auf **maximal sechs Monate** begrenzt sein.

308 Für Arbeitsgelegenheiten im Rahmen der Entgeltvariante tragen die zuständigen Ämter die vollen **Lohnkosten** inklusive der **Sozialversicherungsbeiträge**. Dazu gehören auch Beiträge zur Arbeitslosenversicherung. Mit solchen Arbeitsgelegenheiten werden also, wenn sie länger als 12 Monate laufen, auch wieder Ansprüche auf Arbeitslosengeld I erworben.

3. Mehraufwendungsvariante

309 In § 16d Satz 2 SGB II ist die sog. **Mehraufwendungsvariante** (sog. Ein-€-Jobs, s. Karasch, AuA 11/2004, 42) geregelt. Werden Arbeitsgelegenheiten für im öffentlichen Interesse liegende zusätzliche Arbeiten nicht als Arbeitsbeschaffungsmaßnahmen gefördert, ist den erwerbsfähigen Hilfebedürftigen zuzüglich zum Arbeitslosengeld II eine **angemessene Entschädigung** für **Mehraufwendungen** zu zahlen. Die Tätigkeit im Rahmen dieser Arbeitsgelegenheiten ist kein Arbeitsverhältnis im Sinne des Arbeitsrechts (BAG vom 20.2. 2008, NZA 2008, 1152); BAG vom 8.11. 2006 – 5 AZB 36/06). Ein privatrechtliches Rechtsverhältnis entsteht auch dann nicht, wenn bei der Verschaffung der Arbeitsgelegenheiten die Zulässigkeitsschranken nach § 16d Satz 2 SGB II nicht eingehalten werden (BAG vom 20.2. 2008, NZA 2008, 1152; BAG vom 17.1. 2007 – 5 AZB 43/06). Arbeitsgelegenheiten in der Mehraufwendungsvariante begründen also ebenfalls keinen Alg I Anspruch. Teilnehmer an Arbeitsgelegenheiten mit Mehraufwandsentschädigung gelten nicht als arbeitslos, sofern der Umfang der Arbeitsgelegenheit mehr als 15 Stunden wöchentlich umfasst

310 Diese Art von Arbeitsgelegenheit ist ebenfalls nicht auf Dauer angelegt. Sie dient als Übergangsmaßnahme der (Wieder-)Eingliederung von Langzeitarbeitslosen in den Arbeitsmarkt. Obwohl im SGB II die Dauer der Arbeitsgelegenheit nicht beziffert ist, sollte die Arbeitsgelegenheit **auf maximal sechs Monate begrenzt** sein. Für ältere Arbeitnehmer in strukturschwachen gebieten sind auch längere Zeiträume möglich (Gemeinsame Erklärung der BA und der kommunalen Spitzenverbände von Oktober 2004). Eine Verlängerung bzw. eine „Anschlussarbeitsgelegenheit" bei einem anderen Träger ist nach dem Gesetz nicht ausgeschlossen. Eine geringfügige Beschäftigung auf 400-Euro-Basis neben der Arbeitsgelegenheit ist grundsätzlich zulässig, allerdings sind die Freibeträge bei Erwerbstätigkeit zu beachten. Die wöchentliche Beschäftigungszeit sollte 30 Stunden nicht überschreiten, um dem Arbeitsuchenden noch ausreichend zeitlichen Freiraum für die Suche nach einem Arbeitsplatz auf dem 1. Arbeitsmarkt zu geben.

311 a) **Öffentliches Interesse.** Die vom Hilfebedürftigen ausgeübten Tätigkeiten müssen im **öffentlichen Interesse** liegen, also **gemeinnützig** sein.

B. Leistungen zur Eingliederung in Arbeit

Als **gemeinnützig gelten** Arbeitsgelegenheiten, die unmittelbar den Interessen der Allgemeinheit auf materiellem, geistigem oder sittlichem Gebiet dienen, also insbesondere der Förderung von Wissenschaft und Forschung, Bildung und Erziehung, Kunst und Kultur, Religion, Völkerverständigung, Entwicklungshilfe, Umwelt, Landschafts- und Denkmalschutz, der Jugend- und Altenhilfe, dem öffentlichen Gesundheitswesen (Initiative für zusätzliche Beschäftigung von Arbeitslosenhilfebeziehern der BA vom 9.8.2004). Die Arbeiten dürfen nicht privaten, erwerbswirtschaftlichen Zwecken dienen. Wichtigstes Kriterium der Gemeinnützigkeit ist, dass auf dem Waren- und Dienstleistungsmarkt keine Konkurrenz zu Privatunternehmen entsteht.

Das Gebot der Gemeinnützigkeit bezieht sich auf die **Art der Arbeitsgelegenheit**. Ob der **Träger gemeinnützig** tätig ist, spielt keine Rolle. Gemeinnützigkeit ist nach Auffassung der Bundesagentur für Arbeit generell zu vermuten bei Arbeiten für einen als gemeinnützig anerkannten Maßnahmeträger (insbesondere Kommunen, Wohlfahrtsverbände, Kirchen, Selbsthilfegruppen). Handelt es sich bei der vom Träger der Grundsicherung zugewiesenen Arbeitsgelegenheit entgegen der Bezeichnung mangels Gemeinnützigkeit tatsächlich um eine reguläre Beschäftigung, kann der Betroffene die ortsübliche Entlohnung verlangen.

312

b) Zusätzliche Arbeiten. Voraussetzung für die Mehraufwandsvariante ist, dass die verrichteten Arbeiten zusätzlich sind. Eine „Zusätzlichkeit" ist dann anzunehmen, wenn die Arbeiten sonst nicht, nicht in diesem Umfang oder nicht zu diesem Zeitpunkt verrichtet würden. Insbesondere dürfen keine Aufgaben der öffentlichen Hand abgedeckt werden, die sonst von regulären Bediensteten erledigt würden. Auch Arbeiten, die nur zur Einsparung normaler Arbeitskräfte dienen bzw. die wegen fiskalpolitisch bedingtem Personalmangel nicht oder nicht im notwendigen Umfang durchgeführt werden, obwohl sie zur eigentlichen Aufgabenerfüllen gehören, sind nicht zusätzlich. Die „Zusätzlichkeit" kann auch nicht damit begründet werden, dass normale Arbeitskräfte nicht zur Verfügung stehen.

313

Beispiele aus der Rechtsprechung, bei denen die „Zusätzlichkeit" der Arbeiten verneint wurde:

– Jahreszeitlich unbedingt notwendige Reinigungs- und Pflegearbeiten in Grünanlagen.
– Ohnehin erforderliche Aufräumarbeiten in Gärten, an Haltestellen, in Kindergärten oder Krankenhäusern bzw. das Schneeräumen im Winter auf kommunalem Gebiet.
– Regelmäßig anfallende Routinearbeiten.
– Leichte Büroarbeiten, die in einer Behörde üblicherweise im Rahmen normal entlohnter Arbeitsverhältnisse durchgeführt werden.

314

Kapitel 3. Leistungen

315 | **Beispiele** für zusätzliche Arbeiten:
Niedrigschwellige Betreuungsangebote, Botengänge, und Begleitdienste für behinderte Menschen, Fahrdienste und Vorlesedienste für Senioren, Alltagsbegleitung, hauswirtschaftliche Unterstützung, Integrationshelfer (siehe auch „Beispielhafte Auflistung von Arbeitsfeldern für Arbeitsgelegenheiten unter: www.soliserv.de/pdf/Hartz-IV-Arbeitsgelegenheit_Ideen_31-08-04.pdf sowie unter www.brandenburg.de/media1330/Hartz_4_taetigkeitsfelder.pdf

316 c) **Entschädigung für Mehraufwendungen.** Wer einer Arbeitsgelegenheit nachgeht, erhält weiterhin die Hilfeleistung – also **Arbeitslosengeld II** – und zusätzlich eine sogenannte **Mehraufwandsentschädigung.** Wie bei anderen Eingliederungsmaßnahmen gilt auch hier ein Antrags- und Bewilligungsverfahren. Träger der Wohlfahrtspflege oder kommunale Träger beantragen bei der für die Eingliederung von ALG II-Beziehern zuständigen Stelle – dies wird regelmäßig die gemeinsame Einrichtung aus Kommune und Arbeitsagentur sein, kann aber auch eine Optionskommune oder eine Arbeitsagentur sein – die Förderung der Maßnahme. Die zuständige Stelle prüft, ob die Arbeiten gemeinnützig und zusätzlich sind, bewilligt die Förderung und weist dem Träger diejenigen ALG II-Bezieher zu, für die eine solche Tätigkeit nach der individuellen Eingliederungsvereinbarung geeignet sind. Die Förderung an den Träger deckt die Mehraufwandsentschädigung ab, die an den Arbeitslosengeld II-Bezieher ausgezahlt wird und kann auch eigene Kosten des Trägers z.B. für die Qualifizierung des Hilfebedürftigen, Anleitungs- und Betreuungspersonal, etc. abdecken.

317 d) **Zuweisung in einer Arbeitsgelegenheit.** Die Heranziehung zu gemeinnütziger und zusätzlicher Arbeit erfolgt durch Verwaltungsakt. Der **Bescheid über die Zuweisung** gemeinnütziger Arbeit muss hinreichend bestimmt sein. Dabei genügt es nicht, wenn der Träger der Grundsicherung für Arbeitssuchende den Hilfesuchenden lediglich einer Einrichtung zuweist und die Auswahl der konkret zu leistenden Arbeit der Leitung dieser Einrichtung überlässt (Münster vom 1.7. 2003, 5 K 638/00). Der Leistungsträger hat vielmehr vor Antritt der Maßnahme sicherzustellen, dass die auszuübenden Arbeiten zusätzlich und gemeinnützig sind. Dazu ist zwingend erforderlich, dass die Behörde eindeutig und verbindlich die Maßnahmeinhalte, die genaue wöchentliche Arbeitszeit und Arbeitszeitverteilung, die Höhe der Mehraufwandsentschädigung sowie die Dauer der Maßnahme festlegt (LSG Niedersachsen-Bremen vom 2.10. 2006, L B 8 AS 478/05 ER; SG Berlin vom 18.7. 2005, S 37 AS 4801/05). Das **BEEG** lässt die gleichzeitige Inanspruchnahme von Elternzeit durch beide Elternteile zu und gestattet dabei jedem Elternteil eine Erwerbstätigkeit im Umfang von bis zu 30 Stunden wöchentlich. Die Verweisung eines Elternteils auf die Möglichkeit einer Erwerbstätigkeit oder seine Heranziehung

B. Leistungen zur Eingliederung in Arbeit

zur Leistung gemeinnütziger Arbeit ist ausgeschlossen, solange an diesen Elternteil Elterngeld gezahlt wird (OVG Lüneburg vom 21.8. 2003, DVBl 2004, 67).

Gegen den Heranziehungsbescheid sind **Widerspruch** und **Anfechtungsklage** möglich. Der Widerspruch gegen einen Verwaltungsakt auf Heranziehung zu gemeinnütziger Arbeit hat **keine aufschiebende Wirkung**, § 39 Nr. 1 SGB II. Nach § 39 Nr. 1 SGB II entfällt nämlich die aufschiebende Wirkung von Widerspruch und Anfechtungsklage bei einem Verwaltungsakt, der über Leistungen der Grundsicherung für Arbeitssuchende entscheidet. Nach der Gesetzesbegründung umfasst dies auch die Leistungen zur Eingliederung in Arbeit, zu denen die Arbeitsgelegenheiten nach § 16d Satz 2 SGB II gehören. 318

Für Rechtsstreitigkeiten zwischen dem erwerbsfähigen Hilfebedürftigen und einer privaten Einrichtung als Leistungserbringer aus dem Rechtsverhältnis nach § 16d Satz 2 SGB II sind die Sozialgerichte zuständig (BAG vom 8.11. 2006, 5 AZR 36/06). 319

Beispiel für Arbeitslosengeld-II-Bezieher 320

Regelleistung, allein stehende Person	364,00 €
angemessene Miete + Betriebskosten	300,00 €
Heizpauschale Gasheizung	36,00 €
Mehraufwandsentschädigung (1-Euro-Job)	167,00 €
= 867,00 €	

Der erwerbsfähige Hilfebezieher erhält bei der Mehraufwandsvariante sein Arbeitslosengeld II weiter. Dies beinhaltet die Regelleistung zur Sicherung des Lebensunterhalts und die Kosten für Unterkunft und Heizung und außerdem für einen Teil der Berechtigten einen befristeten Zuschlag nach dem Bezug von Arbeitslosengeld. Zum zweiten wird vom Träger eine **Mehraufwandsentschädigung** in Höhe von **1-2 Euro je Stunde** an den Hilfebedürftigen ausgezahlt. Die Mehraufwandsentschädigung soll die durch die Tätigkeit entstehenden Kosten, insbesondere die Fahrtkosten, abdecken. Die **Mehraufwendungen** werden allerdings nur **pauschal** ersetzt. Der Teilnehmer an einer Arbeitsgelegenheit hat keinen Anspruch auf Ersatz der tatsächlich entstandenen Kosten, z.B. durch eine am Einkommensteuerrecht orientierte Kilometerpauschale. Allerdings muss sich die Höhe der Entschädigung grundsätzlich an dem tatsächlichen Mehraufwand für Fahrtkosten, Kleidung oder auswärtige Verpflegung orientieren. Die Mehraufwendungsentschädigung für die „Ein-Euro-Jobs" stellt kein Arbeitsentgelt dar (BSG vom 13.11. 2008, NZA 20089, 662). Durch die Begrenzung der Mehraufwandsentschädigung auf einen relativ niedrigen Betrag kommen in der Praxis grundsätzlich nur regionale Arbeitsgelegenheiten in Betracht. Die Mehraufwandsentschädigung wird während einer Krankheit des Arbeitslosengeld II-Empfängers nicht weitergezahlt. Insge- 321 samt kann dadurch der Arbeitslosengeld II-Bezieher in einer Arbeitsgelegenheit netto über einen Betrag bis ca. 800–900 € verfügen. Sowohl das Arbeitslosengeld II als auch die Mehraufwandsentschädigung kann nicht gepfändet werden.

322 Die Arbeitsgelegenheiten werden auf lokaler Ebene angeboten und unter Berücksichtigung der regionalen Arbeitsmarktlage bewilligt. Für jeden Arbeitslosengeld II-Bezieher wird sorgfältig entschieden und in der Eingliederungsvereinbarung vereinbart werden, ob es auch andere Möglichkeiten der Eingliederung gibt. Unter Berücksichtigung des bisherigen Niveaus der kommunalen Arbeitsgelegenheiten für Sozialhilfebezieher und der beschäftigungsfördernden Maßnahmen der Arbeitsagenturen für Arbeitslosenhilfe-Bezieher ergibt sich nach Auffassung der Bundesregierung ein Potenzial von 600 000 solcher Arbeitsgelegenheiten.

323 Beschäftigte, die aufgrund einer geschaffenen Arbeitsgelegenheit bei einem Dritten in einem befristeten Arbeitsverhältnis beschäftigt werden, sind nach § 5 Abs. 2 Nr. 4 BetrVG nicht von der Wahl des Betriebsrats ausgeschlossen. Sie sind aber im Betrieb des Arbeitgebers nur wahlberechtigt, wenn sie nach der konkreten Ausgestaltung ihrer Tätigkeit dem arbeitstechnischen Zweck des Betriebes dienen und nicht selbst Gegenstand des Betriebszwecks sind (BAG vom 5.4. 2000, DB 2001, 1424 = NZA 2001, 629).

324 Dem Betriebsrat steht ein Mitbestimmungsrecht nach § 99 BetrVG zu, wenn der Arbeitgeber in seinem Betrieb Hilfebedürftige als Ein-Euro-Jobber einstellt (ArbG Reutlingen vom 18.1. 2007, 2 BV 5/06, zur betriebsverfassungsrechtlichen Einordnung der Ein-Euro-Jobber s. Engels, NZA 2007, 8).

325 Nach Auffassung eines Teils der Rechtsprechung unterliegt die Beschäftigung von Hilfebedürftigen nach § 16d SGB II nicht der Mitbestimmung des Personalrats (OVG Rheinland-Pfalz vom 17.5. 2006, 5 A 11752/05; VG Oldenburg vom 22.6. 2005, 9 A 1738/05). Dagegen ist nach Auffassung des BverwG und des Bay. VGH die Beschäftigung von arbeitsfähigen Leistungsberechtigten nach § 16d Satz 2 SGB II nach § 75 Abs. 1 Satz 1 Nr. 1 PersVG Bay. Mitbestimmungspflichtig (BVerwG vom 21.3. 2007, BVerwGE 128, 212; Bay. VGH vom 28.4. 2008 – 17 P 06.161; ebenso Hess. VGH vom 21.3. 2007, PersR 2007, 309). Der Personalrat hat aber mitzubestimmen bei der Entscheidung, ob und in welchen Tätigkeitsfeldern die Dienststelle Beschäftigungsmöglichkeiten nach § 16 Abs. 3 SGB II zur Verfügung stellt (VG Oldenburg vom 22.6. 2005, 9 A 1738/05).

326 e) **Arbeitsgelegenheit kein Arbeitsverhältnis.** Nach § 16d Satz 2 SGB II begründen die Arbeitsgelegenheiten für im öffentlichen Interesse liegende zusätzliche Arbeiten **kein Arbeitsverhältnis** im Sinne des Arbeitsrechts, jedoch sind die Vorschriften über den Arbeitsschutz und das Bundesurlaubsgesetz entsprechend anzuwenden. Ein Arbeitsverhältnis wird auch dann nicht begründet, wenn die Heranziehung zu dem Ein-Euro-Job

B. Leistungen zur Eingliederung in Arbeit

rechtswidrig war (BAG vom 20.2. 2008, NZA 2008, 1152; ArbG Weiden vom 29.9. 2005, 2 Ca 480/05).§ 16 Abs. 3 Satz 2 SGB II ist § 19 Abs. 2 BSHG nachgebildet, der vorsah, dass die Tätigkeit in Arbeitsgelegenheiten kein Arbeitsverhältnis begründete.

Eine Arbeitsgelegenheit nach § 16 Satz 2 SGB II ist vielmehr ein **öffentlich-rechtliches Beschäftigungsverhältnis eigener Art.** Für dieses Beschäftigungsverhältnis wird kein Arbeitsentgelt gewährt. Der Hilfebedürftige erhält vielmehr das Arbeitslosengeld II weiter und ergänzend hierzu eine angemessene Entschädigung für seine Mehraufwendungen. 327

Weigert sich der erwerbsfähige Hilfeempfänger trotz Belehrung über die Rechtsfolgen, eine zumutbare Arbeit nach § 16d Satz 2 SGB II (Arbeitsgelegenheit) anzunehmen, kann das Arbeitslosengeld II in einer **ersten Stufe um 30 % gekürzt** werden (zum Kürzungsverfahren s. Rdnr. 563 ff.). 328

f) Schadensersatz. Für **Schäden** bei der Ausübung ihrer Tätigkeit haften erwerbsfähige Hilfebedürftige nur **wie Arbeitnehmerinnen und Arbeitnehmer**, § 16d Satz 2 letzter HS SGB II. Arbeitnehmer haften für Schäden, wenn durch eine objektive Schlechtleistung ein Schaden beim Arbeitgeber eintritt. Weitere Voraussetzung ist, dass ein rechtswidriges und schuldhaftes Verhalten des Arbeitnehmers vorliegt. Schadensersatzansprüche gegen über Arbeitnehmern unterliegen jedoch gewissen Besonderheiten. 329

aa) Mitverschulden des Arbeitgebers. So kann die **Haftung gemildert** oder **ausgeschlossen** sein bei einem **Mitverschulden des Arbeitgebers.** Dabei ist abzuwägen, inwieweit der Schaden überwiegend von dem einen oder anderen Vertragsteil verursacht worden ist. Bei jeder Schadensersatzforderung muss die Frage des mitwirkenden Verschuldens von Amts wegen überprüft werden (BAG vom 19.2. 1998, NZA 1998, 1051). Bei einer vorsätzlichen Schadenszufügung durch den Arbeitnehmer kommt ein Mitverschulden des Arbeitgebers in der Regel auch dann nicht in Betracht, sofern dieser nur fahrlässig handelt. Im Fall einer strafbaren Handlung des Arbeitnehmers gegen den Arbeitgeber, kann sich der Arbeitnehmer nicht auf ein mitwirkendes Verschulden des Arbeitgebers berufen. Ein mitwirkendes Verschulden des Arbeitgebers kann vorliegen bei Organisationsmängeln, unzureichenden Kontrollmaßnahmen, mangelhaftem Arbeitsgerät, Überlastung des Arbeitnehmers, z.B. durch Verletzung der Arbeitsvorschriften. Ein Mitverschulden des Arbeitgebers kann auch darin bestehen, dass dieser versicherbare Risiken nicht versichert hat (BAG GS vom 27.9. 1994, NZA 1994, 1083). In diesen Fällen haftet der Arbeitnehmer nur in Höhe eines Selbstbehalts. 330

bb) Haftungsbegrenzung bei betrieblicher Tätigkeit. Die Haftung des Arbeitnehmers ist bei der **betrieblichen Tätigkeit** des Arbeitnehmers nach der Rechtsprechung des BAG eingeschränkt. Der Grund der **Haftungseinschränkung** liegt darin, dass der Arbeitgeber das Betriebs- und Organisationsrisiko trägt und aufgrund seines umfassenden Weisungsrechts Ein- 331

Kapitel 3. Leistungen

fluss auf die Arbeitsgestaltung nimmt. Die vom Bundesarbeitsgericht entwickelten Haftungsgrundsätze stellen sich wie folgt dar:

- Schäden, die ein **Arbeitnehmer vorsätzlich verursacht**, hat er alleine zu tragen,
- Schäden, die ein **Arbeitnehmer grob fahrlässig verursacht**, hat er in der Regel ebenfalls alleine zu tragen. In besonderen Fällen kommt jedoch eine Mitverantwortung des Arbeitgebers in Betracht, etwa dann, wenn das Arbeitsentgelt in einem deutlichen Missverhältnis zur Höhe des angerichteten Schadens steht und die Haftung des Arbeitnehmers nicht durch eine Höchstsumme begrenzt ist. Bei besonderes grober Fahrlässigkeit ist allerdings für Haftungserleichterung kein Raum (BAG vom 25.9. 1997, NZA 1998, 310),
- Schäden, die ein Arbeitnehmer mit **mittlere Fahrlässigkeit verursacht**, werden in der Regel zwischen Arbeitgeber und Arbeitnehmer gequotelt.
- Schäden, die ein Arbeitnehmer **mit geringer Fahrlässigkeit verursacht**, hat der Arbeitgeber allein zu tragen.

332 **cc) Haftungshöchstgrenze.** Eine **Höchstgrenze** für die Haftung des Arbeitnehmers ist gesetzlich nicht vorgesehen. Das Bundesarbeitsgericht begrenzt die Höhe der Schadensersatzpflicht des Arbeitnehmers auf das Jahreseinkommen des Arbeitnehmers (BAG vom 23.1. 1997, NZA 1998, 107).

333 **dd) Haftung gegen Betriebsfremden.** Fügt ein Arbeitnehmer im Rahmen seiner Tätigkeit einem Betriebsfremden schuldhaft einen Vermögens- oder Personenschaden zu, so haftet der Arbeitnehmer nach allgemeinen zivilrechtlichen Grundsätzen. Besondere Haftungsbegrenzungen gegenüber Dritten bestehen nicht, da die Grundsätze der Arbeitnehmerhaftung nur im Verhältnis zum Arbeitgeber Anwendung finden. Der Arbeitnehmer hat jedoch gegenüber seinem Arbeitgeber einen Anspruch auf **gänzliche oder anteilige Freistellung** oder auf Erstattung von Zahlung, die er an den Dritten geleistet hat.

334 **ee) Haftung gegenüber im Betrieb tätigen Personen.** Nach § 105 Abs. 1 SGB VII haften Personen, die durch eine betriebliche Tätigkeit einen Versicherungsfall von Versicherten desselben Betriebes verursachen, grundsätzlich nicht. Von diesem Haftungsprivileg ausgenommen ist die vorsätzliche Herbeiführung des Arbeitsunfalls. Der Schädiger unterliegt bei vorsätzlichem und grob fahrlässigem Verhalten dem **Rückgriff des zuständigen Sozialversicherungsträgers** nach § 110 Abs. 1 Satz 1 SGB VII.

VII. Sofortangebot

335 Neu mit dem SGB II-Fortentwicklungsgesetz in das SGB II eingefügt wurde § 15a SGB II mit Wirkung zum 1.8. 2006, der das Sofortangebot regelt. Danach sollen erwerbsfähigen Personen, die innerhalb der letzten zwei Jahre laufende Geldleistungen zur Sicherung des Lebensunterhalts weder nach dem SGB II noch nach dem SGB III bezogen haben, bei der Beantragung von Arbeitslosengeld II unverzüglich Leistungen zur Eingliederung in Arbeit angeboten werden. Mit diesem Sofortangebot soll die Hilfebedürftigkeit bereits in einem Frühstadium vermieden werden bzw. einer länger andauernden Zeit der Hilfebedürftigkeit vorgebeugt werden. § 15a SGB II dürfte im Wesentlichen für Personen in Betracht kommen, die nach einer selbstständigen Tätigkeit arbeitslos werden und die wegen der Wiedererlangung der Erwerbsfähigkeit aus der Sozialhilfe kommen.

Für jugendliche Hilfebedürftige gilt weiterhin § 3 Abs. 2 SGB II als speziellere Regelung, wonach unter 25-jährige unverzüglich nach Antragstellung in eine Arbeit, eine Ausbildung oder eine Arbeitsgelegenheit zu vermitteln sind. Im Gegensatz zu § 3 Abs. 2 Satz 1 SGB II, der nach zum Teil vertretener Auffassung einen subjektiven Rechtsanspruch des Jugendlichen begründet („sind zu vermitteln"), steht das Angebot zur Eingliederung in Arbeit nach dem neuen § 15a SGB II allein im gebundenen Ermessen der Träger der Grundsicherung. In aller Regel hat der Träger ein Sofortangebot zu unterbreiten, nur bei atypischen Umständen kann davon abgesehen werden. **336**

Weigert sich der Antragsteller, ein zumutbares Arbeitsangebot nach § 15a SGB II aufzunehmen oder fortzuführen, so kann das Arbeitslosengeld II einer ersten Stufe um 30 % der nach § 20 maßgeblichen Regelleistung abgesenkt werden. **337**

VIII. Beschäftigungszuschuss

Mit dem 2. SGB II-ÄndG ist § 16a mit Wirkung vom 1.10.2007 in das SGB II eingeführt worden. Damit wurde ein Beschäftigtenzuschuss als neue Arbeitgeberleistung eingeführt, um die sozialversicherungspflichtige Beschäftigung von arbeitsmarktfernen Menschen mit besonderen Vermittlungshemmnissen zu fördern. Der Beschäftigtenzuschuss ist jetzt in § 16e SGB II geregelt. Gefördert wird mit dem Beschäftigtenzuschuss die Einstellung von erwerbsfähigen Hilfebedürftigen, die das 18. Lebensjahr vollendet haben, langzeitarbeitslos sind und bei denen mindestens zwei Vermittlungshemmnisse vorliegen. Weitere Fördervoraussetzung ist, dass eine mindestens sechsmonatige Aktivierung bei diesen Personen nicht zum Eingliederungserfolg geführt hat und eine Erwerbstätigkeit auf dem allgemeinen Arbeitsmarkt in den nächsten 24 Monaten nicht zu erwarten ist. Gefördert werden Arbeitgeber mit einem Lohnkostenzuschuss von bis zu 75 % des berücksichtigungsfähigen Arbeitsentgelts. Die Förderdauer beträgt in der Regel 24 Monate. Der Beschäftigtenzuschuss kann wiederholt gewährt werden. Zudem können pauschalierte Kostenzuschüsse für eine begleitende Qualifizierung gewährt sowie im Einzelfällen Einmalzah- **338**

Kapitel 3. Leistungen

lungen für einen besonderen Aufwand zum Aufbau förderfähiger Beschäftigungsmöglichkeiten erbracht werden.

339 Das zwischen dem Arbeitgeber und dem Arbeitnehmer geförderte Beschäftigungsverhältnis ist ein normales Arbeitsverhältnis, für das die allgemeinen arbeitsrechtlichen Regeln gelten. Bei der Kündigung eines mit dem Beschäftigtenzuschuss geförderten Arbeitsverhältnisses gelten aber bestimmte Besonderheiten. Nach § 16e Abs. 8 SGB II kann das Arbeitsverhältnis ohne Einhaltung einer Frist gekündigt werden.

1. vom Arbeitnehmer, wenn er eine Erwerbstätigkeit auf dem allgemeinen Arbeitsmarkt aufnehmen kann,
2. vom Arbeitgeber, wenn die Förderung nach aufgehoben wird, weil der Arbeitnehmer in eine ungeförderte Arbeit vermittelt werden kann.

IX. Leistungserbringung

340 Zur Erbringung von Leistungen zur Eingliederung in Arbeit sollen die zuständigen Grundsicherungsträger eigene **Einrichtungen und Dienste nicht neu schaffen**, soweit geeignete Einrichtungen und Dienste Dritter vorhanden sind, ausgebaut oder in Kürze geschaffen werden können, § 17 Abs. 1 SGB II. Die Einbeziehung eines privaten Dritten, eines Maßnahmeträgers, wie sie in § 17 Abs. 1 Satz 1 SGB II bei der Erbringung von Leistungen zur Eingliederung in Arbeit die Regel sein soll, führt nicht dazu, dass das Rechtsverhältnis des Leistungsberechtigten und dem Dritten privatrechtlich gestaltet hat (BAG vom 20.1. 2008, NZA 2008, 1152). Nach § 17 Abs. 1 Satz 2 sollen die zuständigen Träger der Grundsicherung für Arbeitssuchende die Träger der freien Wohlfahrtspflege unterstützen. Dies gilt auch für die nach § 6a SGB II optierenden Kommunen (Mrozynski, ZFSH/SGB 2004, 206).

341 Wird die Leistung von einem Dritten erbracht und sind im SGB III keine Anforderungen gestellt, denen die Leistung entsprechen muss, ist der Grundsicherungsträger zur Vergütung für die Leistung nur dann verpflichtet, wenn mit dem Dritten oder seinem Verband eine Vereinbarung insbesondere über

1. Inhalt, Umfang und Qualität der Leistungen,
2. die Vergütung, die sich aus Pauschalen und Beiträgen für einzelne Leistungsbereiche zusammensetzen kann, und
3. die Prüfung der Wirtschaftlichkeit und Qualität der Leistung besteht.

Eine Vereinbarung ist nur dann notwendig, wenn der beauftragte Dritte nicht Aufgaben nach dem SGB III erfüllt.

B. Leistungen zur Eingliederung in Arbeit

Muster einer Leistungsvereinbarung gemäß § 17 Abs. 2 SGB II   342

Zwischen dem zuständigen Leistungsträger und dem Träger „..." (im Folgenden: Träger) wird folgende Vereinbarung geschlossen:

§ 1 Vertragsgegenstand

Gegenstand dieses Vertrages ist eine Leistungsvereinbarung nach § 17 Abs. 2 SGB II über die Erbringung folgender Leistungen
...
...
durch den Träger in ... .

§ 2 Art und Umfang der Leistung

Der Träger betreibt in ... (Ortsbezeichnung) eine Einrichtung zur ... (Beschreibung der Tätigkeit der Einrichtung). Er betreibt die Einrichtung in eigener Verantwortung. Er ist selbstständig in seiner weltanschaulichen Ausrichtung und seiner fachlichen Leistungserbringung (Methode) sowie der Gestaltung seiner Organisationsstruktur. Der Träger erbringt seine Leistungen auf der Basis der Konzeption vom ..., die als Anlage Bestandteil dieser Vereinbarung wird. Die Konzeption enthält nähere Angaben über Art, Umfang und Ausgestaltung der Leistung; Änderungen der Konzeption bedürfen der Zustimmung des Leistungsträgers, soweit sie sich auf Bestandteile dieser Vereinbarung auswirken.

§ 3 Personelle Ausstattung und Qualifikation

Die Einrichtung muss sachlich, personell und fachlich so ausgestattet sein – alternativ: Die Leistungen müssen sachlich, personell und fachlich so erbracht werden, dass die Verwirklichung der Zielsetzung der Einrichtung und eine den Bedürfnissen der Hilfebedürftigen entsprechende ... (Darlegung der Art der Leistungserbringung) gewährleistet ist. Die Leistungen werden im Wesentlichen durch ... (Bezeichnung der Fachkräfte bzw. des Personals) erbracht. Folgende personelle Besetzung der Einrichtung – alternativ: Folgende personelle Besetzung zur Erbringung der Leistungen – ist erforderlich und der Kalkulation von Vergütungen zu Grunde zu legen ... (Anzahl, Bezeichnung und ggf. Vergütung der Stellen).

§ 4 Qualitätssicherung

Der Träger ist dafür verantwortlich, dass interne Maßnahmen zur Sicherung der Struktur-, Prozess- und Ergebnisqualität festgelegt und durchgeführt werden. Er kann sich an Maßnahmen der externen Qualitätssicherung beteiligen. Für die Qualitätssicherung werden geeignete Maßnahmen ausgewählt. Diese können u.a. sein:

– systematische Dokumentation der Einzelfallbearbeitung
– die Beteiligung an einrichtungsübergreifenden Qualitätszirkeln

Kapitel 3. Leistungen

— die Einsetzung eines Qualitätsbeauftragten
— die Entwicklung und Weiterentwicklung von Verfahrensstandards für die Leistungserbringung. Die Durchführung der Qualitätssicherung wird vom Träger dokumentiert.

§ 5 Grundsätze zur Zusammenarbeit

Der Träger verpflichtet sich, die Leistungen gemäß den Grundsätzen der Wirtschaftlichkeit, Sparsamkeit und Leistungsfähigkeit zu erbringen. Der Träger verpflichtet sich, mit dem Leistungsträger zusammen zu arbeiten und diesen über alle wesentlichen Vorgänge zu informieren. Die datenschutzrechtlichen Bestimmungen, u. a. die §§ 35 SGB I und 67 ff. SGB X sind einzuhalten. Der Träger unterrichtet die von ihm eingesetzten Fachkräfte über ihre Schweigepflicht und über die Voraussetzungen, unter denen ausnahmsweise eine Offenbarung personenbezogener Daten zulässig ist.

§ 6 Vergütung

Für die Inanspruchnahme der Leistungen berechnet der Träger einen Stundensatz/einen Tagessatz/eine Fallpauschale in Höhe von € ... . Mit dieser Vergütung sind Investitionsaufwand, Sachkosten und Personalkosten abgegolten. Förderungen aus öffentlichen Mitteln, die demselben Zweck dienen, sind auf die Vergütung anzurechnen. Eine Abrechnung der Leistungen gegenüber dem Leistungsträger erfolgt nur, soweit dieser vorab eine Kostenübernahme erklärt hat. Jeweils am Monatsende stellt der Träger seine Leistungen personenbezogen/gruppenbezogen in Rechnung. Der Leistungsträger ist zur Zahlung binnen zehn Tagen nach Rechnungseingang verpflichtet.

§ 7 Prüfung der Qualität

Gegenstand der Prüfung der Qualität ist die Überprüfung der Erbringung der vertraglich vereinbarten Leistungen zwischen dem zuständigen Leistungsträger und dem Träger der Einrichtung. Sofern begründete Anhaltspunkte dafür vorliegen, dass der Einrichtungsträger seine Leistungen nicht in der vereinbarten Qualität erbringt, ist der zuständige Leistungsträger berechtigt, die Qualität durch unabhängige Sachverständige überprüfen zu lassen. Vor der Prüfung ist der Einrichtungsträger zu den Vorwürfen zu hören. Der Sachverständige hat nach Rücksprache mit dem Einrichtungsträger Zugangsrecht zu der Einrichtung. Er hat kein Recht, an Beratungsgesprächen teilzunehmen.

§ 8 Prüfung der Wirtschaftlichkeit

Gegenstand der Prüfung ist die Wirtschaftlichkeit im Hinblick auf das Verhältnis der Vergütungsbestandteile zu den vereinbarten Leistungen. Der zuständige Leistungsträger ist berechtigt, die Wirtschaftlichkeit von vereinbarten Leistungen durch unabhängige Sachverständige prüfen zu lassen, wenn Anhaltspunkte vorliegen, dass die Einrichtung die Anforderungen zur Erbrin-

C. Übergang von Ansprüchen, Ersatzansprüche und Erbenhaftung

gung einer angemessenen und wirtschaftlichen Leistung nicht oder nicht mehr erfüllt. Solche Anhaltspunkte können insbesondere die Feststellung von Mängeln im Rahmen der Qualitätssicherung nach § 4 sein. Das Verfahren richtet sich nach dem Verfahren bei Prüfung der Qualität.

§ 9 Salvatorische Klausel

Sollten einzelne Klauseln dieser Vereinbarung unwirksam sein, berührt dies nicht die Wirksamkeit der übrigen Vereinbarung. Die Beteiligten verpflichten sich für diesen Fall, die unwirksamen Bestimmungen durch solche zu ersetzen, die dem Gewollten unter Beachtung der Zielsetzung des SGB II nahe kommen. Alle Änderungen dieser Vereinbarung bedürfen zu ihrer Gültigkeit der Schriftform.

§ 10 In-Kraft-Treten

Diese Vereinbarung tritt zum ... in Kraft. Jeder Beteiligte kann diese Vereinbarung mit einer Frist von ... kündigen. Die Kündigung bedarf der Schriftform.

... ...
Unterschrift des Unterschrift des
Leistungsträgers Einrichtungsträgers

C. Übergang von Ansprüchen, Ersatzansprüche und Erbenhaftung

343 Leistungen nach dem SGB II setzen Hilfebedürftigkeit des Leistungssuchenden voraus (§ 9 SGB II). Daher gilt das im Sozialhilferecht (§ 2 SGB XII) gesetzlich niedergelegte **Nachrangprinzip** auch für die Grundsicherung für Arbeitsuchende (vgl. § 5 SGB II). Ansprüche des Leistungsempfängers gegen andere, vorrangig verpflichtete Dritte können somit auf den zuständigen Träger übergehen. Zudem kann derjenige, der die unrechtmäßige Gewährung von Leistungen oder deren Voraussetzungen durch vorsätzliches oder grob fahrlässiges Verhalten herbeigeführt hat, nicht erwarten, dass ihm oder seinen Angehörigen die Hilfe aus Mitteln der Allgemeinheit ohne Rückzahlungsverpflichtung gezahlt wird. Außerdem besteht nach dem Tode des Leistungsempfängers kein schutzwürdiger Grund für eine Freistellung der Erben. Deshalb sieht bereits das Sozialhilferecht in den §§ 93, 94 SGB XII die Überleitung von Ansprüchen Dritter und einen Kostenersatz (§§ 102 ff. SGB XII) vor. An diese Regelungen lehnen sich die §§ 33 bis 35 SGB II weitgehend an.

Kapitel 3. Leistungen

I. Übergang von Ansprüchen

344 Haben Empfänger von Arbeitslosengeld II oder von Sozialgeld Ansprüche gegen einen anderen, der kein Leistungsträger i. S. v. § 12 SGB I ist, geht der Anspruch bis zur Höhe der geleisteten Aufwendungen auf den Leistungsträger nach dem SGB II über (cessio legis). Der Leistungsträger wird neuer Gläubiger des Anspruchs und kann Erfüllung an sich verlangen. Mit dem **gesetzlichen Forderungsübergang** soll der Zustand herbeigeführt werden, der bestünde, wenn der vorrangig verpflichtete Dritte rechtzeitig geleistet hätte und deshalb Arbeitslosengeld II oder Sozialgeld nicht oder nur teilweise gewährt worden wäre. Mit anderen Worten: Der Übergang greift ein, wenn der Träger dem Leistungsempfänger ALG II oder Sozialgeld gewährt, weil ein Dritter eine dem Leistungsempfänger geschuldete Leistung nicht oder nicht rechtzeitig erfüllt. § 33 SGB II dient damit der Verwirklichung des gesetzlich normierten Nachrangprinzips der Leistungen nach dem SGB II. Ursprünglich verlangte § 33 Abs. 2 SGB II noch eine Überleitung mittels Verwaltungsakt. Entsprechend der Entwicklung im Sozialhilferecht wurde ab 1.8. 2006 der gesetzliche Übergang ohne behördlichen Akt eingeführt. Der Übergang wird nicht dadurch ausgeschlossen, dass der Anspruch nicht übertragen, verpfändet oder gepfändet werden kann. Zusammen mit Unterhaltsansprüchen nach dem BGB geht auch der unterhaltsrechtliche Auskunftsanspruch (§§ 1580, 1605 BGB) auf den Träger über (§ 33 Abs. 1 SGB II).

345 Grundsätzlich kann jeder **privat- oder öffentlich-rechtliche Anspruch** übergehen. Allerdings sind Ansprüche gegen den Arbeitgeber auf Arbeitsentgelte und Schadensersatzansprüche ausschließlich nach den §§ 115, 116 SGB X geltend zu machen (§ 33 Abs. 5 SGB II).

> **Beispiele:**
> Rückforderungsanspruch nach § 528 BGB (Thüringer LSG v. 30.7. 2009 – L 9 AS 1159/08 ER), Insolvenzgeldanspruch, Steuererstattungsanspruch, Pflichtteilsanspruch gegen Erben.

Der Anspruch geht mit der tatsächlichen Leistungserbringung, d. h. i. d. R. mit der Überweisung über. Die Bewilligung allein reicht nicht aus (BA FH 33.7). Der Übergang erfolgt nur in **Höhe** der durch den Träger erbrachten Aufwendungen (Hinweis: 56% des KdUH, § 40 SGB II analog, h. M.). Sofern die Forderung aus dem Anspruch höher ist, verbleibt der übersteigende Teil beim Leistungsberechtigten. Um zu verhindern, dass der Schuldner mit befreiender Wirkung an den Leistungsberechtigten zahlt, muss der Leistungsträger dem Dritten und möglichst auch dem Leistungsberechtigten den gesetzlichen Forderungsübergang mitteilen (vgl. §§ 412, 409 BGB). Zwischen dem Anspruchsinhaber und dem ALG II/Sozialgeld-Empfänger muss **Personenidentität** bestehen. Anders als in der

C. Übergang von Ansprüchen, Ersatzansprüche und Erbenhaftung

Sozialhilfe (§ 93 Abs. 1 S 2 SGB XII) werden Aufwendungen an Mitglieder der Bedarfsgemeinschaft nicht von einem Übergang nach § 33 SGB II umfasst. Hier wäre eine Gesetzesänderung angebracht, um einen Gleichklang mit der Sozialhilfe zu erreichen (für sondergesetzliche Vorschriften in § 34b SGB II schon umgesetzt; vgl. Rn. 332). In diesem Zusammenhang regelt § 33 Abs. 1 Satz 2 SGB II seit 1.1. 2009 einen Sonderfall: Wenn das Kind aufgrund von Kindergeld anrechenbares Einkommen hat und bei rechtzeitiger Leistung eines Dritten keine oder geringere Leistungen an Mitglieder der Haushaltsgemeinschaft gezahlt worden wären, geht der Anspruch des Kindes gegen den Dritten trotzdem über. Dies gilt aber nur für SGB II-Leistungen, die nach der Neuregelung erbracht worden sind (BGH v. 1.12. 2010 – XII ZR 19/09).

Der **Übergang von Unterhaltsansprüchen** nach BGB ist nach § 33 Abs. 2 SGB II ausgeschlossen, wenn die unterhaltsberechtigte Person

– mit dem Verpflichteten in einer Bedarfsgemeinschaft lebt,
– mit dem Verpflichteten verwandt ist und den Unterhaltsanspruch nicht geltend macht (Ausnahme: Unterhaltsansprüche von minderjährigen Leistungsberechtigten und denjenigen, die das 25. Lebensjahr noch nicht vollendet und die Erstausbildung noch nicht abgeschlossen haben gegen ihre Eltern),
– in einem Kindschaftsverhältnis zum Verpflichteten steht und schwanger ist oder ihr leibliches Kind bis zur Vollendung des 6. Lebensjahres betreut.

Der Übergang betrifft also vorwiegend getrennt lebende und geschiedene Ehegatten bzw. Lebenspartner sowie Kinder bis 25 Jahre. Eine Härteregelung ist – anders als im SGB XII – nicht vorgesehen.

Laufende Unterhaltszahlungen haben Vorrang vor dem Anspruchsübergang. Zahlt der Unterhaltsverpflichtete laufend Unterhalt, geht der Unterhalt in dieser Höhe nicht auf die Leistungsträger über, sondern wird als Einkommen angerechnet (§ 33 Abs. 2 S. 2 SGB II). Dem Unterhaltsverpflichteten muss **mindestens ein Einkommen verbleiben**, das zur Deckung des Bedarfs nach dem SGB II für sich und die mit ihm in Bedarfsgemeinschaft lebenden Angehörigen ausreicht (§ 33 Abs. 2 S. 3 SGB II).

346

§ 33 Abs. 3 Satz 1 SGB II ergänzt die Vorschriften des BGB und schafft neben ihnen eine weitere Möglichkeit, **Ansprüche für die Vergangenheit** geltend zu machen. Die Leistungsträger haben in diesem Fall dem Schuldner die Erbringung der Leistung schriftlich mitzuteilen (sog. Rechtswahrungsanzeige). Die Anzeige ist kein Verwaltungsakt, sondern hat die Wirkung einer Mahnung. Sie kann mit der Mitteilung über den Anspruchsübergang verbunden werden. Muss Arbeitslosengeld II oder Sozialgeld „voraussichtlich auf längere Zeit erbracht werden", können Leistungsträger nach dem SGB II auch **auf künftige Leistungen klagen** (§ 33 Abs. 3 Satz 2 SGB II). Ein längerer Zeitraum wird in Anlehnung an § 41 Abs. 1 Satz 4 SGB II angenommen, wenn ein Leistungsbezug von mindestens sechs Monaten abzusehen ist.

347

348

Kapitel 3. Leistungen

349 Die Leistungsträger nach dem SGB II können den auf sie übergegangenen Anspruch im Einvernehmen mit dem Leistungsempfänger auf diesen zur gerichtlichen Geltendmachung **rückübertragen und sich den geltend gemachten Anspruch abtreten lassen** (§ 33 Abs. 4 SGB II). Das ist regelmäßig dann sinnvoll, wenn der Unterhaltsanspruch höher ist als der Leistungsanspruch nach dem SGB II. Da der Unterhaltsanspruch nur in Höhe der gewährten Leistung übergeht, wird auf diese Weise eine doppelte Prozessführung vermieden. Im übrigen steht dem Leistungsempfänger ein Anspruch auf Prozesskostenvorschuss gegen den Träger zu (vgl. BFH v. 2.4.2008 – XII ZB 266/03).

II. Ersatzansprüche und Erbenhaftung

350 Diese Ansprüche des Trägers der Grundsicherung für Arbeitsuchende lehnen sich an das bisherige Sozialhilferecht an.
Der **Ersatzanspruch nach § 34 SGB II** richtet sich gegen Leistungsberechtigte, die nach Vollendung des 18. Lebensjahres vorsätzlich oder grob fahrlässig die Voraussetzungen für die Gewährung von Leistungen nach dem SGB II an sich oder an Personen, mit denen sie in einer Bedarfsgemeinschaft leben, ohne wichtigen Grund herbeigeführt haben.

> **Beispiel:**
> Abtretung von Steuererstattungsansprüchen an Dritte (LSG Niedersachsen-Bremen v. 3.2.2010 – L 15 AS 1081/09 B).

Ein Rückgriff unterbleibt, soweit er eine Härte bedeuten würde. Dies dürfte jedenfalls dann der Fall sein, wenn der Verpflichtete in Zukunft abhängig von Leistungen zur Sicherung des Lebensunterhalts nach SGB II oder XII werden würde, wie in der a.F. formuliert war. Der Ersatzanspruch erlischt grundsätzlich drei Jahre nach Ablauf des Kalenderjahres der Leistungserbringung.

351 § 34 SGB II greift nur bei rechtmäßig erbrachten Leistungen, wird ALG II/Sozialgeld zu Unrecht erbracht, erfolgt die Rücknahme des Bescheides nach § 40 SGB II i.V.m. §§ 44 ff. SGB X. **§ 34a SGB II** erweitert den Kreis der Ersatzpflichtigen in diesen Fällen auf Dritte: Zum Ersatz ist auch verpflichtet, wer die unrechtmäßigen Leistungen durch vorsätzliches oder fahrlässiges Verhalten an Dritte herbeigeführt hat. Ohne diese Vorschrift, die § 104 SGB XII nachgebildet ist, könnte nur der Leistungsberechtigte selbst in Anspruch genommen werden. Dadurch haften jetzt z.B. die gesetzlichen Vertreter minderjähriger Kinder. Der Ersatzanspruch umfasst auch die Beiträge zur Kranken-, Pflege- und Rentenversicherung. Für den Kostenersatzanspruch nach § 34a SGB II gilt eine Verjährungsfrist von 4 Jahren (wie in § 50 SGB X).

C. Übergang von Ansprüchen, Ersatzansprüche und Erbenhaftung

Die Ersatzpflicht nach §§ 34, 34a SGB II trifft auch die Erben, sie ist allerdings auf den Wert des Nachlasses im Zeitpunkt des Erbfalles begrenzt. Der Ersatzanspruch gegen den Erben nach § 34 SGB II erlischt grundsätzlich drei Jahre nach Ablauf des Kalenderjahres der Leistungserbringung, nach § 34a SGB II drei Jahre nach dem Tod des Leistungsempfängers. **352**

§ **34b SGB II** regelt Ersatzansprüche des Leistungsträgers der Grundsicherung für Arbeitsuchende aus anderen gesetzlichen Vorschriften, die dem § 33 SGB II vorgehen. Diese sind – anders als in § 33 SGB II – auch für Aufwendungen an den nicht getrennt lebenden Ehegatten oder Lebenspartner des Leistungsberechtigten sowie an dessen unverheiratete Kinder, die das 25. Lebensjahr noch nicht vollendet haben (ähnlich § 114 SGB XII) möglich. Unter § 34b SGB II fallen regelmäßig Aufwendungen für Angehörige der Bedarfsgemeinschaft eines Leistungsberechtigten, der einen Rentenanspruch hat. In diesen Fällen hat der Leistungsträger nach dem SGB II gegen den Rentenversicherungsträger einen Erstattungsanspruch gem. § 104 SGB X, soweit es sich um das Arbeitslosengeld II für den Leistungsberechtigten selbst handelt. Mit anderen Worten: Der Leistungsberechtigte der nachrangigen muss auch Berechtigter der vorrangigen Sozialleistung sein. § 34b SGB II durchbricht den Grundsatz der Personenidentität zwischen Leistungsempfänger und Anspruchsinhaber (vgl. Rn. 326) und lässt den Erstattungsanspruch auch für Aufwendungen an bestimmte Mitglieder der Bedarfsgemeinschaft zu (weitere Beispiele: Übergang der Ansprüche gegen Arbeitgeber, § 115 SGB X; gegen Schadenersatzpflichtige, § 116 SGB X). **353**

Die **Erbenhaftung** (§ 35 SGB II) betrifft den Erben des Empfängers von Leistungen nach dem SGB II. Der Erbe haftet für die in den letzten zehn Jahren vor dem Erbfall erbrachten Leistungen, wenn diese eine Bagatellgrenze von 1700 Euro übersteigen. Der Anspruch umfasst auch die Beiträge zur Kranken-, Renten- und Pflegeversicherung. Die Ersatzpflicht beschränkt sich auf den Wert des Nachlasses im Zeitpunkt des Erbfalles. Der Ersatzanspruch ist nicht geltend zu machen, soweit der Wert des Nachlasses unter 15 500 Euro liegt, wenn der Erbe der Partner des Leistungsempfängers war oder mit diesem verwandt war und nicht nur vorübergehend bis zum Tode des Leistungsempfängers mit diesem in häuslicher Gemeinschaft gelebt und ihn gepflegt hat. Ein vorübergehender Krankenhausaufenthalt schadet aber nicht. Der Ersatzanspruch ist auch dann nicht geltend zu machen, soweit die Inanspruchnahme des Erben nach der Besonderheit des Einzelfalles eine besondere Härte bedeuten würde. **354**

Beispiel:
Personen, die den Erblasser nicht nur vorübergehend gepflegt haben, aber nicht zum privilegierten Personenkreis gehören.

355 Die Verpflichtung des Erben nach § 35 SGB II besteht nur, wenn die Leistungen der Grundsicherung rechtmäßig erbracht worden sind. Bei rechtswidriger Leistungsgewährung ist der VA regelmäßig aufzuheben und die Leistungen sind zurückzufordern (§ 40 SGB II i.V.m. §§ 44 ff. SGB X). Der Anspruch erlischt grundsätzlich drei Jahre nach dem Tode des Leistungsempfängers.

Kapitel 4
Einkommens- und Vermögensanrechnung

A. Anrechnung von Einkommen

I. Allgemeines

Die Leistungen zur Sicherung des Lebensunterhalts werden nur erbracht, wenn der Leistungssuchende hilfebedürftig ist. Hilfebedürftig ist, „wer seinen Lebensunterhalt nicht oder nicht ausreichend aus dem zu berücksichtigenden Einkommen oder Vermögen sichern kann …" (§ 9 Abs. 1 SGB II). Die oben genannten Leistungen, die den Bedarf kennzeichnen, sagen noch nichts über die Höhe des Anspruchs im konkreten Fall aus. Vielmehr bestimmt sich die Höhe der zu gewährenden Leistung aus einer Gegenüberstellung von **Bedarf** und Bedürftigkeit (**anrechenbares Einkommen und Vermögen**) des potentiellen Leistungsempfängers im Bedarfszeitraum (§ 19 Abs. 3 SGB II). Bedarfszeitraum ist der jeweilige Kalendermonat (§ 11 Abs. 2 S. 1 SGB II). Dabei werden grundsätzlich Einkommen und Vermögen aller Mitglieder der Bedarfsgemeinschaft auf die Leistungen des SGB II angerechnet (vgl. § 9 Abs. 2 SGB II). Das Gesetz legt zwar die Reihenfolge der Anrechnung fest: Zunächst auf die Leistungen nach §§ 20, 21, 23 SGB II (Regelbedarf, Mehrbedarf, Sozialgeld), dann auf die Unterkunftsleistungen nach § 22 SGB II und zuletzt auf die Leistungen nach § 28 SGB II (Bildung und Teilhabe). Diese stufenweise Anrechnung wirkt sich jedoch grundsätzlich nicht auf den Leistungsempfänger aus (s. aber Rn. 336).

356

Die Berechnung des Arbeitslosengeldes II erfolgt somit nach dem Grundsatz: Höhe des Bedarfs minus einzusetzendes Einkommen und Vermögen.

357

Beispiel:	
	2011
Regelbedarf Alleinstehender	364 €
Miete und Nebenkosten	300 €
Heizkosten	36 €
Bedarf gesamt	700 €
abzüglich Einkommen	500 €
Ergänzendes ALG II	200 €

Kapitel 4. Einkommens- und Vermögensanrechnung

358 Da sich die Hilfebedürftigkeit auf den **Bedarf der gesamten Bedarfsgemeinschaft** (s. Rn. 51) bezieht, ist für die Berechnung der Höhe des jeweiligen Anspruchs Bedürftigkeit und Bedarf der gesamten Bedarfsgemeinschaft zu betrachten. (Hinweis: Die Haushaltsgemeinschaft ist nicht entscheidend. Die Anrechnung von Einkommen und Vermögen erfolgt hier nur unter den engeren Voraussetzungen des § 9 Abs. 5 SGB II, vgl. Rn. 49 ff.) Mit anderen Worten: Das den eigenen Bedarf übersteigende Einkommen und Vermögen eines Mitglieds der Bedarfsgemeinschaft wird voll auf den Bedarf der anderen Mitglieder der Bedarfsgemeinschaft angerechnet. Konkret werden berücksichtigt (§ 9 Abs. 2 SGB II):

- Einkommen und Vermögen des Partners.
- Bei unverheirateten Kindern bis zur Vollendung des 25. Lebensjahrs, die mit ihren Eltern oder einem Elternteil in einer Bedarfsgemeinschaft leben und ihren Lebensunterhalt nicht aus ihrem eigenen Einkommen oder Vermögen bestreiten können, auch das Einkommen und Vermögen der Eltern oder des Elternteils sowie von dessen in der Bedarfsgemeinschaft lebenden Partner (Ausnahme: § 9 Abs. 3 SGB II, s. Rn. 52 f.).
- Grundsätzlich nicht angerechnet wird dagegen das Einkommen der unverheirateten Kinder unter 25 Jahren auf den Bedarf der Eltern (das folgt aus § 9 Abs. 2 SGB II, diese Kinder fallen nicht in die Bedarfsgemeinschaft, wenn sie ihren Bedarf aus eigenen Mitteln decken können). Etwas anderes gilt für das Kindergeld, das nachrangig auch bei den Eltern angerechnet wird (vgl. Rn. 326).

359 Wird in der Bedarfsgemeinschaft nicht der gesamte Bedarf gedeckt, gilt **jede Person anteilig**, d.h. im Verhältnis ihres Bedarfs zum Gesamtbedarf, als hilfebedürftig (§ 9 Abs. 2 S. 3 SGB II). Das gilt allerdings nicht für die Bedarfe nach § 28 SGB II (Bildung und Teilhabe). Bleiben nur diese Bedarfe ungedeckt, greift die Sonderregel des § 9 Abs. 2 S. 4 i.V.m. § 7 Abs. 2 S. 3 SGB II ein (s. Rn. 91): Das übersteigende Einkommen wird bei mehreren nach § 28 SGB II leistungsberechtigten Personen kopfteilig berücksichtigt.

360 Die Einkommens- und Vermögensanrechnung ist in den §§ 11–12 SGB II geregelt. Das Bundesministerium für Arbeit und Soziales hat gemäß der Ermächtigung des § 13 SGB II zudem eine **Arbeitslosengeld II/Sozialgeld-Verordnung** erlassen („Verordnung zur Berechnung von Einkommen sowie zur Nichtberücksichtigung von Einkommen und Vermögen beim Arbeitslosengeld II/Sozialgeld" – ALG II–V, zuletzt geändert am 28.4.2011 (BGBl. I, S. 687/693), die an die jeweiligen Neuregelungen des SGB II angepasst wird. Darin werden die gesetzlichen Regelungen konkretisiert und ergänzt.

II. Abgrenzung von Einkommen und Vermögen

Da für die Heranziehung von Einkommen und Vermögen unterschiedliche Regelungen bestehen, ist die Frage, was zum Einkommen und was zum Vermögen gerechnet wird, von erheblicher Bedeutung. Das SGB II enthält dazu keine Aussage. Nach der Gesetzesbegründung (zu §§ 11, 12 SGB II, BT-Drucks. 15/1516), kann grundsätzlich auf die bisherigen Kriterien der **Rechtsprechung zur Sozialhilfe** zurückgegriffen werden. 361

Demnach ist die Zurechnung zum Einkommen bzw. Vermögen grundsätzlich abhängig vom Zufluss der Mittel (**Zuflusstheorie**). Einkünfte sind alle im Bedarfszeitraum (= Kalendermonat) zufließenden Mittel (= bereite Mittel), alle zu Beginn des Bedarfszeitraums bereits vorhandenen bzw. nach Ende des Bedarfszeitraums nicht verbrauchten Mittel sind Vermögen (Fichtner/Wenzel, SGB XII, § 82 Rn. 13). Dementsprechend werden auch Nachzahlungen (z.B. von Arbeitsentgelt BSG v. 30.7. 2008 -B 14 7b AS 12/07R), Abfindungen (BSG v. 18.2. 2010 -B 14 AS 86/08 R), Schadensersatzzahlungen oder Erbschaften sowie Lottogewinne oder Steuererstattungen (BSG v. 13.5. 2009 – B 4 AS 49/08 R) als Einkommen angesehen (vgl. BVerwG v. 18. 02. 99 – 5 C 35/97). Ein dinglich gesicherter Forderungsanspruch aus einem Grundstücküberlassungsvertrag, der erst zukünftig fällig wird, ist allerdings Vermögen (BSG v. 30.8. 2010 – B 4 AS 70/09 R). 362

Während also in der Sozialhilfe einmalige Einnahmen nach der Grundregel im Zuflussmonat als Einkommen und anschließend als Vermögen zu qualifizieren sind, gibt es beim ALG II/Sozialgeld eine Sonderregelung (§ 11 Abs. 3 SGB II): **Einmalige Einnahmen** und solche in größeren als monatlichen Zeitabständen (§ 11 Abs. 2 S. 3 SGB II) sind zwar im Zuflussmonat Einkommen. Wenn dadurch aber der Leistungsanspruch entfiele, ist die Einnahme gleichmäßig auf 6 Monate zu verteilen und monatlich mit einem entsprechenden Teilbetrag zu berücksichtigen. Dies gilt nach dem klaren Wortlaut auch wenn der Leistungsbezug voraussichtlich innerhalb einer kürzeren Frist endet. Bisher erfolgte die Aufteilung auf einen „angemessenen Zeitraum". 363

So ist eine Erbschaft in Form eines Barvermögens, die während des Leistungsbezugs zufließt, Einkommen. In den Folgemonaten nach dem Zufluss wird die Erbschaft nicht zu einem nach § 12 Abs. 2 Nr. 1 SGB II geschützten Vermögen, sondern ist als Einkommen nach § 11 Abs. 3 SGB II aufzuteilen (BSG v. 28.10. 2009 – B 14 AS 62/08 R zu SGB II a.F.). Die Auffassung des BSG (v. 30.9. 2008 -4 AS 29/07 R), dass der verbleibende Teil Vermögen wird, wenn die bisher bestehende Hilfebedürftigkeit im Verteilzeitraum durch weiteres Einkommen für mindestens einen Monat unterbrochen wird, dürfte aufgrund des klaren Wortlauts der Neufassung überholt sein (vgl. BA FH 11.14). Bei geringen einmaligen Einnahmen besteht kein Anspruch auf Verteilung der Einnahme auf zukünftige Zeiträume, wenn die Bedürftigkeit im Zuflussmonat nicht in vollem Umfang entfällt (so BSG v. 30.9. 2008 -B 4 AS57/ 364

Kapitel 4. Einkommens- und Vermögensanrechnung

07R zu SGB II a.F.). Beispiel Rn. 404. Bei der Verteilung sind auf die einmalige Einnahme entfallende Beträge für Steuern, Sozialversicherungspflichtbeiträge, notwendige Ausgaben und der Erwerbstätigenfreibetrag vorweg abzusetzen (§ 11b Abs. 1 S. 2 SGB II). Die einmalige Einnahme ist abweichend vom Zufluss erst ab dem Folgemonat zu berücksichtigen, wenn Leistungen für den Zuflussmonat bereits im Voraus erbracht worden sind (§ 11 Abs. 3 S. 2 SGB II, häufiger Praxisfall). Auf laufende (bis 1 Monat) Einnahmen findet die Sonderregelung keine Anwendung, z.B. für Krankengeld, das später gezahlt wird (BSG 16.12. 2008 -B 4 AS 70/07R) oder das letzte Arbeitsentgelt, welches nach der Antragstellung zufließt (s. Rn. 401 f.). Diese sind im Zuflussmonat Einkommen und in den Folgemonaten Vermögen, sofern sie nicht verbraucht sind.

365 Die **Berechnung des anzurechnenden Einkommens** erfolgt in mehreren Schritten:

- Die Berechnung geht aus vom gesamten Bruttoeinkommen (vgl. § 2 Abs. 1 ALG II–V).
  1. Daraus wird das „berücksichtigungsfähige Einkommen" ermittelt, indem bestimmte privilegierte Einkommen, die von der Anrechnung ausgenommen sind, unberücksichtigt bleiben (§ 11a SGB II).
  2. Von dem so ermittelten maßgeblichen Bruttoeinkommen werden bestimmte Absetzbeträge (Steuern, Versicherung etc.) abgezogen (§ 11b SGB II).
  3. Soweit das Einkommen aus einer Erwerbstätigkeit herrührt, wird zusätzlich ein Einkommensfreibetrag abgezogen (§ 11b Abs. 3 SGB II).

III. Bruttoeinkommen

366 Einkommen ist grundsätzlich **jede Einnahme in Geld oder Geldeswert**. Dabei ist es unerheblich, welcher Art (z.B. Geld- oder Sachleistung), Herkunft oder Rechtsnatur (Anspruch oder freiwillige Leistung) die Einnahmen sind. Der Begriff des Einkommens ist weiter als im Steuerrecht. Deshalb kommt es nicht darauf an, ob die Einnahmen der Steuerpflicht unterliegen und ob sie wiederholt oder einmalig (Sonderregel in § 11 Abs. 3 SGB II) anfallen. Die Neuregelung ab 1.4. 2011 stellt klar, dass darlehnsweise gewährte Sozialleistungen für den Lebensunterhalt zu den Einnahmen in diesem Sinne zählen (§ 11 Abs. 1 S. 2 SGB II), nach dem Gesetzesentwurf was dies grundsätzlich für alle Darlehn vorgesehen (BT-Drucks. 17/3404).

367 **Sachleistungen** sind Einkommen, sofern die entsprechende Sachleistung in Geld eintauschbar ist, z.B. die unentgeltliche Überlassung eines Kfz (streitig). Daran fehlt es bei der Verpflegung, die dem Leistungsberechtigten im Krankenhaus oder der JVA zur Verfügung gestellt wird (§ 1 Abs. 1 Nr. 11 ALG II–V, BA FH 11.81; a.A. noch LSG Niedersachsen-Bremen v. 29.1. 2007 – L 13 AS 14/06 ER).

A. Anrechnung von Einkommen

Bereitgestellte **Vollverpflegung des Arbeitgebers** ist pauschal in Höhe von täglich 1% des nach § 20 SGB II maßgebenden monatlichen Regelbedarfs als Einkommen zu berücksichtigen. Wird Teilverpflegung bereitgestellt, entfallen auf das Frühstück ein Anteil von 20% und auf das Mittag- und Abendessen Anteile von je 40% des sich nach Satz 1 ergebenden Betrages (§ 2 Abs. 5 ALG II–V). Als bereitgestellt gilt Verpflegung auch dann, wenn Gutscheine oder Berechtigungsscheine für den Bezug von Verpflegung zur Verfügung gestellt werden. Wird dagegen Unterkunft unentgeltlich gewährt, so entfällt der Anspruch auf Unterkunft und Heizung. Es bestehen Bedenken, ob § 2 Abs. 5 ALG II–V von der Ermächtigungsgrundlage des § 13 SGB II gedeckt ist (BSG v. 18.6. 2008 -B 14 AS 22/07R). Das gilt auch für die Neuregelung seit 1.1. 2008 (BSG v. 16.12. 2008 – B4 AS 9/08R). 368

Im Einzelnen sind insbesondere folgende Einnahmen zu berücksichtigen 369

- **Arbeitsentgelt** aus Beschäftigung, (auch aus sog. Mini-Jobs), weitere Zahlungen (z.B. Überstundenvergütungen), Zuschläge (z.B. für Nacht- und Sonntagsarbeit, BSG v. 1.6. 2010 – B 4 AS 89/09 R), Essenszuschüsse usw., auch wenn sie einmalig anfallen, (z.B. Weihnachtsgeld, Gratifikationen) sowie grundsätzlich eine ortsübliche Vergütung für Mitarbeit von Familienangehörigen eines Betriebsinhabers. Dazu gehören Einnahmen z.B. für **ehrenamtliche Tätigkeit,** als Übungsleiter i.S.d. § 3 Nr. 26 EStG, die aber bis 175 € unberücksichtigt bleiben (§ 11b Abs. 2 SGB II, s. Rn. 362). Der Arbeitgeber bescheinigt die Einnahmen auf dem entsprechenden Vordruck (§ 58 SGB II). Im Wege der Zwangsvollstreckung gepfändetes Einkommen steht nicht im Sinne von § 11 Abs. 1 SGB II zur Verfügung und ist damit in Höhe der vorgenommenen Pfändung nicht anzurechnen (vgl. Fichtner/Wenzel, SGB XII, § 82 Rn. 7).
- Einnahmen aus **Gewerbebetrieb und selbständiger Tätigkeit.** Dabei wird eine Selbsteinschätzung des Leistungsberechtigten zugrunde gelegt, die auf früheren Betriebsergebnissen basieren soll. Diese sind anhand eines Steuerbescheids über das Vorjahresergebnis oder, falls dieser nicht vorliegt (z.B. bei Neugründung), durch andere geeignete Unterlagen (z.B. Prognose des Steuerberaters) nachzuweisen. Plausible Schwankungen – etwa saisonbedingte Änderungen der Einnahmen – sollen berücksichtigt werden. Aufgrund dieser Vorabbetrachtung dürften abweichende Betriebsergebnisse grundsätzlich erst bei der Prüfung für den nächsten Bewilligungsabschnitt berücksichtigt werden, außer wenn es sich um wesentliche Änderungen handelt. 370
- Einnahmen aus **Vermietung und Verpachtung,** d.h. der Überschuss der Einnahmen über die mit ihrer Erzielung verbundenen notwendigen Ausgaben. Dazu gehören auch Abstandszahlungen oder Ablösegeld. Bei Vermietung möblierter Wohnungen bzw. Zimmer kann – sofern nicht niedrigere Einnahmen nachgewiesen werden – auf die Pauschalen 371

Kapitel 4. Einkommens- und Vermögensanrechnung

zu § 82 SGB XII, geregelt in § 7 Abs. 4 VO zu § 82 SGB XII (s. BA FH 11.73) zurückgegriffen werden.

372 – **Kapitaleinkünfte**, insbesondere Gewinnanteile (Dividenden) und Zinsen.

373 – Entgeltersatzleistungen wie **Arbeitslosengeld** oder **Krankengeld**, nicht aber ALG II sowie Leistungen, die an seine Stelle treten.

374 – **Renten**, mit Ausnahme von Grundrenten nach dem Bundesversorgungsgesetz sowie vergleichbare Leistungen und von Renten nach dem Bundesentschädigungsgesetz (vgl. Rn. 358 f.).

375 – **Unterhaltszahlungen** in tatsächlich gezahlter Höhe sowie bei Kindern bis 12 Jahren der Unterhaltsvorschuss nach dem Unterhaltsvorschussgesetz.

376 – **Einnahmen** sofern sie pro Mitglied der Bedarfsgemeinschaft mehr als 10 € je Kalendermonat betragen (vgl. Rn. 368).

377 – Der **Kinderzuschlag** nach § 6a BKGG wird nur als Einkommen des jeweiligen Kindes, für das er gewährt wird, angerechnet (§ 11 Abs. 1 S. 3 SGB II). Dies liegt in der Konstruktion des Kinderzuschlags begründet, der darauf zielt, den Bedarf des Kindes zu decken, wenn die Eltern zwar ihren Bedarf, aber nicht den des Kindes auffangen können. Daher ist eine getrennte Anrechnung erforderlich. Hinweis: Da ein Kinderzuschlag nicht neben einer Leistung nach dem SGB II gewährt werden kann, dient die Prüfung nur der Feststellung, ob mit dem Kinderzuschlag insoweit Bedürftigkeit vermieden werden kann. Dabei bleiben die Leistungen für Bildung und Teilhabe außer Betracht, auf die auch Empfänger des Kinderzuschlags für dieses Kind einen Anspruch haben (vgl. §§ 6a Abs. 1 Nr. 4, 6b BKGG).

378 – **Kindergeld:** Es wird bei minderjährigen Kindern als Einkommen dem jeweiligen Kind zugerechnet, soweit es von diesem zur Sicherung seines Lebensunterhalts mit Ausnahme der Bedarfe nach § 28 SGB II benötigt wird (§ 11 Abs. 1 S. 3 SGB II). Nur der den Bedarf des Kindes übersteigende Betrag wird bei den Eltern angesetzt. Dies folgt daraus, dass Kinder nur dann zur Bedarfsgemeinschaft gehören, wenn sie ihren Lebensunterhalt nicht selbst decken können (§ 7 Abs. 3 Nr. 4 SGB II). Daher erfolgt eine getrennte Zurechnung, soweit das nötig ist. Bei volljährigen Kindern wird das Kindergeld diesen voll zugerechnet, wenn es an das nicht im Haushalt lebende Kind weitergeleitet wird (Nachweis Überweisungsauftrag, Erklärung des Kindes), § 1 Abs. 1 Nr. 8 ALG II–V. Grundsätzlich soll das Kindergeld an das volljährige Kind selbst ausgezahlt werden (§ 74 EStG) und wird dann diesem zugerechnet.

379 – **Wohngeld**: Empfänger von ALG II bzw. Sozialgeld haben keinen Anspruch auf Wohngeld. Reicht allerdings das Einkommen/Vermögen unter Einbezug des Kindergeldes, des Kinderzuschlags und des Wohngelds zur Deckung des Bedarfs mit Ausnahme der Bedarfe für Bildung und Teilhabe aus, wird insoweit kein ALG II/Sozialgeld geleistet. Daher dient die Prüfung des Wohngelds nur der Frage, ob überhaupt ein Anspruch auf ALG II/Sozialgeld besteht. Fließt tatsächlich Wohngeld

A. Anrechnung von Einkommen

innerhalb der Bedarfsgemeinschaft zu, ist es Einkommen (BA FH 11.56). § 12a SGB II sieht nun eine Vereinfachung vor: Leistungsberechtigte sind nur dann verpflichtet, Wohngeld oder den Kinderzuschlag in Anspruch zu nehmen, wenn dadurch die Hilfebedürftigkeit aller Mitglieder der Bedarfsgemeinschaft für mindestens 3 Monate entfällt.

Nach § 5a ALG II–V werden für die Prüfung der Hilfebedürftigkeit Pauschbeträge für mehrtägige **Klassenfahrten, Schulausflüge** (3 € pro Monat) und ersparte Aufwendungen bei gemeinsamen **Mittagessen** (1 €) zugrundegelegt. **380**

IV. Nicht zu berücksichtigendes Einkommen

Bestimmte Einnahmen werden durch das SGB II bzw. die ALG II–V privilegiert, d.h. nicht berücksichtigt, obwohl sie Einnahmen in Geld oder Geldeswert darstellen. Darunter fallen: **381**

1. Leistungen nach dem SGB II

Privilegiert sind alle **Leistungen nach dem SGB II**. Gleiches gilt für solche Leistungen, die im Anschluss an das ALG II in gleicher Höhe erbracht werden, z.B. grundsätzlich Krankengeld, Mutterschaftsgeld, Verletztengeld, Versorgungskrankengeld (s. Rn. 361 ff.). **382**

2. Grundrenten mit Entschädigungscharakter

Privilegiert sind **Grundrenten nach dem Bundesversorgungsgesetz** (BVG) oder den Gesetzen, die eine entsprechende Anwendung des BVG vorsehen. Dies betrifft vor allem die Versorgung der Opfer des Krieges (BVG), der Wehrdienstbeschädigten (§§ 80 ff. Soldatenversorgungsgesetz) bzw. Zivildienstbeschädigten (§ 50 Zivildienstgesetz) und Grenzdienstopfer (§§ 59 ff. Bundesgrenzschutzgesetz), der Opfer von Gewalttaten (Opferentschädigungsgesetz), der Opfer von Impfschäden (§ 60 Abs. 1 Infektionsschutzgesetz) sowie die Versorgung der Personen, die in der ehemaligen DDR aus politischen Gründen rechtsstaatswidrig individuelles Unrecht erleiden mussten (§§ 4f HäftlingshilfeG; §§ 21f Strafrechtliches RehabilitationsG). Freigestellt werden aber nicht alle Leistungen an die Opfer, sondern lediglich die Grundrenten. Die Verletztenrente aus der gesetzlichen Unfallversicherung ist dagegen Einkommen (BSG v. 6.12. 2007 -B 14/7b AS 62/06; BVerfG v. 16.3. 2011 – 1 BvR 591/08). **383**

Privilegiert sind auch Renten und Beihilfen, die für Schaden an Leben sowie an Körper oder Gesundheit nach dem **Bundesentschädigungsgesetz** (BEG) erbracht werden. Diese Leistungen stehen den Opfern nationalsozialistischer Verfolgung zu. Auch die Leistungen des BEG werden nicht vollständig von der Anrechnung ausgenommen. Privilegiert sind vielmehr nur Leistungen für Schäden an Leben, Körper oder Gesundheit. Diese sind bis zur Höhe einer vergleichbaren Grundrente nach dem BVG ausgenommen. **384**

Kapitel 4. Einkommens- und Vermögensanrechnung

3. Entschädigungen wegen Nichtvermögensschäden nach § 253 Abs. 2 BGB

385 Das sind zivilrechtliche Ansprüche (d.h. Zahlungen eines Schädigers wegen Vertragsverletzungen oder unerlaubten Handlungen, z.B. Unfällen) für **immaterielle Schäden** bei Verletzung des Körpers, der Gesundheit, der Freiheit oder der sexuellen Selbstbestimmung, insbesondere auf Schmerzensgeld.

4. Einnahmen mit besonderer Zweckbestimmung

386 Privilegiert sind **zweckbestimmte Einnahmen**, die aufgrund öffentlich-rechtlicher Vorschriften einem anderen Zweck als die Leistungen nach dem SGB II dienen (§ 11a Abs. 3 SGB II). Die Neuregelung seit 1.4. 2011 passt das SGB II an das SGB XII an. Die a.F. war einerseits weiter gefasst, da sie auch zweckbestimmte Einnahmen auf privatrechtlicher Grundlage umfasste, andererseits war sie der Höhe nach begrenzt. Die Neuregelung vereinfacht die Abgrenzung. Danach müssen die Leistungen auf Gesetz, VO oder autonomer Satzung z.B. der Gemeinde beruhen. Dabei muss die Zweckbestimmung ausdrücklich in der Vorschrift genannt sein.

> **Beispiele** (s. BA FH 11.89):
> Förderungsgeld in Werkstatt für Behinderte (§ 43 SGB IX), Ausbildungsgeld nach § 107 SGB III für Teilnehmer an Maßnahmen im Eingangs- und Berufsbildungsbereich einer Werkstatt für Behinderte, Blindenführhundleistungen, Blindengeld nach den Landesblindengesetzen, Elternrente (§ 49 BVG), Entschädigung für Blutspender, Erholungshilfe (§ 27b BVG), „Abwrackprämie" für die Anschaffung eines Neufahrzeugs (so LSG Sachsen v. 30.4. 2010 -L 7 AS 43/109ER; SG Detmold v. 10.2. 2011 -S 18 AS 168/09).

387 Die steuerliche Freistellung ist allein keine ausreichende Zweckbestimmung (Gesetzesbegründung zu § 11a SGB II, BT-Drucks. 17/3404). Steuerfrei geleistete **Aufwandsentschädigungen für nebenberufliche Tätigkeit im gemeinnützigen, kirchlichen oder mildtätigen Bereich** (z.B Übungsleiter, Ausbilder, Betreuer, Erzieher) nach § 3 Nr. 12, 26, 26a, 26b EStG bleiben aber bis zu einem Betrag von 175 € monatlich anrechnungsfrei (§ 11b Abs. 2 S. 3 SGB II).

388 **Darlehn** bleiben grundsätzlich als Einkommen unberücksichtigt (so zur a.F. BSG v. 17.6. 2010 -B 14 AS 46/09R). Nur **darlehnsweise gewährte Sozialleistungen** werden angerechnet soweit sie dem Lebensunterhalt dienen (§ 11 Abs. 1 SGB II). Nach dem Gesetzesentwurf (BT-Drucks. 17/3404) war dies grundsätzlich für alle Darlehn vorgesehen.

389 Das nach §§ 11, 12 Abs. 1 Nr. 1 BAföG geleistete **Schüler-BAföG** ist zu 20% anrechnungsfrei nach § 11 Abs. 3 Nr. 1a SGB II (BA FH 11.93). Beim **Meister-BAföG** erfolgt eine Aufteilung: Der Maßnahmebeitrag und

A. Anrechnung von Einkommen

der Zuschuss zur Kinderbetreuung sind zweckbestimmt und daher anrechnungsfrei, nicht dagegen der Unterhaltsbeitrag (BA FH 11.68). Die Berufsausbildungsbeihilfe nach § 6 SGB III ist – anders als das BAföG – keine zweckbestimmte Einnahme (BSG v. 22.3. 2010 -B4 AS 69/09 R).

Die Frage, ob eine Unfallrente nach den §§ 56 ff. SGB VII als Einkommen zu betrachten ist, hat das BSG inzwischen geklärt. Nach Auffassung des BSG (v. 6.12. 2007 -B 14/7b AS 62/06; BVerfG v. 16.3. 2011 – 1 BvR 591/08) ist die Verletztenrente aus gesetzlicher Unfallversicherung in voller Höhe als Einkommen im Sinne von § 11 SGB II zu berücksichtigen, sie ist nicht – auch nicht teilweise – zweckbestimmt. **390**

Einnahmen aus einem freiwilligen sozialen Jahr sind ebenfalls nicht zweckbestimmt, sie dienen genauso wie ALG II/Sozialgeld der Bestreitung des Lebensunterhalts (BA FH 11.89). Das gilt auch für das Krankenhaustagegeld aus einer privaten Versicherung (BSG v. 18.1. 2011 -B AS 90/10R) und die Zuschläge für Nacht-, Sonn- und Feiertagsarbeit (BSG v. 1.6. 2010 – B 4 AS 89/09R). Nicht zweckbestimmt ist das Insolvenzgeld (BSG v. 13.5. 2009 -B4 AS 29/08 R) ebenso wie das Überbrückungsgeld, das bei Aufnahme einer selbständigen Beschäftigung von der BA gewährt wird (BSG v. 1.6. 2010 -B4 AS 67/09 R).

5. Zuwendungen der freien Wohlfahrtspflege

Auch Zuwendungen der **freien Wohlfahrtspflege** (z.B. Arbeiterwohlfahrt, Caritas, Deutsches Rotes Kreuz, Diakonisches Werk, Kirchen und Religionsgemeinschaften des öffentlichen Rechts, Malteser Hilfsdienst, Paritätischer Wohlfahrtsverband, Zentralwohlfahrtsstelle der Juden, Personen oder Stellen, die freie Wohlfahrtspflege betreiben z.B. Verein für Blinde und MS-Kranke) sind anrechnungsfrei, wenn sie die Lage des Empfängers nicht so günstig beeinflussen, dass daneben Leistungen des Arbeitslosengeldes II/Sozialgelds nicht gerechtfertigt wären (§ 11a Abs. 4 SGB II). Z.B. Tafeln, Möbelspenden, BA FH 11.106. **391**

6. Zuwendungen Dritter

Freiwillige Zuwendungen eines Dritten werden grundsätzlich als Einnahmen berücksichtigt. **392**

> **Beispiele:**
> Unterhaltsleistungen von nicht Unterhaltspflichtigen wie die Unterstützung Not leidender Geschwister, Zuwendung aus Lebensversicherung eines Dritten.

Sie sind anrechnungsfrei, soweit ihre Berücksichtigung für den Leistungsempfänger grob unbillig wäre oder wenn sie die Lage des Empfängers nicht so günstig beeinflussen, dass daneben Leistungen des SGB II nicht gerechtfertigt wären (§ 11a Abs. 5 SGB II). Obergrenze für die

Nichtberücksichtigung sind die Vermögensfreibeträge nach § 12 SGB II (BA FH 11.109). Auch eine teilweise Anrechnung ist möglich („soweit").

7. Ausnahmen aufgrund der ALG II–V

393 Nach der ALG II–V sind weitere Einnahmen privilegiert:

- **Einnahmen**, wenn sie für jedes Mitglied der Bedarfsgemeinschaft innerhalb eines Kalendermonats 10 Euro nicht übersteigen, Grund: Verwaltungsaufwand (z.B. Erträge, einmalige Zinsen; § 1 Abs. 1 Nr. 1 ALG II–V).

394 – Nicht steuerpflichtige **Einnahmen einer Pflegeperson** für Leistungen der Grundpflege und der hauswirtschaftlichen Versorgung, wenn Angehörige gepflegt werden (§ 1 Abs. 1 Nr. 4 ALG II–V). Darunter fallen insbesondere der Ehegatte, Eltern, Geschwister, Verschwägerte, Pflegeeltern/-kinder, jedoch können auch Personen, mit denen eine besondere innere Bindung besteht, z.B. im Rahmen einer nichtehelichen Lebensgemeinschaft oder langjährigen Haushaltsgemeinschaft, erfasst sein. Privilegiert sind insbesondere:
- Pflegegeld anstatt Pflegesachleistungen zur häuslichen Pflegehilfe (§ 36 Abs. 1 SGB XI), wenn damit die häusliche Pflege sichergestellt wird,
- Pflegegeld aus privater Pflegeversicherung,
- Pauschalbeihilfe nach den Beihilfevorschriften bei häuslicher Pflege, nicht Geldleistungen nach § 37 Abs. 4 SGB V.

395 – Bei Soldaten der Auslandsverwendungszuschlag und der Leistungszuschlag (§ 1 Abs. 1 Nr. 5 ALG II–V).
- Die aus Bundesmitteln gezahlte Überbrückungsbeihilfe nach Art. IX Abs. 4 des NATO-Truppenstatuts vom 19.6. 1951 (§ 1 Abs. 1 Nr. 6 ALG II–V).

396 – Die **Eigenheimzulage** (einschließlich Baukindergeld), soweit sie nachweislich zur Finanzierung einer nach § 12 Abs. 3 S. 1 Nr. 4 SGB II nicht als Vermögen zu berücksichtigenden Immobilie verwendet wird (§ 1 Abs. 1 Nr. 7 ALG II–V). Das gilt auch bei tatsächlicher Errichtung in Eigenarbeit oder durch Dritte (BSG v. 30.9. 2008 – B4 AS 19/07).

397 – Das **Kindergeld** für volljährige Kinder des Leistungsberechtigten, soweit es nachweislich an das nicht im Haushalt des Leistungsberechtigten lebende volljährige Kind weitergeleitet wird (§ 1 Abs. 1 Nr. 8 ALG II–V).
- Bei Sozialgeldempfängern, die das 15. Lebensjahr noch nicht vollendet haben, Einnahmen aus Erwerbstätigkeit, wenn sie einen Betrag von 100 Euro monatlich nicht übersteigen (§ 1 Abs. 1 Nr. 9 ALG II–V).
- Soweit Leistungen der Ausbildungsförderung für Fahrtkosten oder Ausbildungsmaterial verwendet werden, sind sie grundsätzlich anrechnungsfrei (§ 1 Abs. 1 Nr. 10 ALG II–V).

A. Anrechnung von Einkommen

- Geklärt ist nun durch § 1 Abs. 1 Nr. 11 ALG II–V (seit 1.1. 2008), dass die Verpflegung außerhalb der Erwerbstätigkeit (einschließlich Wehr- und Ersatzdienst) z.b. im Krankenhaus oder der JVA anrechnungsfrei ist (s. Rn. 342).
- Geldgeschenke an Minderjährige anlässlich Kommunion, Konfirmation u.ä. sind bis zur Grenze des § 12 Abs. 2 S 1 Nr. 1a SGB II (3100 €) nicht zu berücksichtigen (§ 1 Abs. 1 Nr. 12 ALG II–V).
- Taschengeld bis 60 € vom Jugend- oder Bundesfreiwilligendienst (§ 1 Abs. 1 Nr. 13 ALG II–V).
- **Ferienjobs** (seit 1.6. 2010): Einnahmen von Schülerinnen/Schülern allgemein- und berufsbildender Schulen bis zum 25. Lebensjahr aus Erwerbstätigkeit in den Schulferien an höchstens 4 Wochen im Jahr soweit sie 1200 € pro Kalenderjahr nicht überschreiten (§ 1 Abs. 4 ALG II–V). Eine Tätigkeit im Anschluss an das letzte Schuljahr fällt nicht darunter (BA FH 11.125).

8. Elterngeld

Elterngeld war bis zum 31.12. 2010 bis zur Höhe von monatlich 300 € pro Kind anrechnungsfrei. Im Rahmen des Ende 2010 beschlossenen Sparpakets wird das Elterngeld ab 1.1. 2011 grundsätzlich vollständig bedarfsmindernd angerechnet (§ 10 Abs. 5 BEEG). Dies ist verfassungsgemäß (so SG Detmold v. 19.1. 2011 -S 8 AS 37/11 ER). Eine Ausnahme sieht § 10 Abs. 5 S. 2 BEEG bei vorhergehender Erwerbstätigkeit vor. **398**

9. Pflegegeld/Kindertagespflege

Das **Pflegegeld,** das für den erzieherischen Einsatz für Pflegekinder nach § 39 SGB VIII gewährt wird (Erziehungsbetrag), ist für das erste und zweite Pflegekind nicht, **399**

- für das dritte Pflegekind zu 75% und
- für das vierte und jedes weitere Pflegekind in voller Höhe zu berücksichtigen (§ 11a Abs. 3 SGB II).

Hintergrund dieser Regelung für die Vollzeitpflege war die Überlegung, dass bei der Betreuung von vier oder mehr Pflegekindern von einer Erwerbstätigkeit ausgegangen werden kann und der Pflegende auch nicht, wie an sich erforderlich, für eine Arbeitsvermittlung zur Verfügung steht. Die Vergütung für die Pflegeperson setzt sich aus einem Aufwendungsersatz und einem Erziehungsbetrag zusammen. Der Aufwendungsersatz stellt kein Einkommen im Sinne des SGB II dar, wohl aber der Erziehungsbetrag (in Abstufungen s.o.).

Dagegen werden Leistungen für die **Kindertagespflege** nach § 23 SGB VIII ab 1.1. 2012 (§ 77 Abs. 2 SGB II) voll als Einkommen angerechnet, da sie regelmäßig in Ausübung einer Erwerbstätigkeit zufließen und steuerpflichtig sind (Gesetzesbegründung zu § 11a SGB II, BT-Drucks. 17/3404). **400**

10. Ausnahmen nach weiteren sondergesetzlichen Regelungen

401 Privilegiert sind aufgrund anderer **gesetzlicher Vorschriften** insbesondere (s. BA FH 11.86):

- Leistungen nach dem Gesetz zur Errichtung der Stiftung „Mutter und Kind – Schutz des ungeborenen Lebens" (§ 5 Abs. 2),
- Monatliche Renten nach dem Gesetz über die Hilfe für durch Anti-D-Immunprophylaxe mit dem Hepatitis-C Virus infizierte Personen zur Hälfte, Einmalzahlungen in voller Höhe (§ 6 Abs. 1 Anti-D-Hilfegesetz),
- Leistungen nach dem HIV-Hilfe-Gesetz,
- Entschädigungsrenten und -leistungen nach dem Gesetz über Entschädigung für Opfer des Nationalsozialismus im Beitrittsgebiet zur Hälfte,
- bestimmte Leistungen nach dem Lastenausgleichsgesetz (§§ 292 Abs. 2 Nr. 1 bis 3, 274, 280, 284),
- Leistungen nach dem Gesetz über den Ausgleich beruflicher Benachteiligung für Opfer politischer Verfolgung im Beitrittsgebiet (§ 9 Abs. 1 Berufliches Rehabilitierungsgesetz),
- Soziale Ausgleichsleistungen nach dem Gesetz über die Rehabilitierung und Entschädigung von Opfern rechtsstaatswidriger Strafverfolgungsmaßnahmen im Beitrittsgebiet (§ 16 Abs. 4 Strafrechtliches Rehabilitierungsgesetz),
- Renten für Contergangeschädigte nach § 18 ConterganstiftungsG,
- Leistungen der gesetzlichen Pflegeversicherung und gleichwertige Leistungen der privaten Pflegeversicherung (§ 13 Abs. 5 SGB XI).

V. Nicht einsatzbereites Einkommen

402 Eine Anrechnung von Einkommen kann nur stattfinden, soweit dieses tatsächlich zur Verfügung steht (zu **Pfändung** s. Rn. 344).

403 Daher scheiden z.B. Bezüge eines **Gefangenen**, soweit sie als Hausgeld, Haftkostenbeitrag, Unterhaltsbeitrag oder Überbrückungsgeld von der Strafvollzugsbehörde beansprucht werden, von der Anrechnung aus.

404 **Zusammenfassendes Beispiel:**
Die verheirateten A und B haben folgende Einnahmen: Arbeitslosengeld der A in Höhe von 500 € mtl., daneben erhält sie 205 € mtl. Pflegegeld für die Grundpflege ihrer pflegebedürftigen Mutter. B verdient monatlich 1200 € brutto, dazu erhält er einmalig 10 € als Entschädigung für Blutspender. B bekommt zudem monatlich 5 € Zinsen aus einer Sparanlage sowie 50 € Aufwandsentschädigung als Übungsleiter. Das berücksichtigungsfähige Bruttoeinkommen beträgt insgesamt: 500 € (Arbeitslosengeld – gleiche Zwecksetzung wie ALG II) für A und 1200 € Einkommen aus Erwerbstätigkeit für B.

A. Anrechnung von Einkommen

Das Pflegegeld, die Sparzinsen und die Aufwandsentschädigung bleiben unberücksichtigt. Das gilt auch für die Entschädigung für Blutspender, da diese aufgrund öffentlich-rechtlicher Vorschriften einem anderen Zweck dient als das ALG II.

VI. Vom Einkommen abzusetzende Beträge

Grundlage der Einkommensanrechnung ist das Bruttoeinkommen. Es gilt aber das **Nettoprinzip**, so dass von dem berücksichtigungsfähigen Einkommen weitere Beträge abzusetzen sind (§ 11b SGB II). Die Beträge werden teilweise in voller Höhe, teilweise in Form von Pauschalen abgezogen. Im Einzelnen sind abzusetzen: 405

1. Auf das Einkommen entrichtete Steuern

Die auf das Einkommen entrichteten **Steuern**. Das sind in erster Linie Lohnsteuer/Einkommensteuer, Kirchensteuer, Gewerbesteuer, Abgeltungssteuer, Solidaritätszuschlag (§ 11b Abs. 1 S. 1 Nr. 1 SGB II) in der tatsächlich entrichteten Höhe, nicht dagegen Verkehrssteuern wie die Umsatzsteuer (str. s. Fichtner/Wenzel, SGB XII, § 82 Rn. 25). Der Nachweis ist durch den aktuellen Steuerbescheid zu führen. 406

2. Pflichtbeiträge zur Sozialversicherung

Privilegiert sind auch **Pflichtbeiträge zur Sozialversicherung** einschließlich der Arbeitsförderung (§ 11b Abs. 1 S. 1 Nr. 2 SGB II) in der tatsächlich entrichteten Höhe. Darunter fallen 407

– Pflichtbeiträge zur gesetzlichen Sozialversicherung aufgrund der gesetzlichen Versicherungspflicht in der Krankenversicherung, Pflegeversicherung, Rentenversicherung sowie Beiträge zur Arbeitsförderung,
– die von versicherungspflichtigen Selbständigen im Rahmen der Sozialversicherung gezahlten Pflichtbeiträge für die Altershilfe für Landwirte, die Handwerkerversicherung und die Unfallversicherung,
– die Pflichtbeiträge zur Pflegeversicherung von freiwillig Krankenversicherten.

3. Gesetzlich vorgeschriebene Versicherungen

Absetzbar sind ferner Beiträge zu öffentlichen oder privaten Versicherungen oder ähnlichen Einrichtungen, soweit diese gesetzlich vorgeschrieben sind (§ 11b Abs. 1 S. 1 Nr. 3 SGB II). Darunter fallen insbesondere die **Kfz-Haftpflicht** (ohne Voll-/Teilkasko) und die Berufshaftpflichtversicherung z.B. für Anwälte. Diese Beiträge können in der tatsächlich gezahlten Höhe abgesetzt werden. 408

4. Angemessene Versicherungen

409 In Abzug gebracht werden können Beiträge zu **öffentlichen oder privaten Versicherungen** oder ähnlichen Einrichtungen, soweit sie nach Grund und Höhe angemessen sind (§ 11b Abs. 1 S. 1 Nr. 3 SGB II). Das sind vor allem Beiträge zur Vorsorge für den Fall der Krankheit und der Pflegebedürftigkeit für nicht versicherungspflichtige Personen (freiwillig/privat Kranken- bzw. Pflegeversicherte) und Beiträge zur Altersvorsorge für Personen, die von der Versicherungspflicht in der gesetzlichen Rentenversicherung befreit sind. Auch Unfallversicherungen oder Absicherung gegen Erwerbsunfähigkeit bei Selbständigen fallen darunter. Im Hinblick auf die Abzugsfähigkeit der Ausgaben ist zu unterscheiden:

410 – Beiträge für **private bzw. freiwillige Kranken- und Pflegeversicherung** sowie Altersvorsorge, Unfallversicherung oder Erwerbsunfähigkeitsabsicherung können in angemessener Höhe abgesetzt werden (ebenso wie in Nr. 2). Das ist anzunehmen, wenn die Beiträge einen der gesetzlichen Sozialversicherung vergleichbaren Schutz gewährleisten (vgl. zur Höhe BSG v. 18.1.2011 – B4 AS 108/10 R). Werden diese Beiträge nach § 26 SGB II bezuschusst, können sie nicht mehr beim Einkommen abgesetzt werden, um eine Doppelberücksichtigung zu vermeiden.

411 – Für sonstige angemessene Versicherungsbeiträge kann demgegenüber – unabhängig von den tatsächlichen Kosten – nur eine **Pauschale von 30 €** angesetzt werden (z.B. Haftpflichtversicherung, Sterbegeldversicherung, Lebensversicherung, § 6 Abs. 1 Nr. 1 ALG -V). Das gilt jeweils für volljährige sowie für minderjährige Leistungsberechtigte. Minderjährigen ist die Pauschale jedoch nur zu gewähren, wenn sie tatsächlich Versicherungen abgeschlossen haben (§ 6 Abs. 1 Nr. 2 ALG II–V seit 1.8.2009). Der Grund liegt darin, dass die Risiken der Haftpflicht und Hausrat regelmäßig über die Versicherung der Eltern mit abgedeckt sind (so BA FH 11.135; a.A. zur alten Rechtslage BSG v. 15.4.2008 -B 14 AS 41/07).

5. Riesterrente

412 Abzusetzen sind auch Beiträge zur **Riesterrente** nach § 82 EStG. Die Abzüge sind der Höhe nach begrenzt auf den staatlich geförderten Mindesteigenbetrag nach § 86 EStG (ab 2008 = 4% der Einnahmen des vergangenen Kalenderjahrs abzüglich der Zulagen). Der als Sonderausgabe und damit vom Einkommen absetzbare Betrag ist damit seit dem 1.1.2008 begrenzt auf 2100 €. Fließen später Leistungen in der Auszahlungsphase während des Bedarfszeitraums zu, sind diese Einkommen i.S.d. § 82 SGB XII.

6. Werbungskosten/Betriebsausgaben

413 Abzusetzen sind schließlich auch die mit der Erzielung des Einkommens verbundenen **notwendigen Ausgaben**, § 11b Abs. 1 S. 1 Nr. 5 SGB II. Hier ist nach verschiedenen Einkommensarten zu differenzieren:

A. Anrechnung von Einkommen

Für **abhängig Erwerbstätige**: **Werbungskosten** wie nach § 9 EStG, u. a. **414**
für doppelte Haushaltsführung, Beiträge zu Berufsverbänden und Gewerkschaften, Aufwendungen für Arbeitsmaterial und Berufskleidung. Zur Vereinfachung wird eine monatliche Werbungskostenpauschale i. H. v. 1/60 des steuerlichen WK-Pauschbetrags nach § 9a EStG (= 16,67 € ab 2011) gewährt. Der Nachweis höherer Ausgaben ist wie im Steuerrecht möglich.

Bei **Einkommen aus Gewerbebetrieb, Land- und Forstwirtschaft oder selbständiger Tätigkeit**: Notwendige Betriebsausgaben ohne Rücksicht auf steuerliche Vorschriften, § 3 Abs. 2 ALG II–V. § 3 Abs. 3 S. 4 ALG II–V stellt nun klar, dass Ausgaben nicht abzusetzen sind, sofern für sie Darlehn oder Zuschüsse nach dem SGB II (§ 16c Abs. 2 SGB II) erbracht worden sind. Das ist folgerichtig, da diese Mittel nach § 11a Abs. 1 S. 1 SGB II auch nicht als Einkommen zu berücksichtigen sind.

Für alle Erwerbstätigen: Bei der Benutzung eines privaten **Kraftfahrzeugs** für betriebliche Fahrten oder Fahrten zwischen Wohnung und Arbeitsstätte können 0,20 € je Entfernungskilometer abgesetzt werden (für 5 Tage pro Woche und 19 Arbeitstage pro Monat). Auch hier ist der Nachweis höherer Aufwendungen zulässig. Sofern allerdings die Benutzung öffentlicher Verkehrsmittel zumutbar und der o. g. Pauschbetrag im Vergleich dazu unangemessen hoch ist, sind nur diese Kosten zu berücksichtigen (§ 6 Abs. 2 ALG II–V). Pkw-Finanzierungskosten sind absetzbar, sofern der Pkw für die Fahrt zur Arbeit notwendig und der Pkw wertmäßig angemessen ist (LSG Hessen vom 12.7.2006 – L 9 AS 69/06 ER).

Kosten für Kinderbetreuung z. B. Kita-Gebühren können nach § 11b **415**
Abs. 1 S. 1 Nr. 5 SGB II vom Einkommen abgezogen werden (BA FH 11.151).

Bei Einnahmen aus **Vermietung und Verpachtung** sind insbesondere **416**
abzusetzen: Grund- und Gebäudesteuern, öffentliche Abgaben, anteilige Schuldzinsen (nicht jedoch Tilgungsraten) sowie Ausgaben für Instandsetzung und Instandhaltung. Soweit höhere Kosten nicht nachgewiesen werden, sind Pauschalen von 1% der Bruttoeinnahmen für Bewirtschaftung und 10% für Instandhaltung (bzw. 15% bei Bezugsfertigkeit des Objekts vor dem 1.10.1925) anzusetzen (BA FH 11.72).

Anstelle der Abzugsbeträge nach § 11b Abs. 1 S. 1 Nr. 3–5 SGB II **417**
(Versicherungen, Riesterrente, Werbungskosten/Betriebsausgaben) ist aus Vereinfachungsgründen ein **Pauschbetrag von 100 €** ohne Nachweis abzuziehen. Das gilt allerdings nur bei **erwerbstätigen** Leistungsempfängern. Der Nachweis höherer Aufwendungen ist zulässig, soweit das Einkommen mehr als 400 € beträgt (§ 11b Abs. 2 SGB II).

7. Freibetrag für Unterhaltsaufwendungen

Abzusetzen sind Aufwendungen, die **gesetzliche Unterhaltspflichten** **418**
erfüllen. Voraussetzung ist, dass sie in einem Unterhaltstitel oder einer notariell beurkundeten Unterhaltsvereinbarung niedergelegt sind (§ 11b

Abs. 1 S. 1 Nr. 7 SGB II). Das kann z.B. Unterhalt für Kinder betreffen, die mit dem Unterhaltsverpflichteten nicht zusammen wohnen. Aufwendungen sind nur in Höhe des im Titel festgelegten Betrages abziehbar. Unterhaltstitel sind auch Unterhaltsurkunden des Jugendamts (BSG v. 9.11. 2010 – B4 AS 78/10 R). Sie können beim Jugendamt nach §§ 59 Abs. 1 S. 1 Nr. 3, 4 i.V.m. 60 SGB VIII kostenfrei beschafft werden. Darauf gerichtete Zahlungen müssen tatsächlich erfolgt sein. Das hat der Leistungsberechtigte nachzuweisen (vgl. BSG v. 30.9. 2008 – B4 AS 57/07 R).

8. Freibetrag für Ausbildungsförderung

419 Der Freibetrag für Ausbildungsförderung wird gewährt, wenn Einkommen eines erwerbsfähigen Leistungsberechtigten nach **BAföG oder Berufsbeihilfe sowie Ausbildungsgeld nach dem SGB III** bei der Berechnung von Leistungen der Ausbildungsförderung für mindestens ein Kind berücksichtigt wird (§ 11b Abs. 1 S. 1 Nr. 8 SGB II). Er besteht in Höhe des bei der Ausbildungsförderung berücksichtigten Betrags. Hierdurch wird eine Doppelanrechnung vermieden.

9. Erwerbstätigenfreibetrag

420 Einen Anreiz zur Aufnahme oder Weiterführung einer Erwerbstätigkeit bildet der Erwerbstätigenfreibetrag (§ 11b Abs. 3 SGB II). Damit wird der Grundsatz, „dass derjenige, der arbeitet, mehr Geld zur Verfügung haben soll als derjenige, der trotz Erwerbsfähigkeit nicht arbeitet" (vgl. Gesetzesbegründung zur a.f., BT-Drucks. 15/1516 S. 59) umgesetzt. Der Freibetrag gilt für abhängige und selbständige Erwerbstätigkeit. Er wird in 2 Stufen, ausgehend vom Bruttoeinkommen, berechnet und **neben dem Grundfreibetrag von 100 €** (s. Rn. 417) als zusätzlicher Freibetrag gewährt. Er beträgt:

– 20% für den zwischen 100 € und nicht mehr als 1000 € liegenden Teil des Einkommens,
– 10% für den Teil des Einkommens, der 1000 € übersteigt und nicht mehr als 1200 € beträgt.

Der Betrag erhöht sich auf 1500 € wenn der/die Leistungsberechtigte mindestens mit einem minderjährigen Kind in Bedarfsgemeinschaft lebt oder ein minderjähriges Kind hat. (**Beispiel** Rn. 422). Der Freibetrag wird auch bei einmaligen Einkommen berücksichtigt (**Beispiel** Rn. 430). Die Neuregelung gilt für Bewilligungszeiträume, die ab dem 1.7. 2011 beginnen bzw. ab dem 1.7.2011 eine Erwerbestätigkeit aufgenommen wird (§ 77 Abs. 3 SGB II).

A. Anrechnung von Einkommen

10. Abzug grundsätzlich bei der Bedarfsgemeinschaft

Die Beträge werden jeweils zunächst bei der Person angesetzt, die das Einkommen erzielt. Gehen sie über deren Einkommen hinaus, so können sie – wegen der Gesamtbetrachtung – auch bei weiteren **Angehörigen der Bedarfsgemeinschaft** abgezogen werden. Etwas anderes gilt allerdings für die zur Einkommenserzielung nötigen Kosten, die nur bei der Person, die die Einnahmen erzielt, angesetzt werden können. 421

Zusammenfassendes Beispiel: 422
Der allein stehende A hat ein Bruttoeinkommen von 950 €. Für die Kfz-Haftpflicht wendet A 42 € mtl. auf. Weiterhin hat er eine private Haftpflichtversicherung. Die Entfernung zur Arbeit beträgt 5 km. Für A errechnet sich das zu berücksichtigende bereinigte Einkommen folgendermaßen:

Bruttoeinkommen	950 €
Nettoeinkommen (nach Abzug der Steuern und Sozialversicherungsbeiträge)	750 €
Beiträge zu gesetzlich vorgeschriebenen Versicherungen (Kfz-Haftpflicht)	42 €
Pauschbetrag private Versicherungen	30 €
Werbungskostenpauschale	16,67 €
Fahrtkosten (5 km × 19 Fahrtage × 0,20 € pro km)	19 €
Erwerbstätigenfreibetrag (20 v. 850 €)	170 €
Zu berücksichtigendes Einkommen	472,33 €

VII. Schätzung des Einkommens

Nach § 2 Abs. 7 ALG II–V kann das Einkommen des Beziehers geschätzt werden, wenn 423

– Leistungen der Grundsicherung für Arbeitsuchende einmalig oder für kurze Zeit zu erbringen sind oder Einkommen nur für kurze Zeit zu berücksichtigen ist, oder
– die Entscheidung über die Erbringung von Leistungen der Grundsicherung für Arbeitsuchende im Einzelfall keinen Aufschub duldet.

Damit werden die Voraussetzungen für eine schnelle Leistungserbringung geschaffen. Die Schätzung setzt eine vorherige Anhörung des Beziehers der Einkünfte voraus. Sie kann auch erfolgen, wenn Unterlagen zum Nachweis der Einkünfte nicht rechtzeitig (Frist: 2 Monate, BA FH 11.47) beigebracht werden. 424

VIII. Zeitpunkt der Einkommensanrechnung

425 **Laufende Einnahmen** werden in dem Monat berücksichtigt, in dem sie tatsächlich gezahlt werden, d.h. zufließen (§ 11 Abs. 2 SGB II), auch wenn dies erst am Monatsende erfolgt. Das gilt genauso für Einnahmen im Zuflussmonat, die vor dem Tag der Antragstellung erlangt werden. Die monatsweise Berücksichtigung von laufenden Einnahmen verstößt nicht gegen höherrangiges Recht (BSG vom 23.11. 2006 – B 11b AS 17/06 B, vgl. Rn. 339).

426
> **Beispiel:**
> Nach Arbeitsaufnahme zum 1.3. erfolgt die erste Gehaltszahlung am 30.3. Dieses laufende Einkommen wird auf den Bedarf für März angerechnet. Zur Deckung des Bedarfs bis zum Zufluss am 30.3. kann ein Darlehen gewährt werden.

427 Laufende Einnahmen können im Folgemonat als Vermögen berücksichtigt werden, soweit noch vorhanden. Für Bezieher von ALG II, die Ende des vorangegangenen Monats noch Arbeitslosengeld oder ein ausreichend hohes Einkommen bezogen haben, gilt das monatliche Zuflussprinzip ebenso.

428
> **Beispiel:**
> Arbeitsaufnahme am 15.7., Auszahlung des Gehalts für Juli und für August im August. Da im Juli kein Einkommenszufluss erfolgt ist, wird das ALG II in diesem Monat weiter gezahlt. Für August werden beide Zahlungen berücksichtigt.

> **Abwandlung:**
> Der Antrag auf ALG II wurde am 1. August gestellt. Die letzte Gehaltszahlung ging am 31.7. ein. Hier erfolgt keine Anrechnung für August, allenfalls als Vermögen. Anders ist es, wenn das Gehalt erst am 1.8. gezahlt wurde.

429 Für **einmalige Einnahmen** (z.B. Abfindung, Jubiläumszuwendung) oder laufende Einnahmen, die **in größeren als monatlichen Zeitabständen** gezahlt werden (§ 11 Abs. 2 S. 2 SGB II), ist in § 11 Abs. 3 SGB II eine Sonderregelung vorgesehen: Sie sind auf einen Zeitraum von 6 Monaten aufzuteilen, wenn sonst der Leistungsanspruch entfiele (a.F. angemessener Zeitraum). Die einmalige Einnahme kann abweichend vom Zufluss erst ab dem Folgemonat berücksichtigt werden, wenn Leistungen für den Zuflussmonat bereits im Voraus erbracht worden sind (§ 11 Abs. 3 S 2

A. Anrechnung von Einkommen

SGB II, häufiger Praxisfall). Eine Erbschaft in Geld ist erst im Zeitpunkt des konkreten Zuflusses anzurechnen, nicht schon bei Erbfall (Sächs. LSG v. 21.2. 2011 – L 7 AS 724/09). Kurzfristige Unterbrechungen des ALG II-Bezugs beeinflussen den Verteilzeitraum nicht. (s. aber zur a.F. BSG 30.9. 2008 -4 AS 29/07R; im einzelnen Rn. 339).

Beispiel: 430
A, der ergänzendes ALG II bezieht, erhält von seinem Arbeitgeber am 10.1. einen Jahresbonus in Höhe von 600 €. Bei Berücksichtigung des Jahresbonus im Januar würde das ALG II entfallen. Daher erfolgt eine Aufteilung auf 6 Monate, das heißt es werden jeden Monat 100 € als Einkommen angerechnet bis der Jahresbonus verbraucht ist. Fallen Steuern, Sozialversicherungsbeiträge oder andere notwendige Ausgaben an, sind sie vorweg abzuziehen. Das gilt auch für den Erwerbstätigenfreibetrag, sofern er nicht schon verbraucht ist (s. BA FH 11.15, 173).

Übersichtstabelle zur Einkommensanrechnung 430a

	Erwerbsfähiger Hilfebedürftiger	**Weitere Mitglieder d. Bedarfgemeinschaft**
Bruttoeinkommen z.B. – Vermietung und Verpachtung – Kapitaleinkünfte – Unterhaltsleistungen – best. Sozialleistungen (Arbeitslosengeld, Renten mit Ausnahmen, Krankengeld außer im Anschluss an ALG II), abzüglich der nicht anzurechnenden Beträge (z.B. Grundrente nach BVG, ehrenamtl. Tätigkeit bis 175 €, Pflegegeld)	– Arbeitsentgelt – Einnahmen aus selbständiger Erwerbstätigkeit	Kinderzuschlag; Kindergeld grds. zunächst beim jeweiligen Kind
Berücksichtigungsfähiges Bruttoeinkommen		
./. Steuern und Pflichtbeiträge zur Sozialversicherung Nettoeinkommen		
./. Beiträge zu gesetzlich vorgeschriebenen Versicherungen	Erwerbstätige:	
./. Beiträge zur privaten/freiwilligen Kranken- und Pflegeversicherung oder freiwilligen Altersvorsorge, soweit angemessen	Grundfreibetrag 100 € für Vers., Riester, WK/BA ohne Nachweis	

Kapitel 4. Einkommens- und Vermögensanrechnung

	Erwerbsfähiger Hilfebedürftiger	Weitere Mitglieder d. Bedarfgemeinschaft
./. Pauschbetrag für private Versicherungen, soweit angemessen	30 €	30 € (Besonderheit bei Minderjährigen)
./. Beiträge zur Riesterrente		
./. mit der Einkommenserzielung verbundene Beträge:	15,33	
– bei unselbständiger Erwerbstätigkeit:	Werbungskostenpauschale 16,67 € mtl. plus Pauschale für die Fahrt zur Arbeit Wegstrecke × Zahl der Arbeitstage × 0,20 € pro km	
– bei selbständiger Erwerbstätigkeit:	betriebsnotwendige Ausgaben, Kfz s.o.	
– bei Einnahmen aus Vermietung und Verpachtung: Pauschale für Bewirtschaftung und Instandhaltung		
– bei Nachweis höherer notwendiger Ausgaben jeweils diese		
./. Aufwendungen für gesetzliche Unterhaltspflichten aufgrund Unterhaltstitel		
./. Freibetrag für Ausbildungsförderung		
	./. Erwerbstätigenfreibetrag	
= bereinigtes Einkommen		
zu berücksichtigendes Einkommen = Anrechnungsbetrag		

B. Einsatz des Vermögens

431 § 12 SGB II regelt den Umfang des zu berücksichtigenden Vermögens. Vermögen sind alle **verwertbaren Vermögensgegenstände**. Dabei gilt die Regel, dass verwertbares Vermögen grundsätzlich zur Bestreitung des Le-

B. Einsatz des Vermögens

bensunterhaltes einzusetzen ist, bevor die Leistungen nach dem SGB II in Anspruch genommen werden können. Nach § 12 Abs. 2 SGB II ist das zu berücksichtigende Vermögen um die dort genannten Positionen zu vermindern. Bestimmtes Vermögen ist zudem nach § 12 Abs. 3 SGB II nicht zu berücksichtigen (sog. Schonvermögen).

§ 12 Abs. 1 SGB II begrenzt das einzusetzende Vermögen auf verwertbares Vermögen. Verwertbar ist der Teil des Vermögens, der für die Bestreitung des Lebensunterhaltes nutzbar gemacht werden kann, z. B. durch Verkauf, Beleihung. Das bedeutet die „Umwandlung" in Geld, um so tatsächlich über bereite Mittel verfügen zu können. 432

I. Begriff des Vermögens

Vermögen i. S. des § 12 Abs. 1 SGB II ist die Gesamtheit (Bestand) der **in Geld messbaren Güter** einer Person. Zum Vermögen gehören: 433

– Geld und Geldeswerte, z. B. Bargeld (gesetzliche Zahlungsmittel) und Schecks,
– sonstige Sachen, unbewegliche Sachen, wie z. B. bebaute und unbebaute Grundstücke und bewegliche Sachen, wie z. B. Schmuckstücke, Gemälde und Möbel,
– auf Geld gerichtete Forderungen,
– sonstige Rechte, wie Rechte aus Wechseln, Aktien und anderen Gesellschaftsanteilen, Rechte aus Grundschulden, Nießbrauch, Dienstbarkeiten, Altenteil, auch Urheberrechte, soweit es sich bei der Nutzung um ein in Geld schätzbares Gut handelt.

Die Abgrenzung von Einkommen und Vermögen richtet sich nach dem **Zuflussprinzip**. Danach ist alles das, was jemand in der Bedarfszeit wertmäßig dazu erhält, Einkommen (s. Rn. 339 ff.). Dagegen ist unter Vermögen das zu verstehen, was der Leistungsberechtigte bereits hat. Einmalige Einkünfte, wie z. B. Lottogewinne, Steuererstattungen oder die Eigenheimzulage, die während der Bedarfszeit zufließen, gehören daher zum Einkommen und nicht zum Vermögen. Sie sind auf einen Zeitraum von 6 Monaten gleichmäßig aufzuteilen, wenn durch die Anrechnung der Leistungsanspruch entfiele (§ 11 Abs. 3 SGB II). 434

Zum Vermögen zählt auch der **Rückforderungs- bzw. Rückübertragungsanspruch des verarmten Schenkers** gegen den Beschenkten (§ 528 BGB). Der Anspruch nach § 528 BGB entsteht soweit der Schenker nicht in der Lage ist, seinen angemessenen Unterhalt aus eigenen Mitteln zu bestreiten oder den in § 528 BGB genannten Personen (Verwandte, Ehegatte, Lebenspartner) Unterhalt zu leisten. Ist der Anspruch nicht zeitnah realisierbar und wird zunächst ALG II/Sozialgeld geleistet, geht der Anspruch unter den Voraussetzungen des § 33 SGB II auf den Träger über (s. Rn. 326). 435

Kapitel 4. Einkommens- und Vermögensanrechnung

II. Verwertbarkeit von Vermögen

436 Vermögen ist **verwertbar**, wenn es für den Lebensunterhalt verwendet bzw. sein Geldwert für den Lebensunterhalt durch Verbrauch, Übertragung, Beleihung, Vermietung oder Verpachtung genutzt werden kann. Bebaute oder unbebaute Grundstücke werden vorrangig durch Verkauf oder Beleihung (z.B. Aufnahme eines Darlehens – üblicherweise bis höchstens 70 Prozent des Verkehrswertes – unter gleichzeitiger Bestellung eines Grundpfandrechtes) verwertet. Ist die Verwertung durch Verkauf oder Beleihung nicht möglich, ist das Vermögen für den Einkommenserwerb durch Vermietung oder Verpachtung zu nutzen. Eine Verwertbarkeit scheidet aus, wenn völlig ungewiss ist, wann eine für die Verwertbarkeit notwendige Bedingung eintritt (i.d.R. 6-monatiger Bewilligungszeitraum als Maßstab für die Prognose, BSG v. 30.8. 2010 – B 4 AS 70/09 R).

437 **Forderungen oder dingliche Rechte** werden in der Regel durch Abtretung oder Verkauf verwertet. Bereits abgetretene Forderungen und Rechte sind jedoch nicht verwertbar. Wertpapiere, die auf längere Zeit festgelegt sind, können durch Beleihung verwertet werden.

438 **Nicht verwertbar** sind Vermögensgegenstände, die einer Verfügungsbeschränkung unterliegen (z.B. bei Insolvenz, Beschlagnahme, Verpfändung). Gilt dies nur für einen Teil eines Vermögensgegenstandes, ist der übrige Teil als Vermögen zu berücksichtigen. Ansprüche aus betrieblicher Altersversorgung in Form einer Direktversicherung sind nicht verwertbar. Nach § 2 BetrAVG besteht vor Eintritt des Versorgungsfalles keine Möglichkeit, den Versicherungsvertrag zu beleihen, zu verpfänden, abzutreten oder das Versicherungskapital (Rückkaufwert) durch Kündigung des Vertrages in Anspruch zu nehmen. Gleiches gilt für Anwartschaften auf betriebliche Altersversorgung nach Maßgabe des Betriebsrentengesetzes unabhängig vom gewählten Durchführungsweg.

439 Nach § 10 Abs. 1 Nr. 2b EStG sind Ansprüche auf eine persönliche Leibrente (sog. **Rürup-Rente**) nicht vererblich, übertragbar, beleihbar, veräußerbar und auch nicht kapitalisierbar. Solche Ansprüche sind daher nicht verwertbar.

440 Kleingärten sind einschließlich der Lauben gemäß § 3 Abs. 2 des Bundeskleingartengesetzes in der Regel nicht zu verwerten.

441 Ist ein sofortiger Zugriff auf berücksichtigungsfähige Vermögenswerte nicht möglich, können gegebenenfalls Leistungen in Form von **Darlehen** nach Maßgabe des § 9 Abs. 4 SGB II gezahlt werden. Das ist z.B. bei einer Erbengemeinschaft vor Auseinandersetzung denkbar (BSG v. 27.1. 2009 – B 14 AS 42/07 R).

442 Wenn Vermögen angerechnet, jedoch **tatsächlich nicht verbraucht** wurde, stellt sich die Frage, ob es als verbraucht gilt oder wiederholt berücksichtigt werden kann. Nach Auffassung des BSG (v. 30.7. 2008 -B 14 AS 14/08B) steht verwertbares Vermögen solange zur Verfügung bis es tatsächlich verbraucht ist. Denn es gibt keine Vorschrift, die der wiederholten Berücksichtigung entgegensteht. Diese Rechtsauffassung wird

B. Einsatz des Vermögens

– m.E. zu recht – mit dem Grundsatz der Subsidiarität der sozialen Grundsicherung begründet (so auch Eicher/Spellbrink, SGB II, § 12 Rn. 34). Danach kann es zur mehrfachen Anrechnung desselben Vermögens kommen.

III. Freibeträge

§ 12 Abs. 2 SGB II enthält einen abschließenden Katalog von Freibeträgen, die vom Vermögen absetzbar sind. Die **Freibeträge** sind mit Ausnahme des Grundfreibetrages nach § 12 Abs. 2 S. 1 Nr. 1 SGB II zweckgebunden. Innerhalb der Freibetragsarten nach § 12 Abs. 2 S. 1 Nr. 1, 3 und 4 SGB II wird der jeweilige Freibetrag, der dem Leistungsberechtigten und dessen Partner eingeräumt wird, addiert und dem vorhandenen Vermögen/Vermögenswert gegenüber gestellt, unabhängig davon, wer von den beiden Inhaber dieses Vermögens/Vermögenswertes ist. 443

Freibeträge, die einem **Kind** eingeräumt werden, sind jedoch ausschließlich dessen eigenem Vermögen zuzuordnen. Eine Übertragung nicht ausgeschöpfter Freibeträge der Eltern auf das Vermögen der Kinder bzw. nicht ausgeschöpfter Freibeträge von Kindern auf das Vermögen der Eltern ist nicht möglich. 444

1. Grundfreibetrag

Anders als in der Sozialhilfe, wo nur „kleinere Barbeträge" anrechnungsfrei sind, wird beim ALG II für jede in der Bedarfsgemeinschaft lebende volljährige Person ein **Grundfreibetrag** nach § 12 Abs. 2 S. 1 Nr. 1 SGB II in Höhe von 150 € je vollendeten Lebensjahr, mindestens aber **3100 €** eingeräumt. 445

Die nach Alter gestaffelten Höchstbeträge sind:

– Für vor dem 1.1. 1958 geborene Leistungsberechtigte 9750 €
– zwischen 31.12. 1957 und 1.1. 1964 geborene 9900 €
– nach dem 31.12. 1963 geborene 10 050 €.

Maßgebend für die Feststellung eines vollendeten Lebensjahres ist grundsätzlich der erste Tag des jeweiligen Bewilligungsabschnittes. Das **minderjährige leistungsberechtigte Kind** erhält auf sein Vermögen einen Grundfreibetrag in Höhe von 3100 €. Dies gilt z.B. für Sparguthaben oder die Anlage in einer Ausbildungsversicherung. Der Grundfreibetrag wird somit sowohl bei einem Anspruch auf ALG II als auch bei einem Anspruch auf Sozialgeld eingeräumt. Der Kindergrundfreibetrag mindert nur das dem Kind zugeordnete Vermögen, nicht das seiner Eltern. Der Freibetrag steht also ausdrücklich nur dem Kind und nicht der gesamten Bedarfsgemeinschaft zur Verfügung (BSG v. 13.5. 2009 – B4 AS 558/08R; s. Rn. 419). 446

Der Grundfreibetrag ist **nicht zweckgebunden**. Das bedeutet, er kann für jedes Vermögen eingesetzt werden. Dies gilt auch, soweit der Höchstbetrag für andere Absetzbeträge überschritten ist. 447

Kapitel 4. Einkommens- und Vermögensanrechnung

448

> **Beispiel:**
> Den Eheleuten W (beide 40 Jahre) gehört ein VW mit einem Wert von 10 000 €. Daneben haben sie Barvermögen in Höhe von 7000 €. Der Grundfreibetrag beträgt 40x150 € = 6000 € pro Person. Der Wert eines PKW wird bis 7500 € als angemessen angesehen. Da das vorhandene Vermögen von 7000 € unter dem Vermögensfreibetrag von 12 000 € liegt, kann aus den nicht ausgeschöpften Freibeträgen der Betrag von 2500 € für das Auto abgedeckt werden.

449 Zum Schutz des Vertrauens für Leistungsberechtigte, die im Zeitpunkt des In-Kraft-Tretens des SGB II bereits das 58. Lebensjahr vollendet hatten, enthält § 65 Abs. 5 SGB II eine **Übergangsregelung**: Für diese Personen gilt je vollendetem Lebensjahr ein Freibetrag von 520 € bis zur Höchstgrenze von 33 800 € (vgl. § 4 Abs. 2 Satz 2 der bis zum 31.12. 2004 gültigen Arbeitslosenhilfe-Verordnung). Diese Regelung gilt unabhängig davon, ob vor dem Bezug von ALG II Arbeitslosenhilfe bezogen wurde.

2. Altersvorsorge („Riester-Rente")

450 Nach § 12 Abs. 2 S. 1 Nr. 2 SGB II ist ein als Altersvorsorge durch das Altersvermögensgesetz gefördertes Vermögen (**„Riester"-Anlageformen**) vom Vermögen abzusetzen. Geschützt sind die geförderten Altersvorsorgeaufwendungen (Eigenbeiträge und Zulagen) sowie die Erträge hieraus. Der Höchstbetrag der staatlichen Förderung und somit auch der Privilegierung richtet sich nach § 10a EStG und beträgt seit 2008 im Kalenderjahr 2100 €.

451 Die Absetzbarkeit ist akzessorisch zur staatlichen Förderung. Wird der Altersvorsorgevertrag vorzeitig gekündigt, entfällt der Schutz als absetzbares Vermögen. Mit der Auszahlung des angesparten Betrages findet eine Umqualifizierung statt: Aus privilegierten Vermögen wird nicht privilegiertes einmaliges Einkommen (s. Rn. 386), wenn es nicht innerhalb eines Monats für eine neue Riester-Anlageform verwendet wird. Der Altersvorsorgevertrag muss den Voraussetzungen des § 5 Altersvorsorgeverträge-Zertifizierungsgesetz (AltZertG) entsprechen. Als Nachweis dient die jährliche Bescheinigung des Anbieters der Altersvorsorge nach § 92 Nr. 5 EStG über den Stand des Altersvorsorgevermögens.

3. Sonstige Altersvorsorge

452 Zusätzlich zu dem Grundfreibetrag nach § 12 Abs. 2 S. 1 Nr. 1 SGB II wird nach § 12 Abs. 2 S. 1 Nr. 3 SGB II

- dem erwerbsfähigen Leistungsberechtigten,
- dessen Partner,
- dem erwerbsfähigen minderjährigen Kind nach Vollendung des 15. Lebensjahres

B. Einsatz des Vermögens

ein Freibetrag in Höhe von 750 € je vollendetem Lebensjahr für geldwerte Ansprüche, die der **Altersvorsorge** dienen, eingeräumt (ausgenommen „Riester-Anlagen"). Die Höchstbeträge sind nach Alter gestaffelt:
- Für vor dem 1.1. 1958 geborene Leistungsberechtigte 48 750 €,
- zwischen 31.12. 1957 und 1.1. 1964 geborene 49 500 €,
- nach dem 31.12. 1963 geborene 50 250 € (seit 17.4. 2010).

Der Freibetrag gilt für jegliche Form der Altersvorsorge. Maßgebend ist jedoch, dass deren Verwertung vor Eintritt in den Ruhestand vertraglich unwiderruflich ausgeschlossen ist. Dies ist inzwischen gesetzlich fixiert worden. Auch ein Rückkauf/eine Kündigung oder eine Beleihung darf nicht möglich sein. Dies muss aus der jeweiligen Vereinbarung (z.B. Versicherungsvertrag) eindeutig hervorgehen. Eine normale Kapitallebensversicherung fällt daher nicht unter § 12 Abs. 2 S. 1 Nr. 3 SGB II, da sie jederzeit vor Vollendung des 65. Lebensjahres gekündigt und verwertet werden kann. Ist der Wert der geldwerten Ansprüche aus einer Altersvorsorge höher, unterliegen die über die Grenzen des § 12 Abs. 2 S. 1 Nr. 3 SGB II hinausgehenden Beträge der Verwertbarkeit, sofern sie nicht vom Grundfreibetrag gedeckt werden können.

Ein Ausschluss der Verwertung vor dem 60. Lebensjahr reicht aus (z.B. 453 „Fälligkeit vor Vollendung des 60. Lebensjahres ist ausgeschlossen, vorheriger Rückkauf/vorherige Kündigung ausgeschlossen"). Ist für bestimmte Berufsgruppen ein früherer Rentenbeginn vorgesehen (z.B. Piloten), gilt diese Altersgrenze (so BA FH 12.19).

Nach Erreichen der Altersgrenze ist der geschützte Vermögensbetrag 454 monatlich um 1/180 zu vermindern (180 Monate = 15 Jahre weiterer durchschnittlicher Lebenserwartung). Altersgrenze ist grundsätzlich der Termin, an dem die Versicherungsleistung fällig wurde. Bei Überschreitung der Freibeträge ist dann eine entsprechende Anrechnung auf das Arbeitslosengeld II/Sozialgeld vorzunehmen, wenn der Grundfreibetrag ausgeschöpft ist (so BA FH 12.20).

4. Freibetrag für notwendige Anschaffungen

Der Freibetrag nach § 12 Abs. 2 S. 1 Nr. 4 SGB II in Höhe von 750 € 455 wird jedem Leistungsberechtigten in der Bedarfsgemeinschaft eingeräumt. Er wird unabhängig vom Grundfreibetrag nach § 12 Abs. 2 S. 1 Nr. 1 SGB II gewährt. **Vermögen bis 750 €** ist somit für notwendige Anschaffungen (z.B. Haushaltsgeräte, Winterbekleidung) einzusetzen.

IV. Nicht zu berücksichtigendes Vermögen

§ 12 Abs. 3 S. 1 Nr. 1 bis 6 SGB II enthält einen abschließenden Kata- 456 log von Vermögensbestandteilen, die nicht verwertet werden müssen. Diese Vermögensbestandteile dürfen bei der Festsetzung der Leistungen nach dem SGB II nicht berücksichtigt werden.

Kapitel 4. Einkommens- und Vermögensanrechnung

1. Hausrat

457 § 12 Abs. 3 S. 1 Nr. 1 SGB II nimmt **angemessenen Hausrat** von der Berücksichtigung als Vermögen komplett aus. Die Angemessenheit orientiert sich an den bisherigen Lebensverhältnissen der Bedarfsgemeinschaft. Hausrat kann nicht deshalb als unangemessen angesehen werden, weil die Bedarfsgemeinschaft nach den augenblicklichen wirtschaftlichen Verhältnissen nicht in der Lage wäre, Hausrat desselben Wertes anzuschaffen. Zum Haushalt gehören insbesondere Möbel und die sonstige Wohnungseinrichtung wie z.b. Haushaltsgeräte, Fernseher, Wäsche, Bücher. Es muss sich um Gegenstände handeln, die zur Haushaltsführung und zum Wohnen notwendig oder zumindest üblich sind.

2. Kraftfahrzeug

458 Nach § 12 Abs. 3 S. 1 Nr. 2 SGB II ist ein **angemessenes Kraftfahrzeug** für jeden in der Bedarfsgemeinschaft erwerbsfähigen Leistungsempfänger geschützt. § 12 Abs. 3 S. 1 Nr. 2 SGB II setzt voraus, dass das Kfz bereits vorhanden, also nicht aufgrund des Eintritts von Hilfebedürftigkeit neu beschafft worden ist. Reparaturkosten werden nicht vom Regelbedarf erfasst (vgl. BSG v. 1.6. 2010 – B 4 AS 63/09). Bei Erwerbstätigen sind sie in den abzusetzenden Beträgen berücksichtigt (s. Rn. 388). Neubeschaffungen sind allerdings nicht ausgeschlossen, wenn sie, etwa wegen Aufnahme einer Erwerbstätigkeit, notwendig sind. § 12 Abs. 3 S. 1 Nr. 2 SGB II erfasst keine Leasing-Fahrzeuge. Ein angemessenes Auto für jeden Erwerbsfähigen der Bedarfsgemeinschaft oder ein Motorrad wird also nicht als Vermögen berücksichtigt. Die Prüfung der Angemessenheit hat unter Berücksichtigung der Umstände des Einzelfalls (Größe der Bedarfsgemeinschaft, Anzahl der Kfz im Haushalt, Zeitpunkt des Erwerbs) zu erfolgen.

459 Die Frage der Angemessenheit richtet sich sowohl nach der bisherigen beruflichen Tätigkeit als auch der angestrebten oder in Betracht kommenden Erwerbstätigkeit. Angemessen ist ein Kraftfahrzeug, das ein zuverlässiger, möglichst wenig reparaturanfälliger, sicherer und arbeitstäglich benutzbarer Gebrauchsgegenstand ist, der weder übertriebenen Luxus noch eine deutlich unter dem Durchschnitt liegende Motorleistung aufweist. Dabei ist der Verkehrswert maßgebender Faktor, nicht der Händlerverkaufspreis.

460 Eine starre Wertgrenze für die Angemessenheit eines Kfz darf der Leistungsträger zwar nicht festsetzen (LSG Niedersachsen-Bremen vom 11.8. 2005 – L 8 B 67/05 AS). Beträgt der zu erwartende Verkaufserlös (abzüglich ggf. noch bestehender Kreditverbindlichkeiten) **maximal 7500 €**, ist eine Beurteilung der Angemessenheit jedoch entbehrlich (BSG v. 6.9. 2007 -B14/7b AS 66/06; BA FH 12.24). Soweit das Kfz die Angemessenheitsgrenze übersteigt, ist der die Angemessenheit übersteigende Wert auf den Vermögensfreibetrag nach § 12 Abs. 2 S. 1 Nr. 1 SGB II anzurechnen. Die Gründe für die Entscheidung sind im Bescheid zu dokumentieren (s. Beispiel Rn. 423).

B. Einsatz des Vermögens

Beispiele aus der Rechtsprechung: 461
- Neuwagen, Wert 9000 € angemessen mit Umweltprämie und Grundfreibetrag (BayLSG 21.12.2009 – L7 AS 831/09 BER),
- Mittelklassefahrzeug, 105 PS, Superbenzin, Wert: 9600 € – nicht angemessen (LSG Rheinland-Pfalz vom 29.9.2006 – L 3 AS 1/06).
- 2 Jahre alter VW Touran, Wert: 15 800 € – nicht angemessen (LSG Niedersachsen-Bremen vom 27.10.2005 – L 8 AS 357/05 ER).
- Ein Kfz bis zu 10 000 € – angemessen (LSG Baden-Württemberg vom 1.8.2005 – L 7 AS 2875/05 ER-B).
- Zweieinhalb Jahre alter Nissan Almera, Wert: 8500 € – angemessen (LSG Niedersachsen-Bremen vom 11.8.2005 – L 8 B 67/05 AS).
- Ein Pkw mit einem Restwert von 12 000 € – nicht angemessen (LSG Bayern vom 2.5.2005 – L 10 B 180/05 AS ER).

3. Altersvorsorge bei Befreiung von Versicherungspflicht

Ist der Leistungsberechtigte oder sein Partner von der Versicherungs- 462
pflicht in der gesetzlichen Rentenversicherung durch den Rentenversicherungsträger befreit und wird nachgewiesen, dass bestimmte Sachen und Rechte der Alterssicherung dienen, bleibt dieses Vermögen nach § 12 Abs. 3 S. 1 Nr. 3 SGB II außen vor. Für gesetzlich nicht Pflichtversicherte z.b. Gewerbetreibende gilt diese Regelung allerdings nicht (LSG Berlin v. 16.12.2008 -S 26 AS 21019/08ER). Es muss klar erkennbar sein, dass das Vermögen für die Alterssicherung bestimmt ist. Dieser Nachweis kann z.B. durch die Vorlage einer Versicherungspolice über eine kapitalbildende Lebensversicherung geführt werden. Ist der Nachweis der Alterssicherung erbracht, ist das Vermögen unabhängig von der Höhe zu schonen.

4. Immobilie

§ 12 Abs. 3 S. 1 Nr. 4 SGB II verschont ein **selbst genutztes Haus-** 463
grundstück oder eine selbst genutzte Eigentumswohnung von der Berücksichtigung als Vermögen, wenn sich die Größe in einem angemessenen Rahmen hält. Kann das nicht angemessene Hausgrundstück oder die Eigentumswohnung nicht oder nicht in wirtschaftlicher Weise verwertet werden oder würde eine Verwertung für den Eigentümer eine besondere Härte bedeuten, scheidet eine Berücksichtigung bereits nach § 12 Abs. 1 bzw. Abs. 3 S. 1 Nr. 6 SGB II aus.

Die Verwertung einer vom Eigentümer allein oder zusammen mit Ange- 464
hörigen bewohnten Immobilie (Hauptwohnsitz) ist nicht möglich, wenn sie von **angemessener Größe** ist. Das gilt sinngemäß auch für ein verwertbares Dauerwohnrecht. Im übrigen richtet sich die Angemessenheit nach den Lebensumständen im Einzelfall, insbesondere der Zahl der im Haushalt lebenden Personen und der voraussichtlichen Dauer der Hilfebedürf-

Kapitel 4. Einkommens- und Vermögensanrechnung

tigkeit. Nach dem BSG (v. 20.8. 2009 -B 14 AS 41/08R) erfolgt die Prüfung der Angemessenheit einer Wohnung in zwei Schritten:

1. Feststellung der abstrakt angemessenen Wohnungsgröße
2. Räumlicher Vergleichsmaßstab: Hatte der Leistungsempfänger eine konkrete Unterkunftsalternative?

465 Entscheidend für die Angemessenheit ist allein die Größe der Wohnung oder des Hauses, nicht aber dessen Marktwert (LSG Baden-Württemberg v. 1.8. 2005 -L 7 AS 2875/05ERB). Das BSG hält für Häuser mit nur einer Wohnung grundsätzlich 130 qm für angemessen, bei einer Wohnung 120 qm. Ausgehend von 120 qm für vier Personen ist nach dem BSG ein Abschlag von 20 qm pro Person zu berechnen. Dabei gilt allerdings eine Untergrenze von 80 qm für eine Wohnung mit bis zu zwei Personen (BSG v. 19.3. 2008 – B 14 AS 54/07R; v. 7.11. 2006 – B 7b AS 2/05 R). Für Familien mit mehr als vier Personen wird ein Aufschlag von 20 qm je Person vorgenommen. Danach gilt Folgendes:

Bewohnt mit Personen	Eigentumswohnung	Familienheim
1–2	80 qm	90 qm
3	100 qm	110 qm
4	120 qm	130 qm
5	140 qm	150 qm

Eine Anpassung auf den Einzelfall bezogen ist möglich, wenn also z.B. der Leistungsempfänger keine konkrete Alternative hatte (s.o. unter 2). Nach den Hinweisen der BA kommt eine Berücksichtigung als Vermögen nur in Betracht, wenn die selbstgenutzte Immobilie deutlich zu groß ist (BA FH 12.26).

466 Hinsichtlich der **Grundstücksgröße** ist zu differenzieren.

– Eine Grundstücksfläche von 500 qm im städtischen und
– von 800 qm im ländlichen Bereich ist in der Regel als angemessen anzusehen.

467 Ist die Größe einer selbst genutzten Immobilie nicht angemessen, ist die Verwertung von eigentumsrechtlich abtrennbaren Gebäude- oder Grundstücksbestandteilen vorzunehmen. Dies kann durch Verkauf oder Beleihung erfolgen. Möglich ist auch die Bildung in sich abgeschlossener Eigentumswohnungen oder Teilung des Grundstücks. Ist die Wohnfläche nicht in abgeschlossene Wohneinheiten aufgeteilt, ist vom Leistungsberechtigten zu erwarten, dass er mögliche Ertragsquellen, wie die Vermietung von Zimmern nutzt (vgl. LSG NRW v. 6.4. 2011 – L 12 AS 42/07).

468 Sofern ein erwerbsfähiger Leistungsberechtigter einen **Kleingarten** bzw. Datscha gepachtet oder gemietet hat, kann eine Berücksichtigung als Vermögen nur unter Wertung aller Umstände im Einzelfall erfolgen.

5. Beschaffung und Erhaltung einer Immobilie für Wohnzwecke behinderter oder pflegebedürftiger Menschen

Nach § 12 Abs. 3 S. 1 Nr. 5 SGB II ist das Vermögen geschont, sobald **469** es nachweislich der **Beschaffung eines Hausgrundstückes** von angemessener Größe einschließlich einer Eigentumswohnung zu Wohnzwecken **behinderter oder pflegebedürftiger Menschen** dient oder dieser Zweck durch den Einsatz oder die Verwertung des Vermögens gefährdet würde. Der Beschaffung ist der Aus- oder Anbau, der Abschluss eines Erbbauvertrages oder der Erwerb eines Dauerwohnrechts sowie auch die zweckentsprechende Ausstattung gleichgestellt. Die Erhaltung umfasst das Instandsetzen und Instandhalten, worunter auch zweckdienliche Verbesserungen (z.B. umweltgerechte Heizungsanlage, Wärmeisolierung) fallen, nicht aber reine Verschönerungsmaßnahmen.

Voraussetzung ist, dass die Beschaffungs- oder Erhaltungsmaßnahme in **470** einem **absehbaren Zeitraum** geplant ist, in dem sie den begünstigten Personen aller Voraussicht nach auch wirksam zugute kommen wird. Ein Kaufvertrag sollte jedoch spätestens innerhalb eines Jahres abgeschlossen werden bzw. die Erhaltungsmaßnahme sollte in dieser Zeitspanne begonnen werden.

Die konkrete Absicht und Planung ist von der leistungsberechtigten Per- **471** son plausibel darzulegen. Als **Nachweis** kommen z.B. in Betracht: Baupläne, Finanzierungspläne und -zusagen, Verträge mit Baugesellschaften, Aufträge an Handwerker, Architekten. Der Wohnzweck muss im Zusammenhang mit der Behinderung/Pflegebedürftigkeit stehen. Die Wohnung muss nicht ausschließlich zu diesem Zweck bestimmt sein. Es genügt, dass ein Behinderter usw. dort wohnen und betreut werden soll.

Das Vermögen ist auch dann bereits geschützt, wenn es für behinderte **472** oder pflegebedürftige Personen eingesetzt werden soll, die zwar nicht zur Bedarfsgemeinschaft gezählt werden, aber zumindest **Angehörige i.S. § 16 Abs. 5 SGB X** sind.

Eine **Gefährdung** des geplanten Zweckes i.S. des § 12 Abs. 3 S. 1 Nr. 5 **473** SGB II liegt insbesondere vor, wenn ohne die Privilegierung des Vermögens das Vorhaben auf nicht absehbare Zeit aufgeschoben werden müsste, die laufenden Belastungen unzumutbar erhöht oder die Kosten erheblich steigen würden.

6. Unwirtschaftlichkeit/Besondere Härte

In § 12 Abs. 3 S. 1 Nr. 6 SGB II ist ein allgemeiner Auffangtatbestand **474** gesetzlich fixiert. Danach gehören Sachen und Rechte zum Schonvermögen, soweit ihre Verwertung **offensichtlich unwirtschaftlich** wäre oder für den Betroffenen eine besondere Härte bedeuten würde. Offensichtlich unwirtschaftlich ist die Verwertung insbesondere, wenn die eigene Investition in keinem angemessenen Verhältnis mehr zum Verwertungserlös steht. Das ist grundsätzlich dann der Fall, wenn der Erlös den Substanzwert um mehr als 10 v.H. unterschreitet (BA FH 12.37; aber LSG

NRW v. 6.4. 2011 – L 12 AS 47/07). Die Verwertung von Kapitallebensversicherungen, deren Rückkaufswert die jeweilige Summe der eingezahlten Beiträge um 26,9 % unterschreitet, ist jedenfalls offensichtlich unwirtschaftlich (BSG v. 15.4. 2008 -B14/7b AS 6/07R). Das ist dagegen bei einer Differenz von 9 % nicht der Fall (LSG Baden-Württ. v. 18.11. 2009 -L 13 AS 5234/08). Nach den Fachlichen Hinweisen der BA (12.37a) ist eine Lebensversicherung i.d.R. im letzten Fünftel der Laufzeit verwertbar.

475 Zukünftige Gewinn-/Renditeaussichten werden nicht berücksichtigt. Bei einer Vermögensanlage in **Aktien**, Aktienfonds oder ähnlichen Anlagen (insbesondere solche mit Tageskurs) ist aber aus der Anlageform heraus ein gewisses Risiko gegeben. Würden diese Werte nicht berücksichtigt, führte das faktisch zur Übernahme des Risikos durch die Grundsicherung für Arbeitsuchende. Solche Anlagen sind daher unabhängig vom früheren Kaufpreis als Vermögen zu berücksichtigen.

476 Schließlich kann von der Verwertung von Vermögenswerten abgesehen werden, wenn dies für den Leistungsberechtigten eine **besondere Härte** bedeuten würde. Diese kann sich sowohl aus den besonderen Lebensumständen des Leistungsberechtigten als auch aus der Herkunft des Vermögens ergeben.

477 Während beim ALG II nach dem Wortlaut nur bei einer „besonderen" Härte Vermögen unberücksichtigt bleibt, ist dies für die Sozialhilfe schon bei (einfacher) Härte der Fall (§ 90 Abs. 3 SGB XII). Nach Sinn und Zweck des Gesetzes darf m.E. kein Unterschied beim Maßstab der Härte zwischen der Vermögensverwertung bei der Sozialhilfe und bei der Grundsicherung bestehen, da beides Sozialleistungen sind, die der Sicherung des notwendigen Lebensunterhalts dienen (so auch die h.M. Radüge in Schlegel/Voelzke juris PK, SGB II, § 12 Rn. 136; vgl. Eicher/Spellbrink, SGB II, § 12 Rn. 88). Eine Härte liegt vor, wenn die Verwertung den Betroffenen durch seinen besonderen Bezug zu dem Gegenstand erheblich trifft. Die Prüfung der besonderen Härte hat alle Gesichtspunkte des Einzelfalles zu berücksichtigen, diejenigen wirtschaftlicher Art sind gerade nicht ausschlaggebend. Es handelt sich um atypische Fälle aufgrund besonderer Umstände, wozu die Art und Dauer der Hilfe, das Alter des Leistungsberechtigten sowie sonstige Belastungen gehören. Dieser unbestimmte Rechtsbegriff ist gerichtlich voll überprüfbar.

478 | **Beispiele für besondere Härte:**
Einsatz der Altersvorsorge kurz vor dem Rentenalter; Vermögen stammt aus geschütztem Vermögen wie Schmerzensgeldzahlung (BSG v. 15.4. 2008 -B14/7b AS 6/07R), besondere Familien-/Erbstücke, Bestattungssparbuch, Vorsorge für Beerdigung und Grabpflege (s.u.).

> **Beispiele besondere Härte verneint:**
> Verwertung von Vermögensbestandteilen verhindert Aufbau einer weitergehenden Altersvorsorge (LSG Schleswig-Holstein v. 17.11. 2006 – L 3 AL 156/05); Lebensversicherung wird evt. im Falle einer Berufsunfähigkeit benötigt (LSG Bayern v. 2.12. 2005 – L 7 AS 51/05); Vermögen resultiert aus Sozialplan oder Abfindung wegen des Verlustes des Arbeitsplatzes (Eicher/Spellbrink, SGB II, § 12 Rn. 92); Mittel aus Bestattungsvorsorgevertrag bzw. Sterbegeldversicherung fallen nicht generell unter die Härteklausel (so LSG Schleswig-Holstein v. 4.12. 2006, ZfSH/SGB 07/750, streitig); Münzsammlung (LSG Nds.-Bremen v. 10.8. 2010 – L7 AS 382/08).

7. Berufsausbildung/Erwerbstätigkeit

479 Privilegiert sind auch **Vermögensgegenstände**, die für die Aufnahme oder Fortsetzung einer **Berufsausbildung oder der Erwerbstätigkeit** unentbehrlich sind (§ 7 Abs. 1 ALG II–V). Ziel dieser Regelung ist die Vermeidung der Verwertung von Vermögensgegenständen, die später ggfs. über Leistungen zur beruflichen Eingliederung wieder beschafft werden müssten. Beispiele für solche Gegenstände können sein: Werkzeuge, Maschinen, Transportmittel, Kraftfahrzeuge, soweit nicht bereits als angemessenes Kfz ohnehin geschützt (z.B. einziger Lkw des Fuhrunternehmers), Halbfertigerzeugnisse, der zur Fortführung eines kleinen Geschäfts erforderliche Warenbestand, Schreib-, Diktier- und Zeichengeräte, Telekommunikationsendgeräte, Hard- und Software sowie Frisörschere, Waage des Fleischers.

480 Nicht zu den Vermögensgegenständen in diesem Sinne gehört eine für ein Kind abgeschlossene **Ausbildungsversicherung**. Soweit die Vermögensfreibeträge gemäß § 12 SGB Abs. 2 SGB II nicht zum Schutze anderen Vermögens genutzt werden, kann eine Ausbildungsversicherung im Rahmen dieser Freibeträge geschützt bleiben.

V. Verkehrswert

481 Gem. § 12 Abs. 4 SGB II ist das Vermögen mit seinem **Verkehrswert** zu berücksichtigen. Unter dem Verkehrswert ist der Geldbetrag zu verstehen, der durch eine Verwertung des Vermögensgegenstandes im freien Geschäftsverkehr zu erzielen ist.

482 Bei kapitalbildenden Lebensversicherungen ist demnach der aktuelle **Rückkaufswert** (Auszahlungsbetrag unter Berücksichtigung von Gebühren und Kosten) anzusetzen.

483 Bei der Feststellung des Wertes einer Immobilie sind **dingliche Belastungen** (Grundschulden, Hypotheken und Nießbrauch) zu berücksichtigen. Andere Verbindlichkeiten bleiben außer Betracht. Als Nachweis für den Verkehrswert von Immobilien sind nur Kaufverträge oder Verkehrs-

wertgutachten zu akzeptieren, die nicht älter als 3 Jahre sind. Gegebenenfalls ist auf vorhandene Bodenrichtwerttabellen zurück zu greifen. Bei bebauten Grundstücksflächen oder einer Eigentumswohnung sind Auskünfte aus der Kaufpreissammlung der Gutachterausschüsse bei den Kataster- und Vermessungsämtern einzuholen. Die BA hat eine Arbeitshilfe zur Verkehrswertermittlung von Haus- und Grundeigentum zur Verfügung gestellt (BA Anlage zu FH 12.43).

484 Legt der Antragsteller Unterlagen vor, die als **Nachweis** für die Verkehrswertermittlung nicht geeignet sind und ergibt sich aus der Bodenrichtwerttabelle/Kaufpreissammlung ein bis zu zehn Prozent abweichender Verkehrswert, sind die Angaben des Antragstellers zu akzeptieren.

485 Der **Zeitpunkt** der Bewertung des Vermögens richtet sich nach dem Zeitpunkt der Antragstellung, § 12 Abs. 4 Satz 2 SGB II. Wird die Verwertung eines Vermögensgegenstandes erst später möglich, so ist der Zeitpunkt maßgebend, von dem an alle Voraussetzungen für eine Verwertung vorliegen. In diesen Fällen kann eine Gewährung von Darlehen nach § 9 Abs. 4 SGB II in Betracht kommen.

486 **Wesentliche Änderungen** des Verkehrswertes sind mit ihrem Eintritt zu berücksichtigen, § 12 Abs. 4 Satz 3 SGB II. Eine Änderung des Verkehrswertes ist wesentlich, wenn er Auswirkungen auf die Höhe der zu gewährenden Leistungen hat. Unerheblich ist, ob sich der Wert zugunsten oder zu Ungunsten des Vermögensinhabers verändert hat.

Eine Tabelle zur „Vermögensfreistellung im SGB II" ist als Anlage 4 den Fachlichen Hinweisen der BA angefügt (www.arbeitsagentur.de).

Kapitel 5
Sanktionen

Neben dem Grundsatz des Förderns steht gleichberechtigt der Grundsatz des Forderns. Arbeitsuchende sind daher verpflichtet, konkrete Schritte zur Behebung ihrer Hilfebedürftigkeit zu unternehmen. Sie müssen sich vorrangig und eigeninitiativ um die Beendigung ihrer Erwerbslosigkeit bemühen und aktiv an allen Maßnahmen mitwirken, die dieses Ziel unterstützen. Kommen sie diesen Verpflichtungen ohne wichtigen Grund nicht nach, hat dies Sanktionen in Form von Minderungen oder sogar des Wegfalls der Leistungen zur Folge. Dabei gehen die im SGB II geregelten Sanktionen als Sonderbestimmungen der Vorschrift über die Folgen fehlender Mitwirkung nach § 66 SGB I vor (vgl. § 37 SGB I). Nach 66 SGB I ist eine Versagung von Leistungen in einem weiteren Umfang möglich. Diese weitergehende Regelung des SGB I hat für die sozialhilferechtliche Pflicht zur Selbsthilfe durch Arbeit bisher keine Anwendung gefunden (BVerwGE 98, 203). **487**

Zum 1.1.2011 sind die Vorschriften über die Sanktionen im SGB II neu gefasst worden. Ziel der Neufassung war es u.a. die Sanktionsregelungen zu entzerren und dadurch übersichtlich zu gestaltet. Nach der Neufassung sind die Sanktionsvorschriften wie folgt strukturiert: **488**

– Regelung der Tatbestände von Pflichtverletzungen in § 31 SGB II
– Regelung der Rechtsfolgen bei Pflichtverletzungen in § 31a SGB II
– Regelung zu Beginn und Dauer der Minderung in § 31b SGB II und
– Regelung zu Meldeversäumnissen in § 32 SGB II

Die Feststellung der Pflichtverletzung und der Minderung des Arbeitslosengeldes erfolgt durch einen Sanktionsbescheid des zuständigen Grundsicherungsträgers. Widerspruch und Anfechtungsklage gegen einen Sanktionsbescheid haben nach § 39 Nr. 1 SGB II keine aufschiebende Wirkung.

A. Pflichtverletzungen

I. Weigerung der Teilnahme an arbeitsmarktpolitischen Maßnahmen

In § 31 Abs. 1 Satz 1 SGB II sind Pflichtverletzung genannt, die eine Minderung des Arbeitslosengeld II zur Folge haben können. Dabei handelt es sich um die Weigerung des Leistungsberechtigten, Angebote zur Wiedereingliederung in den Arbeitsmarkt anzunehmen. Erwerbsfähige Leis- **489**

Kapitel 5. Sanktionen

tungsberechtigte verletzen danach ihre Pflichten, wenn sie trotz schriftlicher Belehrung über die Rechtsfolgen oder deren Kenntnis

1. sich weigern, in der Eingliederungsvereinbarung oder dem diese ersetzenden Verwaltungsakt nach § 15 Abs. 1 Satz 6 SGB II festgelegte Pflichten zu erfüllen, insbesondere in ausreichendem Umfang Eigenbemühungen nachzuweisen. Mit dem Abschluss einer Eingliederungsvereinbarung nach § 15 SGB II wird das Verhältnis zwischen dem Leistungsberechtigten und dem Grundsicherungsträger konkretisiert. Allein die Weigerung des Leistungsberechtigten, eine Eingliederungsvereinbarung abzuschließen, bedeutet aber noch keine Pflichtverletzung.
2. sich weigern, eine zumutbare Arbeit, Ausbildung, Arbeitsgelegenheit nach § 16d SGB II oder eine mit einem Beschäftigungszuschuss nach § 16e SGB II geförderte Arbeit aufzunehmen, fortzuführen oder deren Anbahnung durch ihr Verhalten verhindern. Ein Arbeitsangebot muss dabei hinreichend bestimmt sein. Nur ein solches Angebot ermöglicht es dem Leistungsberechtigten zu prüfen, ob die angebotene Tätigkeit zumutbar ist oder zulässige Ablehnungsgründe vorliegen (Sächsisches LSG v. 2. 4. 2008 – L 2 B 141/08 AS – ER). Das Bestimmtheitsgebot erfordert insbesondere, dass die Art der Tätigkeit, ihr zeitlicher Umfang, die zeitliche Verteilung und die vorgesehene Entlohnung im Arbeitsangebot bezeichnet werden.
3. eine zumutbare Maßnahme zur Eingliederung in Arbeit nicht antreten, abbrechen oder Anlass für den Abbruch bieten. Ein Pflichtverstoß nach § 31 Abs. 1 Satz 1 Nr. 3 SGB II liegt z. B. dann vor, wenn der Leistungsberechtigte schuldhaft den Ablauf der Maßnahme beeinträchtigt, den Erfolg der Maßnahme gefährdet oder der Verbleib in der Maßnahme dem jeweiligen Träger nicht zugemutet werden kann (z. B. bei wiederholtem unentschuldigten Fehlen, grober Missachtung der Unterrichts- oder Betriebsordnung).

490 Voraussetzung für eine Minderung des Arbeitslosengeldes II wegen dieser Pflichtverletzungen ist, dass der Leistungsberechtigte die Pflichtverletzungen trotz schriftlicher Belehrung über die Rechtsfolgen oder deren Kenntnis begangen hat. In der Rechtsfolgenbelehrung sind auch auf die verschärften Folgen wiederholter Pflichtverletzung hinzuweisen.

491 In all den Fällen des § 31 Abs. 1 Satz 1 Nr. 1 bis 3 SGB II kommt eine Minderung des Arbeitslosengeldes II in Betracht. Eine Minderung des Arbeitslosengeldes II ist dann nicht möglich, wenn § 31 Abs. 1 Satz 2 SGB II greift. Danach liegt keine Pflichtverletzung vor, wenn der erwerbsfähige Leistungsberechtigte einen wichtigen Grund für sein Verhalten darlegt und nachweist.

A. *Pflichtverletzungen*

II. Keine Minderung der Leistungen bei Vorliegen eines „wichtigen Grundes"

Sanktionen treten nicht ein, wenn der erwerbsfähige Hilfebedürftige einen **wichtigen Grund** für sein Verhalten nachweist. Abweichend vom Untersuchungsgrundsatz nach § 20 SGB X bestimmt das SGB II, dass der Hilfeempfänger diesen wichtigen Grund nachzuweisen hat. Diese **Beweislastumkehr** erscheint sachgerecht, weil es sich in erster Linie um Gründe handelt, die in seiner persönlichen Sphäre liegen. Eine vergleichbare Regelung ist für die Sperrzeit in § 144 Abs. 1 SGB III (vgl. hierzu Voelzke in Spellbrink/Eicher, § 12 Rdnr. 337 ff.) getroffen worden, allerdings mit der ausdrücklichen Einschränkung, dass sich die Darlegungs- und Beweislast des Arbeitslosen nur auf Gründe bezieht, die „in seiner Sphäre oder in seinem Verantwortungsbereich liegen". 492

Das Bundessozialgericht hat den unbestimmten Rechtsbegriff „wichtiger Grund" anhand des Zwecks der Sperrzeitregelung konkretisiert (BSG SozR 3-4100 § 119 Nr. 16). Danach soll eine Sperrzeit nur dann eintreten, wenn dem Arbeitnehmer unter Berücksichtigung aller Umstände des Einzelfalles und unter Abwägung seiner Interessen mit denen der Versichertengemeinschaft ein anderes Verhalten zugemutet werden kann. Dieser Maßstab ist auch für die Auslegung des Begriffs „wichtiger Grund" i. S. v. § 31 SGB II übertragbar sein. Folgerichtig wird in den Verlautbarungen der Bundesagentur für Arbeit ein wichtiger Grund dann angenommen, wenn die Interessen des Hilfebedürftigen gegenüber den Interessen der Allgemeinheit überwiegen. Im Hinblick auf die erheblichen Anforderungen, denen die Betroffenen hinsichtlich der Zumutbarkeit einer Erwerbstätigkeit i. S. v. § 10 SGB II unterliegen, dürften wichtige Gründe nur in Ausnahmefällen von den Agenturen für Arbeit anerkannt werden. 493

Für die Aufgabe oder Ablehnung einer Arbeit liegt nach den „**Hinweisen** zur Grundsicherung für Arbeitsuchende" der Bundesagentur für Arbeit ein **wichtiger Grund** dann vor, wenn 494

– die Ausübung einer Arbeit die Erziehung eines unter dreijährigen Kindes gefährden würde,
– die Pflege eines Angehörigen nicht mit der Ausübung einer Arbeit vereinbar ist und die Pflege nicht auf andere Weise sichergestellt werden kann,
– der Betroffene zu bestimmten Arbeiten körperlich, geistig oder seelisch nicht in der Lage ist.

Kein wichtiger Grund wird angenommen, wenn

– die Entfernung zur neuen Arbeitsstelle mit einem höheren Zeitaufwand verbunden ist,
– eine Beschäftigung zu ungünstigeren Arbeitsbedingungen angeboten wird,
– die Tätigkeit nicht der bisherigen Qualifikation des Betroffenen entspricht.

Kapitel 5. Sanktionen

495 Voraussetzung für eine Pflichtverletzung ist, dass der Leistungsberechtigte trotz Belehrung über die Rechtsfolgen oder deren Kenntnis in ungenügendem Umfang selbst an der Beendigung der Arbeitslosigkeit mitgewirkt haben. Nach der zum 1.1. 2011 erfolgten Änderung kann eine Pflichtverletzung auch vorliegen, wenn der Leistungsberechtigte die Rechtsfolgen seines Verhaltens kannte. Der bisher notwendige Nachweis über eine schriftliche Rechtsfolgenbelehrung muss in diesem Fall nicht mehr geführt werden.

III. Sonstige Pflichtverletzungen

496 Neben den in § 31 Abs. 1 SGB II genannten Weigerungen des Leistungsberechtigten sind in § 31 Abs. 2 Nr. 1 bis 4 SGB II weitere Tatbestände geregelt, die zu einer Minderung des Arbeitslosengeldes führen können. Danach ist eine Pflichtverletzung der erwerbsfähigen Leistungsberechtigten dann anzunehmen, wenn

1. sie nach Vollendung des 18. Lebensjahres ihr Einkommen oder Vermögen in der Absicht vermindert haben, die Voraussetzungen für die Gewährung oder Erhöhung des Arbeitslosengeldes II herbei zu führen. Hierbei kommt nur eine direkte Handlung in Betracht. Indirekte Handlungen, wie etwa das Unterlassen beruflicher Umschulungsmaßnahmen erfüllen nicht die Tatbestandsvoraussetzungen von § 31Abs. 2 Nr. 1 SGB II. Dem Vorgehen des Leistungsberechtigten muss zudem Vorsatz zugrunde gelegen haben; grobe Fahrlässigkeit nach § 45 Abs. 2 Satz 2 Ziff. 3 SGB X ist nicht ausreichend. Die Aufgabe eine geringfügigen Beschäftigung ohne wichtigen Grund, wird der Praxis als Pflichtverletzung eingestuft, wenn die Aufgabe allein deshalb erfolgt, weil der Hinzuverdienst wegen der Anrechnungsvorschriften nicht mehr lohnend erscheint.
2. sie trotz Belehrung über die Rechtsfolgen oder deren Kenntnis ihr unwirtschaftliches Verhalten fortsetzen. Ein unwirtschaftliches Verhalten in diesem Sinne liegt vor, wenn ein Leistungsberechtigter unter Berücksichtigung der ihm durch die Allgemeinheit gewährten Hilfen bei allen oder einzelnen seiner Handlungen jede wirtschaftlich vernünftige Betrachtungsweise vermissen lässt und dadurch weitere Hilfebedürftigkeit auslöst.
3. ihr Anspruch auf Arbeitslosengeld ruht oder erloschen ist, weil die Agentur für Arbeit das Eintreten einer Sperrzeit oder das Erlöschen des Anspruchs nach dem SGB III festgestellt hat. Diese Voraussetzungen sind gegeben, wenn die zuständige Agentur für Arbeit einem Leistungsberechtigten mit Anspruch auf Arbeitslosengeld einen nach § 144 oder § 147 SGB III erlassen hat. Auf die Dauer der festgestellten Sperrzeiten kommt es dabei nicht an.
4. sie die im SGB III genannten Voraussetzungen für das Eintreten einer Sperrzeit erfüllen, die das Ruhen oder Erlöschen des Anspruchs auf Ar-

beitslosengeld begründen. Eine derartige Pflichtverletzung liegt vor, wenn der Leistungsberechtigte dem Grunde nach die Voraussetzungen für den Eintritt einer Sperrzeit nach dem SGB III erfüllt, die das Ruhen oder Erlöschen das Anspruchs auf Arbeitslosengeld begründen würde. In erster Linie werden von dieser Regelung Sachverhalte erfasst, bei denen ein Sperrzeitentatbestand nach dem SGB III gegeben ist, allerdings die Voraussetzungen für den Anspruch auf Arbeitslosengeld nicht vorliegen (z.B. wegen Nichterfüllung von Anwartschaftszeiten).

B. Minderung und Wegfall des Arbeitslosengeldes II

I. Minderung in erster Stufe

§ 31a Abs. 1 SGB II normiert die Rechtsfolgen pflichtwidrigen Verhaltens Danach mindert sich das Arbeitslosengeld II **in einer ersten Stufe um 30% des für die erwerbsfähige Person maßgeblichen Regelsatzes** (§ 31a Abs. 1 Satz 1 SGB II). Betroffen von der Minderung ist die (ungeminderte) Regelleistung zur Sicherung des Lebensunterhalts (§§20 SGB II). 497

II. Minderung in zweiter Stufe bei wiederholter Pflichtverletzung

Bei der **ersten wiederholten Pflichtverletzung** nach § 31a Abs. 1 SGB II wird das **Arbeitslosengeld II um 60%** gekürzt. Eine erste wiederholte Pflichtverletzung liegt nur dann vor, wenn zeitlich zuvor eine Minderung wegen einer Pflichtverletzung auf der vorhergehenden Stufe festgestellt worden ist. Die Feststellung einer Pflichtverletzung auf der zweiten Stufe kann also erst nach Bekanntgabe der vorangegangenen Sanktionsentscheidung erfolgen. 498

> **Beispiel:** 499
> Arbeitsaufgabe am 15.01. Sanktionsbescheid mit Belehrung vom 25.1. am 20.1 Pflichtverletzung aus Eingliederungsvereinbarung: Es liegt keine wiederholte Pflichtverletzung vor, da der Leistungsberechtigte nicht über die Rechtsfolgen belehrt war.

Bei **jeder weiteren wiederholten** Pflichtverletzung nach § 31 Abs. 1 SGB II ergibt sich eine **Minderung um 100%** (§ 31a Abs. 1 Sätze 2 und 3 SGB II), d.h. der Anspruch entfällt vollständig. Dabei liegt eine wiederholte Pflichtverletzung nicht vor, wenn der Beginn des vorangegangenen Sanktionszeitraums länger als ein Jahr zurückliegt (§ 31 Abs. 1 Satz 4 SGB II). Die Jahresfrist läuft kalendermäßig ab. Unterbrechungen des 500

Leistungsbezugs wirken sich nach der Praxis der Bundesagentur für Arbeit nicht fristverlängernd aus.

501 Bei der dritten Pflichtverletzung (zweite wiederholte Pflichtverletzung nach § 31a Abs. 1 Satz 3 SGB II) **kann** die Sanktion unter Berücksichtigung aller Umstände des Einzelfalles auf eine Minderung von 60% des Regelsatzes begrenzt werden, wenn der Hilfebedürftige sich nachträglich bereit erklärt, seinen Pflichten nachzukommen (§ 31a Abs. 1 Satz 5 SGB II). Der Leistungsberechtigte muss dazu glaubhaft darlegen, dass er gewillt ist, künftig alles zu tun, um seine Hilfebedürftigkeit zu beenden, wie z.B.

- die Eingliederungsvereinbarung noch zu unterschreiben,
- einzelnen Verpflichtungen aus der Eingliederungsvereinbarung künftig nachzukommen,
- auf Vermittlungsvorschläge unverzüglich zu reagieren und sich auf die angebotene Stelle zu bewerben bzw. Kontakt mit dem Arbeitgeber aufzunehmen,
- künftig jede zumutbare Arbeitsgelegenheit anzunehmen bzw. die angebotene anzutreten, sofern dies noch möglich ist

502 Kann der Leistungsberechtigte seinen Pflichten nicht mehr nachkommen, z.B. bei Arbeitsaufgabe oder Maßnahmeabbruch, ist eine Verkürzung der Sanktion grundsätzlich nicht mehr möglich.

503 Bei einer Minderung des Arbeitslosengeldes II von mehr als 30% *können* in angemessenem Umfang **ergänzende Sachleistungen** oder **geldwerte Leistungen**, insbesondere in Form von Lebensmittelgutscheinen, erbracht werden, § 31a Abs. 3 Satz 1. Diese Leistungen beziehen sich dem Volumen ausschließlich auf den über 30% hinausgehenden Kürzungsbetrag. Die Gewährung von ergänzenden Sachleistungen oder geldwerten Leistungen steht im Ermessen des Grundsicherungsträgers, wenn der Betroffene die Gewährung von Sachleistungen begehrt. In der Ermessensentscheidung des Grundsicherungsträgers über die Gewährung von Sachleistungen sind insbesondere die wirtschaftlichen Verhältnisse der sanktionierten Person zu beachten. Die Bewilligung von ergänzenden Sachleistungen setzt nach der Praxis der Bundesagentur für Arbeit voraus, dass dem Leistungsberechtigten weder sofort verwertbares Schonvermögen noch sonstige Einnahmen zur Bestreitung des Lebensunterhalts zur Verfügung stehen. Leben minderjährigen Kindern im Haushalt des betroffenen Leistungsberechtigten werden ergänzende Sachleistungen erbracht werden (§ 31a Abs. 3 Satz 2 SGB II). Auf diese Weise soll verhindert werden, dass minderjährige Kinder dadurch übermäßig belastet werden, dass das Arbeitslosengeld II ihrer Eltern oder Elternteile wegen derer Pflichtverletzungen abgesenkt wurde. Hierdurch soll das Existenzminimum von minderjährigen Kindern besonders gesichert werden, die ohne ihr eigenes Zutun Gefahr laufen, von der Leistungskürzung eines Mitglieds ihrer Bedarfsgemeinschaft mitbetroffen zu werden. Über die Auswirkungen wiederholter Pflichtverletzungen auf den Leistungsanspruch ist der Hilfebe-

B. Minderung und Wegfall des Arbeitslosengeldes II

dürftige zeitlich bereits vor der Pflichtverletzung in verständlicher Form zu belehren.

Bei einer Minderung des Arbeitslosengeldes II um mindestens 60% soll das Arbeitslosengeld II, soweit es für den Bedarf für Unterkunft und Heizung nach § 22 Abs. 1 SGB II erbracht wird, direkt an den Vermieter oder andere Empfangberechtigte gezahlt werden, § 31a Abs. 3 Satz 3. Ziel dieser Regelung ist es, dass der Anteil der Transferzahlungen, der für Unterkunft und Heizung gedacht ist, auch tatsächlich bei Vermietern und anderen Empfangsberechtigten (Z.B: Energieversorgungsunternehmen) ankommt.

504

III. Sonderregelung für erwerbsfähige Hilfebedürftige zwischen 15 bis unter 25 Jahren

§ 31a Abs. 2 SGB II enthält eine Sonderregelung für junge erwerbsfähige Hilfebedürftige zwischen 15 bis unter 25 Jahre. Maßgeblich für die Feststellung des Alters des Leistungsberechtigten ist der Tag des sanktionsbegründenden Ereignisses. Die Jugendlichen erhalten bei einer **ersten Pflichtverletzung** keine Geldleistungen mit Ausnahme der Kosten für Unterkunft und Heizung. Dabei *soll* der Träger die Kosten für Unterkunft und Heizung direkt an den Vermieter zahlen. Bei **wiederholter** Pflichtverletzung innerhalb der Jahresfrist fällt das Arbeitslosengeld II einschließlich der Kosten für Unterkunft und Heizung vollständig weg. Allerdings *kann* der Träger unter Berücksichtigung aller Umstände des Einzelfalles in diesem Fall entsprechende Leistungen erbringe, wenn sich der Hilfebedürftige nachträglich bereit erklärt, seinen Pflichten nachzukommen.

505

IV. Beginn und Dauer der Minderung

Der Beginn und die Dauer der Minderung des Arbeitslosengeldes II ist in § 31b SGB II geregelt. Danach mindert sich der Auszahlungsanspruch mit Beginn des Kalendermonats, der auf das Wirksamwerden des Verwaltungsakts folgt, der die Pflichtverletzung und den Umfang der Minderung der Leistung feststellt. Die Minderung dauern drei Monate. Bei erwerbsfähigen Hilfebedürftigen zwischen 15 und unter 25 Jahren kann der Träger die Dauer der Sanktion unter Berücksichtigung aller Umstände des Einzelfalls auf **sechs Wochen** verkürzen. Während dieser Zeit besteht auch kein Anspruch auf Leistungen nach dem SGB XII (§ 31b Abs. 2 SGB II). Die Absenkung der Leistungen gilt unabhängig davon, ob die Art der Pflichtverletzung zwischenzeitlich beendet wurde. Denn eine vorzeitige Beendigung der Absenkung von Leistungen bei erklärter oder ins Werk gesetzter Arbeitsbereitschaft ist nicht vorgesehen. Sofern innerhalb des Sanktionszeitraums eine erneute Pflichtverletzung erfolgt, beginnt ein neuer Zeitraum zu laufen, der sich an den ersten Sanktionszeitraum anschließt oder sich teilweise überschneiden kann.

506

V. Minderung bei Meldeversäumnissen

507 Kommt der Leistungsberechtigte trotz schriftlicher Belehrung über die Rechtsfolgen oder deren Kenntnis einer Aufforderung des zuständigen Grundsicherungsträgers, sich bei ihm zu melden oder bei einem ärztlichen oder psychologischen Untersuchungstermin zu erscheinen, nicht nach, mindert sich das Arbeitslosengeld II oder das Sozialgeld nach § 32 Abs. 1 Satz 1 SGB II um jeweils 10% des für sie maßgeblichen Regelsatzes. Diese Minderung wegen Meldeversäumnissen gilt für alle Leistungsberechtigten. In ihren Anwendungsbereich fallen also sowohl über und unter 25jährige erwerbsfähige Leistungsberechtigte als auch mit ihnen in Bedarfsgemeinschaft lebende nicht erwerbsfähige Leistungsberechtigte. Eine Aufforderung zur Wahrnehmung eines ärztlichen oder psychologischen Untersuchungstermins für den Bezieher von Sozialgeld kann z.B. dann in Betracht kommen, wenn in seiner Person ein Vermittlungshemmnis für den erwerbsfähigen Partner liegt (z.B. wegen Alkoholabhängigkeit, die dazu führt, dass ein zum Haushalt gehörendes Kind nur von dem erwerbsfähigen Partner betreut werden kann). Wird dieser Termin ohne wichtigen Grund vom Bezieher des Sozialgeldes nicht wahrgenommen, greift die Sanktion nach §§ 32 SGB II.

508 Wiederholte Meldeversäumnisse führen dazu, dass sich der Vonhundertsatz der Minderung um jeweils 10%-Punkte gegenüber der vorherigen Minderung erhöht. Eine wiederholte Pflichtverletzung liegt nur vor, wenn ein vorangegangenes Meldeversäumnis bereits zu einer Minderung des Anspruchs geführt hat, d.h. ein entsprechender Sanktionsbescheid bereits bekannt gegeben wurde. Wird z.B. ein Leistungsberechtigter nach einem Meldeversäumnis erneut eingeladen, um ihn über die Gründe für sein Nichterscheinen zu befragen, und nimmt er den zweiten Termin auch nicht wahr, liegt keine wiederholte Pflichtverletzung vor. Etwas anderes gilt nur dann, wenn dem Leistungsberechtigten die Rechtsfolge der Meldeversäumnissen bekannt war.

509 Die Minderung nach § 32 Abs. 1 Satz 1 tritt nicht ein, wenn der Leistungsberechtigte einen wichtigen Grund für sein Verhalten nachweist. Nach den Hinweisen der Bundesagentur für Arbeit ist die Vorlage einer Arbeitsunfähigkeitsbescheinigung grundsätzlich als wichtiger Grund anzuerkennen. Nicht zulässig als Nachweis für einen wichtigen Grund ist es, von den Leistungsberechtigten die Vorlage einer sogenannten „Bettlägerigkeitsbescheinigung" zu verlangen.

510 Bedeutsam ist noch die Kumulationsregelung in § 32 Abs. 2 SGB II. Danach tritt einer Minderung wegen Meldeversäumnissen einer Minderung nach § 31a SGB II hinzu. Konkret heißt dies, dass sich das Arbeitslosengeld II um 40% vermindert, wenn der Leistungsberechtigte sowohl eine Pflichtverletzung nach § 31 SGB II begehrt als auch gegen seine Meldeverpflichtung nach § 32 Abs. 1 Satz 1 SGB II verstößt. Die entsprechende Sanktionsbeträge werden also in Überschneidungsmonaten addiert.

Kapitel 6
Soziale Sicherung

Die Grundsicherung für Arbeitsuchende umfasst auch die soziale Absicherung der Empfänger von Arbeitslosengeld II sowie grundsätzlich der Empfänger von Sozialgeld gegen die Risiken der Krankheit und Pflegebedürftigkeit. Alle Empfänger sind zudem unfallversichert, wenn sie auf besondere Aufforderung den Träger oder andere Stellen besuchen, z.B. für eine ärztliche Untersuchung (§ 2 Nr. 14 SGB VII). Die Spitzenverbände der Krankenkassen und die BA haben mit Rundschreiben vom 26.1. 2007 umfassend zur Sozialversicherung der Bezieher von Arbeitslosengeld II und Sozialgeld Stellung genommen. Allerdings ist das Rundschreiben seitdem nicht überarbeitet worden. **511**

A. Sozialversicherung der Empfänger von Arbeitslosengeld II

I. Gesetzliche Krankenversicherung

Empfänger von Arbeitslosengeld II (nicht dagegen von Sozialgeld) sind grundsätzlich in der gesetzlichen Krankenversicherung **pflichtversichert** (§ 5 Abs. 1 Nr. 2a SGB V); dies gilt auch für diejenigen Personen, die Arbeitslosengeld II nach der Übergangsvorschrift des § 65 Abs. 4 S. 1 SGB II erhalten. Bei mehreren Beziehern von Arbeitslosengeld II in einer Bedarfsgemeinschaft wird in der Regel derjenige pflichtversichert, der den Antrag abgibt, die anderen werden familienversichert (§ 38 Abs. 1 S. 2 SGB II analog). **512**

Ausnahmen von der Versicherungspflicht bestehen in folgenden Fällen: **513**

– Der Empfänger von Arbeitslosengeld II ist bereits oder wird später familienversichert nach § 10 SGB V (diese Familienversicherung kann sich auch von Personen ableiten, die selbst nicht Leistungsempfänger sind).
– Die Leistung wird nur darlehensweise gewährt: Aus dem Wort „nur" und dem Zweck der Ausschlussregelung heraus dürften allein solche Leistungsberechtigten ausgenommen sein, die eine Leistung ausschließlich als Darlehen erhalten, nicht dagegen Leistungsberechtigte, die nur einen Teil ihrer Leistung als Darlehen erhalten.
– Leistungsberechtigte, die ausschließlich einmalige Leistungen nach § 24 Abs. 3 S. 1 SGB II bekommen.

Kapitel 6. Soziale Sicherung

514 Leistungsberechtigte, die durch den Bezug von Arbeitslosengeld II versicherungspflichtig werden, in den Jahren vor dem Leistungsbezug aber nicht gesetzlich krankenversichert waren (z.B. aufgrund hohen Verdienstes), können auf Antrag von der **Versicherungspflicht befreit** werden, wenn sie bei einem Krankenversicherungsunternehmen versichert sind und nach Art und Umfang entsprechende Vertragsleistungen erhalten (§ 8 Abs. 1 Nr. 1a SGB V). In diesem Fall können Zuschüsse zu den Versicherungsbeiträgen nach § 26 SGB II gewährt werden. Der Antrag auf Befreiung muss innerhalb von drei Monaten nach Beginn der Versicherungspflicht gegenüber der zuständigen Krankenkasse gestellt werden und ist nicht widerruflich (§ 8 Abs. 2 SGB V).

1. Beginn des Versicherungsschutzes

515 Die Mitgliedschaft in der gesetzlichen Krankenversicherung **beginnt** mit dem Tag, von dem an das Arbeitslosengeld II tatsächlich bezogen wird (§ 186 Abs. 2a SGB V), unabhängig von einer Rechtspflicht zur Zahlung. Wird die Leistung rückwirkend gewährt, so wirkt auch die Versicherung zurück. Sollte bei verzögerter Abgabe des Antrags oder verzögerter Bearbeitung eine Behandlung erforderlich sein, empfiehlt es sich aber, mit der Krankenkasse eine Regelung über einen vorläufigen Versicherungsschutz zu treffen. Bestand vor Bezug des Arbeitslosengeldes II keine Mitgliedschaft in einer gesetzlichen Krankenkasse, sollen die Leistungsempfänger durch Erklärung gegenüber der Kasse eine Kasse auswählen und dem Leistungsträger umgehend die Mitgliedsbescheinigung vorlegen; ansonsten werden sie einer Kasse zugeordnet, und zwar derjenigen, bei der sie zuletzt versichert waren, ansonsten einer wählbaren Kasse.

2. Ende des Versicherungsschutzes

516 Die Versicherung **endet** mit Ablauf des letzten Tages, für den Arbeitslosengeld II bezogen wird (§ 190 Abs. 12 SGB V), danach kommt unter den Voraussetzungen des § 9 SGB V eine freiwillige Versicherung in Betracht. Wird die Entscheidung, die zum Bezug des Arbeitslosengeldes II geführt hat, rückwirkend aufgehoben, bleibt die Versicherungspflicht für die Zeit bis zur Aufhebung der Entscheidung dennoch grundsätzlich bestehen, d.h. rückwirkend bleibt die Versicherungspflicht unberührt. Dies gilt auch, wenn die Leistungen zurückgefordert werden und zurückgezahlt sind (§ 5 Abs. 1 Nr. 2a Halbsatz 2 SGB V).

3. Leistungsumfang und Beiträge

517 Als Mitglieder der gesetzlichen Krankenversicherung können die Bezieher von Arbeitslosengeld II grundsätzlich alle **Leistungen** der Krankenkassen in Anspruch nehmen. Das umfasst auch das in der Höhe dem Arbeitslosengeld II entsprechende **Krankengeld** (§§ 44, 47b SGB V i.V.m. § 5 Abs. 1 S. 1 SGB II; außer bei familienversicherten Empfängern von

Arbeitslosengeld II, § 44 Abs. 2 Nr. 1 SGB V). Die Leistung bei Krankheit wird zur Verwaltungsvereinfachung aber weiterhin vom Träger des Arbeitslosengeldes II ausgezahlt (ab der 7. Woche als Krankengeld). Wichtig ist die unverzügliche Anzeige der Arbeitsunfähigkeit sowie Vorlage einer ärztlichen Bescheinigung über die Arbeitsunfähigkeit und deren voraussichtliche Dauer (§ 56 SGB II, vgl. Rn. 658).

Für die Bestimmung der **Belastungsobergrenze für Zuzahlungen** (2 % des Bruttoeinkommens, für chronisch Kranke 1 %) gilt: Für Bezieher von Arbeitslosengeld II und die mit ihnen in Bedarfsgemeinschaft wohnenden Personen wird als maßgebliches Bruttogehalt nur die Regelleistung nach § 20 SGB II berücksichtigt (§ 62 Abs. 2 S. 6 SGB V); andere Leistungen, insbesondere für Unterkunft und Heizung sowie für Mehrbedarfe, werden nicht zur Berechnung herangezogen. 518

Für jeden erwerbsfähigen Leistungsberechtigten, der pflichtversichert ist (abweichende Regelung für freiwillig Versicherte in § 240 SGB V), wird von der Bundesagentur für Arbeit bzw. dem kommunalen Träger ein pauschaler **Beitrag** an die Krankenkasse entrichtet (§§ 232a Abs. 1 S. 1 Nr. 2, 246, 252 Abs. 1 S. 2 SGB V), der vom Bund getragen wird (§ 251 Abs. 4 SGB V). 519

II. Gesetzliche Pflegeversicherung

Bezieher von Arbeitslosengeld II, die in der gesetzlichen Krankenversicherung versicherungspflichtig sind, sind auch in der gesetzlichen Pflegeversicherung pflichtversichert (§ 20 Abs. 1 Nr. 2a SGB XI). Etwas anderes gilt dann, wenn sie in der gesetzlichen Krankenversicherung familienversichert sind (dann sind sie grundsätzlich auch in der Pflegeversicherung familienversichert, § 25 Abs. 1 SGB XI), wenn die Leistung nur als Darlehen erbracht wird oder wenn sie nur Leistungen nach § 24 Abs. 3 S. 1 SGB II erhalten (vgl. Rdnr. 585); ebenso hinsichtlich Beginn und Ende der Mitgliedschaft (§ 49 Abs. 1 SGB XI). Betreffend Berechnung, Tragung und Zahlung der Beiträge gelten die Vorschriften über die gesetzliche Krankenversicherung (§§ 57, 59, 60 SGB XI verweisen jeweils auf das SGB V). 520

III. Gesetzliche Rentenversicherung

In der Vergangenheit waren Bezieher von Arbeitslosengeld II auch in der gesetzlichen Rentenversicherung pflichtversichert (§ 3 S. 1 Nr. 3a SGB VI a.F.). Diese Pflichtversicherung wurde durch das Haushaltsbegleitgesetz 2011 mit Wirkung ab 1.1.2011 gestrichen. Seitdem sind Zeiten des Bezugs von Arbeitslosengeld II lediglich Anrechnungszeiten nach § 58 Abs. 1 Nr. 6 SGB VI. Auf diese Weise werden Lücken in der Versicherungsbiografie vermieden und bestehende Anwartschaften insbesondere auf Erwerbsminderungsrenten weiterhin aufrechterhalten. Diese Ren- 521

Kapitel 6. Soziale Sicherung

ten können künftig sogar höher ausfallen als nach bisherigem Recht. Umgekehrt können Anwartschaften auf Erwerbsminderungsrenten durch den Bezug von Arbeitslosengeld II – anders als bisher – mangels Pflichtversicherung nicht mehr neu aufgebaut werden.

522 Bezieher von Arbeitslosengeld II, die im Anschluss an diese Leistung eine andere Sozialleistung (z. B. Übergangsgeld) beziehen, bleiben auch künftig in der gesetzlichen Rentenversicherung pflichtversichert. Dies wird dadurch erreicht, dass die neuen Anrechnungszeiten wegen des Bezugs von Arbeitslosengeld II den Einjahreszeitraum nach § 3 S. 1 Nr. 3 zweiter Halbsatz SGB VI, in dem zuletzt Versicherungspflicht bestanden haben muss, verlängern. Dadurch wird sichergestellt, dass Betroffene weiterhin Rehabilitationsmaßnahmen nach § 11 SGB VI erhalten können.

B. Absicherung der Bezieher von Sozialgeld

523 Die Absicherung in der gesetzlichen Kranken- und Pflegeversicherung ist auf die Bezieher von Arbeitslosengeld II beschränkt. Bezieher von Sozialgeld können aber als Familienversicherte in der gesetzlichen Kranken- und Pflegeversicherung versichert sein (§ 10 SGB V, § 25 SGB XI; dabei ist aber die Einkommensgrenze – 2011: 365 € (West), 320 €(Ost) bzw. 400 € bei einer geringfügigen Beschäftigung – zu beachten.

C. Beitragszuschuss bei Befreiung von der Versicherungspflicht

524 Bezieher von Arbeitslosengeld II oder Sozialgeld, die für den Fall der Krankheit bei einem **privaten Krankenversicherungsunternehmen** oder **freiwillig in der gesetzlichen Krankenversicherung** versichert sind, erhalten einen Zuschuss zu den Versicherungsbeiträgen (§ 26 Abs. 1 SGB II). Bei Leistungsberechtigten, die privat krankenversichert und unabhängig von der Höhe des zu zahlenden Beitrags hilfebedürftig sind, ist der Zuschuss der Höhe nach begrenzt auf den Betrag, der auch für einen Bezieher von Arbeitslosengeld II in der gesetzlichen Krankenversicherung zu tragen ist (§ 12 Abs. 1c S. 6 VAG). Dieser Betrag ist für die Betroffenen vielfach niedriger als der Beitrag für ihre private Krankenversicherung in Höhe des halben Basistarifs (§ 12 Abs. 1c S. 4 VAG). Die verbleibende „**Beitragslücke**" hatten in der Vergangenheit die Leistungsberechtigten selbst zu tragen. Das Bundessozialgericht hat nunmehr entschieden, dass Beiträge zu einer erforderlichen Krankenversicherung in notwendigem Umfang vom Träger der Grundsicherung für Arbeitsuchende übernommen werden müssen (BSG, Urteil vom 18.1.2011, B 4 AS 108/10 R). In Folge dieses Urteils hat die Bundesagentur für Arbeit in Abstimmung mit dem Bundesministerium für Arbeit und Soziales entschieden, dass künftig die Beiträge für eine private Krankenversicherung bis zur Höhe des halben

Basistarifs zu übernehmen sind. Die Grundsicherungsträger werden den Betroffenen zunächst rückwirkend zum 18.1. 2011 (Tag der Urteilsverkündung) den erhöhten Zuschuss auszahlen. Über die Auswirkungen des Urteils des Bundessozialgerichts auf die aufgelaufenen Beitragsschulden der Betroffenen dagegen gibt es noch keine entsprechenden Festlegungen (vgl. Antwort der Bundesregierung auf die Kleine Anfrage der Fraktion DIE LINKE. „Deckungslücke bei privat krankenversicherten ALG-II-Beziehenden nach dem Urteil des Bundessozialgerichts", BT-Drucksache 17/4962 vom 1.3. 2011).

Beziehern von Arbeitslosengeld II oder Sozialgeld werden die Aufwendungen für eine angemessene **private Pflegeversicherung** im notwendigen Umfang übernommen (§ 26 Abs. 2 SGB II). Dies gilt entsprechend, soweit Personen allein durch diese Aufwendungen hilfebedürftig würden. Die Bundesagentur zahlt den **Zusatzbeitrag zur gesetzlichen Krankenversicherung** (§ 242 SGB V) für Personen, die allein durch diese Aufwendungen hilfebedürftig würden, in der erforderlichen Höhe (§ 26 Abs. 3 SGB II). Demgegenüber fallen bei einer **Familienversicherung** in der gesetzlichen Kranken- und Pflegeversicherung keine Beiträge an und werden daher auch nicht im Rahmen von § 26 SGB II erstattet.

Kapitel 7
Zuständigkeiten und Organisation

A. Allgemeines

Das **BVerfG** hat am 20.12.2007 (BverfGE 119, 331) entschieden, dass **526** die gemeinsame Aufgabenwahrnehmung von Bundesagentur für Arbeit (BA) und Kommunen in der Grundsicherung für Arbeitssuchende als Mischverwaltung nicht mit Art. 28 Abs. 2 GG i.V.m. Art. 83 GG vereinbar ist. Die bestehenden Regelungen seien nur noch bis 31.12.2010 anwendbar. Der Gesetzgeber musste daher eine verfassungskonforme Neuregelung der Organisation in den Jobcentern treffen (vgl. zum folgenden Gesetzesbegründung, BT Drs. 17/1555, Seite 15 ff., Rundschreiben der Bundesministerin Dr. Ursula von der Leyen MdB an die Mitglieder der Fraktionen von CDU/CSU, FDP und SPD vom 21.4.2010 sowie AuS Portal für Arbeitsrecht und Sozialrecht). Hierbei sollte sichergestellt werden, dass die gemeinsame Aufgabenwahrnehmung durch Agenturen für Arbeit und Kommunen im Regelfall fortgesetzt werden kann. Zu diesem Zweck wurde eine Grundgesetzänderung (siehe B.) auf den Weg gebracht sowie ein Ausführungsgesetz (siehe C.) dazu.

B. Änderung des Grundgesetzes

Der Bundestag hat am 17.6.2010 die Einfügung eines neuen Art. 91e in **527** das GG gebilligt. Der Bundesrat hat dem am 9.7.2010 zugestimmt. Art. 91e Abs. 1 GG schafft die verfassungsrechtliche Grundlage für die Fortsetzung der Aufgabenwahrnehmung der bisherigen SGB II Leistungsträger BA und Kommune in gemeinsamen Einrichtungen (**Jobcenter**). Dadurch wird eine Ausnahme vom Verbot der Mischverwaltung für den Bereich der Grundsicherung für Arbeitssuchende eingeführt. Art. 91e Abs. 2 GG erlaubt außerdem eine begrenzten Anzahl von **kommunalen Trägern** als alleinige Träger der Grundsicherung für Arbeitssuchende. Die Zulassung erfolgt auf Antrag des kommunalen Trägers und bedarf der Zustimmung der obersten Landesbehörde. Zusätzlich zu den bestehenden 69 Optionskommunen sollen bis zu 41 weitere Kommunen die Möglichkeit erhalten, alleinige Träger der Aufgaben aus dem SGB II zu werden. Die Kriterien für die Auswahl sind in einer Rechtsverordnung des zuständigen Bundesministeriums für Arbeit und Soziales (BMAS) mit Zustimmung des Bundesrates festgelegt worden (siehe D.). Das Nähere wird in einem Bundesgesetz geregelt (siehe C.).

C. Gesetz zur Weiterentwicklung der Organisation der Grundsicherung für Arbeitssuchende

528   Beide Träger, BA und Kommune, bilden gemeinsame Einrichtungen (**Jobcenter**, § 6d)) und nehmen ihre Aufgaben weiterhin gemeinsam wahr. In den gemeinsamen Einrichtungen werden die Kompetenzen beider Träger gebündelt. Durch Ergänzungen im Gesetz soll die Aufgabenwahrnehmung fortentwickelt und das Prinzip der Leistungserbringung aus einer Hand gestärkt werden.

529   Die Arbeitsgemeinschaften nach § 44b SGB II werden umbenannt in „**Gemeinsame Einrichtungen**" und werden **Jobcenter** genannt. Sie nehmen die Aufgaben der BA und des kommunalen Trägers wahr und können Verwaltungsakte und Widerspruchsbescheide erlassen. Es handelt sich dabei um – nun verfassungsrechtlich abgesicherte – Mischverwaltungen. Die bestehende Aufteilung der Zuständigkeiten bleibt unberührt. Für die kommunalen Träger kommt allerdings neu das Bildungs- und Teilhabepaket für Kinder hinzu (vgl. Kapitel 1 A 2).

530   Die **Optionskommunen** werden entfristet und damit dauerhaft zugelassen und ebenfalls durch die Änderung des GG (siehe B.) verfassungsrechtlich in ihrem Bestand abgesichert. Weitere, bis zu 41, Kommunen können als alleinige Träger des SGB II zugelassen werden. Sie sind anstelle der BA Träger der Aufgaben gemäß § 6b Abs. 1.

531   Bei jedem Jobcenter wird eine **Trägerversammlung** (§ 44c) gebildet, die paritätisch durch Vertreter der BA und des kommunalen Trägers besetzt wird. Sie ist für Angelegenheiten in Bezug auf die Organisation, das Personal und die örtliche Arbeitsmarktpolitik zuständig. Sie bestellt den Geschäftsführer sowie den Beauftragten für Chancengleichheit am Arbeitsmarkt und berät zu dem Betreuungsschlüssel.

532   Der **Geschäftsführer** (§ 44d) der gemeinsamen Einrichtung nimmt die laufenden Geschäfte wahr und vertritt die Einrichtung gerichtlich und außergerichtlich, er hat dienst-, personal- und arbeitsrechtliche Befugnisse und wird für fünf Jahre bestimmt.

533   Das **Personal** in den gemeinsamen Einrichtungen soll besser gestellt werden. Zu diesem Zweck soll jedes Jobcenter eigene Grundsätze zur Personalentwicklung erarbeiten. Außerdem soll eine **Personalvertretung** (§ 44h) gebildet und ein **Gleichstellungsbeauftragter** (§ 44j) bestellt werden.

534   Die Umsetzung des SGB II in den Jobcentern wird auf allen Ebenen durch Ausschüsse unterstützt. Auf Bundesebene wird ein **Bund-Länder-Ausschuss** (§ 18c) beim BMAS gebildet, in dem die Bundesregierung, die Länder, die kommunalen Spitzenverbände und die BA vertreten sind. Auf Landesebene werden **Kooperationsausschüsse** (§ 18b) gebildet, in denen BMAS und die zuständigen Landesbehörden zusammenarbeiten und die Arbeit im jeweiligen Bundesland koordinieren sowie regionale Ziele und Schwerpunkte der Arbeitsmarktpolitik abstimmen. Der Kooperationsaus-

schuss wird beispielsweise eingeschaltet, wenn es Konflikte über Weisungszuständigkeiten gibt (§ 44e). Bei jedem Jobcenter wird schließlich ein **örtlicher Beirat** (§ 18d) gebildet, in dem die lokalen Eingliederungsmaßnahmen abgestimmt werden.

Die Ausgestaltung der **Aufsicht** (§ 47) wird gesetzlich klar festgelegt. Die Träger BA und Kommune bleiben für ihre jeweiligen Leistungen gegenüber dem Jobcenter verantwortlich. Die Rechts- und Fachaufsicht über die BA verbleibt beim Bund, die Aufsicht über die Kommune beim Land. Anders als bisher führt die Rechtsaufsicht über das Jobcenter als Ganzes der Bund, wobei er ein Einvernehmen mit dem jeweiligen Bundesland erzielen soll. Die Aufsicht über die Optionskommunen führen weiterhin die Länder (§ 48). Neu ist, dass sie hierbei der Rechtsaufsicht des Bundes unterliegen. Die Finanzkontrolle des Bundes und die Prüfungsrechte des Bundesrechnungshofes gegenüber den Optionskommunen werden klargestellt (§ 6b Abs. 3 und 4). Dieses Aufsichtsmodell wird durch ein modernes Steuerungssystem für alle Grundsicherungsstellen ergänzt (§ 48a und b). Sowohl Jobcenter als auch Optionskommune werden künftig in ein bundesweites System von Zielvereinbarungen und einen bundesweiten Vergleich von Kennzahlen einbezogen. 535

D. Kommunalträger-Eignungsfeststellungsverordnung

Die Verordnung wurde am 21.4. 2010 vom BMAS erlassen; am 9.7. 2010 hat der Bundesrat zugestimmt. Rechtsgrundlage ist § 6a Abs. 1 SGB II. 536

Die Verordnung regelt das Zulassungsverfahren der weiteren 41 kommunalen Träger, wobei diese Zahl anteilsmäßig auf alle Bundesländer verteilt wurde. Jeder kommunale Träger, der einen Antrag auf alleinige Aufgabenwahrnehmung stellt, muss der zuständigen Landesbehörde ein Konzept vorlegen, das seine Eignung belegt. Die zuständige Landesbehörde bewertet das Konzept, sodass sich aus der erreichten Punktzahl eine Reihenfolge der antragstellenden Kommunen ergibt. Die Kriterien, nach denen die Eignung eines kommunalen Bewerbers festgestellt wird, sind in der Verordnung festgelegt. Diese beziehen sich insbesondere auf die organisatorische Leistungsfähigkeit, die Qualifizierung des Personals, die arbeitsmarktpolitischen Konzepte. Politisch brisant war im Vorfeld vor allem die Regelung in § 6a Abs. 2 SGB II, wonach der Antrag der Kommune in der dafür zuständigen Vertretungskörperschaft eine Mehrheit von zwei Dritteln der Mitglieder erfordert. Diese Bestimmung soll aber sicherstellen, dass eine breite Mehrheit in der Kommune – die auch nach einer Wahl weiterträgt – für die alleinige Aufgabenwahrnehmung eintritt. 537

Kapitel 8
Sofortige Vollziehbarkeit, Mitwirkungspflichten und Rechtsbehelfe

A. Sofortige Vollziehbarkeit

§ 39 wurde durch die Regelsatzreform zum 1.1. 2011 ergänzt (vgl. Einleitung A). Grundsätzlich gilt wie zuvor, dass Widerspruch und Anfechtungsklage gegen einen **Verwaltungsakt** (**VA**), der Leistungen der Grundsicherung für Arbeitssuchende aufhebt, zurücknimmt oder widerruft, keine aufschiebende Wirkung haben. Dies gilt nun auch für einen VA, der eine Pflichtverletzung und die Minderung des Auszahlungsanspruchs feststellt (Ziff. 1). 538

Die Aufzählung der Fälle, in denen Widerspruch und Anfechtungsklage keine aufschiebende Wirkung haben, ist abschließend. Die Leistungen der Grundsicherung für Arbeitssuchende nach Nr. 1 sind gemäß § 19 insbesondere das Arbeitslosengeld II, das Sozialgeld und die neuen Leistungen für Bildung und Teilhabe nach § 28. Nicht erfasst sind Ersatzansprüche nach § 34 und Erbenansprüche nach § 35. 539

Neben den VA'en, die Leistungen nach dem SGB II teilweise oder vollständig versagen oder entziehen, hat auch der Widerspruch gegen Sanktionsbescheide keine aufschiebende Wirkung, da dieser die Minderung oder den Wegfall von Leistungen feststellt. Durch die Rechtsänderung zum 1.1. 2011 fallen nun auch VA'e nach § 31a und b unter die Vorschrift, da sie den Leistungsanspruch aufgrund einer Pflichtverletzung (§ 31) mindern. 540

Nach Nr. 2 haben Widerspruch und Anfechtungsklage gegen einen Verwaltungsakt, der den Übergang eines Anspruchs bewirkt, keine aufschiebende Wirkung. Voraussetzung zur Tatbestandserfüllung ist, dass der Anspruch nicht per Legalzession, sondern durch einen Verwaltungsakt übergeleitet wird, so genannte Magristralzession. 541

Nach Nr. 3 haben Widerspruch und Anfechtungsklage gegen einen Verwaltungsakt keine aufschiebende Wirkung, mit dem zur Beantragung einer vorrangigen Leistung aufgefordert wird. Hintergrund dieser Regelung ist die zentrale Verpflichtung des Hilfebedürftigen, seine Hilfebedürftigkeit auch durch die Inanspruchnahme vorrangiger Leistungen zu verringern oder zu beenden. Dies kann nur erreicht werden, wenn der zuständige Leistungsträger bei Weigerung des Hilfebedürftigen die dafür erforderlichen Anträge stellen kann. Damit Hilfebedürftige nicht endgültig durch die Einlegung von Rechtsmitteln für die Dauer des Verwaltungs- und Klageverfahren die Inanspruchnahme vorrangiger Leistungen vereiteln, haben Widerspruch und Anfechtungsklage keine aufschiebende Wirkung. 542

B. Mitwirkungspflichten

543 Durch die Regelsatz- und die Jobcenter- Reformen der Jahre 2010 und 2011 (siehe Einleitung) haben sich an den folgenden Vorschriften nur redaktionelle Änderungen ergeben. So heißen Hilfebedürftige jetzt durchgängig Leistungsberechtigte. Am materiellen Gehalt der §§ 56 ff. hat sich durch die beiden Reformen nichts geändert.

Für Leistungsberechtigte, ihre Arbeit-/Auftraggeber sowie Dritte bestehen nach §§ 56 ff. SGB II Mitwirkungspflichten, deren Verletzung teilweise schadensersatzpflichtig macht bzw. eine Ordnungswidrigkeit darstellt. Diese Regelungen ergänzen bzw. konkretisieren die allgemeinen Verpflichtungen des SGB I (insbes. §§ 60 ff. SGB I). Sie lehnen sich weitgehend an die Verpflichtungen an, die bereits bisher nach dem SGB III für Leistungsbezieher galten und auch weiterhin gelten. Nach § 1 Abs. 2 SGB IV gelten auch die Vorschriften der §§ 95 ff. SGB IV (Sozialversicherungsausweis) sowie §§ 18f, 18g und 19a SGB IV.

I. Pflichten der Leistungsberechtigten

544 Für Leistungsberechtigte, die Leistungen zur Sicherung des Lebensunterhalts erhalten oder beantragt haben, bestehen folgende Mitwirkungspflichten:

1. Allgemeine Mitwirkungspflichten

545 Die Leistungsberechtigten und die Mitglieder der Bedarfsgemeinschaft sind insbesondere verpflichtet:

– grundsätzlich alle Tatsachen anzugeben, die für die Leistung erheblich sind und im Fragebogen abgefragt werden
– auf Verlangen des zuständigen Leistungsträgers die Zustimmung zur Erteilung der erforderlichen Auskünfte durch Dritte zu erteilen
– erforderliche Beweismittel (z.B. Urkunden) zu bezeichnen und auf Verlangen des zuständigen Trägers selbst vorzulegen bzw. der Vorlage zuzustimmen.
– **Änderungen** in den Verhältnissen, die für die Leistung erheblich sind oder über die im Zusammenhang mit der Leistung Erklärungen abgegeben worden sind, unverzüglich und unaufgefordert mitzuteilen, insbes. Aufnahme einer beruflichen Tätigkeit, Arbeitsunfähigkeit (vgl. § 56), Beantragung oder Erhalt von Mutterschaftsgeld oder ähnlichen Leistungen sowie von Renten, neue Anschrift, Heirat und Eingehen einer ehe-ähnlichen Partnerschaft bzw. Trennung, Änderungen der Einkommens- und Vermögensverhältnisse bzw. der des Partners, Zufluss von Vermögenserträgen bzw. Steuerrückerstattungen. Die vorsätzliche oder fahrlässige Verletzung der Pflicht, eine **Änderung in den Verhältnissen**, die für einen Anspruch auf laufende Leistung erheblich ist, richtig, vollstän-

B. Mitwirkungspflichten

dig und rechtzeitig mitzuteilen (§ 60 Abs. 1 S. 1 Nr. 2 SGB I), wird durch das SGB II als Ordnungswidrigkeit qualifiziert (Bußgeld bis zu 5000 €, § 63 Abs. 1 Nr. 6 und Abs. 2 SGB II), zudem kann der betroffene Bescheid zum Zeitpunkt der Änderung der Verhältnisse aufgehoben werden (§ 48 Abs. 1 S. 2 Nr. 2 SGB X). Mangelnde Mitwirkung kann nach § 66 Abs. 1 SGB I zur Versagung oder zum Entzug der Leistungen führen.

2. Allgemeine Meldepflichten
(§ 59 SGB II i. V. m. §§ 309, 310 SGB III):

– Pflicht, sich zu bestimmten Zwecken (Berufsberatung, Vermittlung in Ausbildung oder Arbeit, Vorbereitung aktiver Arbeitsförderungsleistungen, Vorbereitung von Entscheidungen im Leistungsverfahren, aber auch Prüfung des Vorliegens der Anspruchsvoraussetzungen) auf Aufforderung der Arbeitsagentur persönlich zum angegebenen Tag und grundsätzlich zur angegebenen Zeit zu melden oder zu einem ärztlichen oder psychologischen Untersuchungstermin zu erscheinen (§ 56 SGB II i. V. m. § 309 SGB III analog). Dies gilt auch während eines Widerspruchs- oder Gerichtsverfahrens. Bei einer Erkrankung kann der Träger bestimmen, dass die Meldeaufforderung für den ersten Tag der Arbeitsfähigkeit fortwirkt (§ 309 Abs. 3 S. 3 SGB III). Verletzt der Leistungsberechtigte eine dieser Pflichten trotz schriftlicher Rechtsfolgenbelehrung und weist er dafür keinen wichtigen Grund nach, wird das Arbeitslosengeld II stufenweise abgesenkt (§ 31 Abs. 2 und 3 SGB II); um dies zu vermeiden, sollte eine Verhinderung sofort angezeigt werden. 546

– Bei Wechsel der Zuständigkeit der Arbeitsagentur, v. a. durch einen Umzug, hat sich der Leistungsberechtigte unverzüglich bei der nunmehr zuständigen Arbeitsagentur zu melden (§ 310 SGB III analog; hier ist auch daran zu denken, die für die Übernahme der Kosten notwendigen Zusicherungen einzuholen).

3. Pflicht zur Anzeige der Arbeitsunfähigkeit

Pflicht, eine eingetretene **Arbeitsunfähigkeit** sowie deren voraussichtlicher Dauer unverzüglich, d. h. ohne schuldhaftes Zögern, der Agentur für Arbeit anzuzeigen (wofür keine Form vorgeschrieben ist) und dieser eine ärztliche Bescheinigung über die Arbeitsunfähigkeit und deren voraussichtliche Dauer vor Ablauf des dritten Kalendertags vorzulegen. Die Arbeitsagentur kann eine frühere Vorlage verlangen. Bei längerer Arbeitsunfähigkeit ist eine Folgebescheinigung erforderlich (§ 56 SGB II, der § 311 SGB III entspricht). Laut BA ist auch die wiederhergestellte Arbeitsfähigkeit unverzüglich zu melden. Bei vorsätzlicher oder grob fahrlässiger Verletzung der Anzeigepflicht kann die Bewilligung der Leistung rückwirkend zum Zeitpunkt des Eintritts der Arbeitsunfähigkeit aufgehoben werden (§ 48 Abs. 1 S. 2 Nr. 2 SGB X). 547

4. Vorlage einer Einkommensbescheinigung

548 Erbringen Leistungsberechtigte, die laufende Geldleistungen beantragt haben oder beziehen, Dienst-/Werkleistungen gegen Vergütung, so sind sie verpflichtet, dem Auftraggeber unverzüglich den vorgeschriebenen Vordruck zur Ausstellung einer **Einkommensbescheinigung** vorzulegen (§ 58 Abs. 2 SGB II). Das Gesetz spricht hier – wie der insoweit gleich lautende § 313 Abs. 2 SGB III – nur von Erbringern von Dienst- und Werkleistungen; daher ist davon auszugehen, dass für Arbeitnehmer keine Vorlagepflichten bestehen (bei entsprechender Kenntnis muss ggf. der Arbeitgeber die Vordrucke bestellen). Die vorsätzliche oder fahrlässige Verletzung der Vorlagepflicht stellt eine Ordnungswidrigkeit dar (Bußgeld bis zu 2000 €, § 63 Abs. 1 Nr. 3 und Abs. 2 SGB II).

II. Pflichten der Arbeit-/Auftraggeber von Leistungsberechtigten

549 Arbeitgeber von Leistungsberechtigten haben der Arbeitsagentur auf Verlangen **Auskunft** über solche Tatsachen (nicht Wertungen) zu geben, die für die **Entscheidung über einen Leistungsanspruch** von Bedeutung sein können, einschließlich Angaben über das Ende und den Grund für die Beendigung des Arbeitsverhältnisses (§ 57 SGB II). Hierbei handelt es sich weitgehend um Angaben, die auch in der Arbeitsbescheinigung nach § 312 SGB III enthalten sind, z.B. Art der Tätigkeit, Arbeitsentgelt und sonstige Geldleistungen. Da die Regelung auf Arbeitgeber beschränkt ist, sind nur Beschäftigungsverhältnisse, nicht dagegen freie Mitarbeit oder Arbeitsleitungen auf sonstiger Grundlage erfasst. Die Arbeitsagentur kann die Verwendung eines Vordrucks verlangen. Die vorsätzliche oder fahrlässige Verletzung dieser Pflicht – Unterlassung sowie unrichtige oder unvollständige Auskunft – macht schadensersatzpflichtig (§ 62 Nr. 2 SGB II) und stellt eine Ordnungswidrigkeit dar (Bußgeld bis zu 2000 €, § 63 Abs. 1 Nr. 1 und Abs. 2 SGB II).

550 Wer Leistungsberechtigten, die laufende Geldleistungen des SGB II beziehen oder beantragt haben, gegen Entgelt beschäftigt (Arbeitgeber), ist verpflichtet, diesen für den Zeitraum, für den Leistungen beantragt oder bezogen wurden, Art und Dauer der Tätigkeit und die Höhe des Entgelts bzw. der Vergütung zu bescheinigen (**Einkommensbescheinigung**, § 58 Abs. 1 SGB II). Die Bescheinigung ist unverzüglich auszustellen und dem Leistungsberechtigten (nicht der BA) auszuhändigen. Für die Bescheinigung ist ein von der Agentur für Arbeit vorgesehener Vordruck zu verwenden.

551 Die vorsätzliche oder fahrlässige Verletzung der Bescheinigungspflicht kann zu einem Schadensersatzanspruch führen (§ 62 Nr. 1 SGB II). Die vorsätzlich oder fahrlässige Verletzung der Bescheinigungs- oder Aushändigungspflicht stellt zudem eine Ordnungswidrigkeit dar (Bußgeld bis zu 2000 €, § 63 Abs. 1 Nr. 2 und Abs. 2 SGB II).

B. Mitwirkungspflichten

Darüber hinaus sind Arbeitgeber eines Leistungsberechtigten, der Leistungen nach dem SGB II beantragt hat, bezieht oder bezogen hat, oder Besteller einer selbständigen Tätigkeit verpflichtet, der Arbeitsagentur auf Verlangen **Einsicht** in Geschäftsbücher, Geschäftsunterlagen und Belege sowie in Listen, Entgeltverzeichnisse und Entgeltbelege für Heimarbeiter/innen zu gewähren, soweit dies zur Durchführung der Aufgaben erforderlich ist (§ 60 Abs. 5 SGB II). Dies gilt auch, wenn sich die Unterlagen im Besitz dessen, der die Leistung beantragt bezieht oder bezogen hat oder im Besitz eines Dritten befinden (Löns/Herold-Tews, § 60, Rn. 9, 10). Überlassung von Unterlagen sowie Abschriften und Ablichtungen können nach dem Wortlaut nicht verlangt werden. Die vorsätzliche oder fahrlässige Verletzung dieser Auskunftspflichten stellt eine Ordnungswidrigkeit dar (Bußgeld bis zu 2000 €, § 63 Abs. 1 Nr. 5 und Abs. 2 SGB II). Dagegen dürfte eine Schadensersatzpflicht nach § 62 SGB II nicht bestehen, da dieser nur die Verletzung von „Auskunftspflichten" ahndet. Hier handelt es sich aber nicht um eine „Auskunft", sondern die Gewährung von Einsicht (auch § 63 Abs. 1 SGB II trennt in Nr. 4 und 5 zwischen Auskunftspflichten nach § 60 SGB II und der Gewährung von Einsicht). 552

III. Pflichten Dritter

Im Zusammenhang mit der Bedürftigkeitsprüfung bestehen bestimmte Auskunftspflichten für Dritte im Hinblick auf die Einkommens- und Vermögensverhältnisse von Leistungsberechtigten, welche Leistungen nach dem SGB II beziehen oder beantragt haben, oder von weiteren, mit diesen verbundenen Personen (§ 60 SGB II). Die vorgesehenen Ermittlungsrechte ergänzen bzw. verdrängen die allgemeinen Vorschriften der §§ 20 ff., 98 ff. SGB X und bestehen nur im Rahmen der **Verhältnismäßigkeit**. D.h. die Ermittlungen müssen grundsätzlich erforderlich sein, um im Einzelfall eine relevante Tatsache zu klären; zudem muss vorrangig der Leistungsberechtigte selbst herangezogen werden. Schließlich müssen die Ermittlungen auch zumutbar sein. Auskünfte müssen nicht gegeben werden, wenn die Gefahr besteht, dass der Auskunftspflichtige oder eine nahe stehende Person wegen einer Ordnungswidrigkeit oder Straftat belangt werden (§§ 98 Abs. 2 S. 2, 99 S. 3 SGB X). Darüber hinaus sind auch die datenschutzrechtlichen Vorschriften zu berücksichtigen. Im Einzelnen gilt: 553

Wer **Leistungsberechtigten Leistungen erbringt**, die im Rahmen der Bedürftigkeitsprüfung zu berücksichtigen sind (z.B. Unterhalt), ist verpflichtet, der Arbeitsagentur auf Verlangen hierüber Auskunft zu erteilen, soweit dies zur Durchführung von deren Aufgaben erforderlich ist (§ 60 Abs. 1 SGB II für freiwillige Leistungen oder Leistungen aufgrund unklarer Rechtslage, § 60 Abs. 2 SGB II bei Leistungspflicht. Zur Feststellung der Unterhaltsverpflichtung greift die Auskunftspflicht des § 1605 Abs. 1 BGB. 554

Kapitel 8. Sofortige Vollziehbarkeit, Mitwirkungspflichten und Rechtsbehelfe

555 Sind Einkommen oder Vermögen des **Partners** eines Leistungsberechtigten (Ehegatte, Lebenspartner) bei der Leistung zu berücksichtigen, so ist der Partner auf Verlangen verpflichtet, der Arbeitsagentur darüber Auskunft zu erteilen, soweit erforderlich (§ 60 Abs. 4 Nr. 1 SGB II, der sich an § 315 Abs. 5 Nr. 1 SGB III anlehnt).

556 Personen, die für Leistungsberechtigte **Guthaben führen oder Vermögensgegenstände verwahren** (insbes. Geld- und Kreditinstitute sowie Versicherungen mit allen Anlageformen), sind verpflichtet, hierüber und über das damit in Zusammenhang stehende Einkommen bzw. Vermögen Auskunft zu erteilen, soweit erforderlich (§ 60 Abs. 2 SGB II). Dafür ist der entsprechende Vordruck auszufüllen. Sind Einkommen und Vermögen des Partners eines Leistungsberechtigten bei der Leistung zu berücksichtigen, bezieht sich diese Auskunftspflicht auch auf das Einkommen und Vermögen des Partners (§ 60 Abs. 4 Nr. 2 SGB II). Den Betroffenen steht dafür ein Entschädigungsanspruch zu (§ 21 Abs. 3 S. 4 SGB X).

Arbeitgeber, die

- jemanden, der Leistungen nach dem SGB II bezieht oder beantragt hat,
- dessen Partner (Ehegatte, Lebenspartner)
- Personen, die auskunftspflichtig sind, weil sie dem Leistungsberechtigten zur Leistung verpflichtet sind oder für ihn Guthaben führen oder Vermögensgegenstände verwahren (§ 60 Abs. 2 SGB II),

beschäftigen, sind verpflichtet, der Arbeitsagentur auf Verlangen Auskunft über die Beschäftigung, insbesondere das Arbeitsentgelt, zu geben, soweit erforderlich (§ 60 Abs. 3 SGB II).

557 Die vorsätzliche oder fahrlässige Verletzung all dieser Auskunftspflichten macht schadensersatzpflichtig (§ 60 Nr. 2 SGB II) und stellt eine Ordnungswidrigkeit dar (Bußgeld bis zu 2000 €, § 63 Abs. 1 Nr. 4 und Abs. 2 SGB II).

IV. Auskunftspflichten bei Leistungen zur Eingliederung in Arbeit

558 **Träger**, die **Leistungen zur Eingliederung** erbracht haben oder erbringen, sind insbesondere verpflichtet, der Agentur für Arbeit unverzüglich Auskünfte über Tatsachen zu erteilen, die Aufschluss darüber geben, ob und inwieweit die Leistungen zu Recht erbracht wurden bzw. werden. Die vorsätzliche oder fahrlässige Verletzung dieser Pflicht stellt eine Ordnungswidrigkeit dar (Bußgeld bis zu 2000 €, § 63 Abs. 1 Nr. 4 und Abs. 2 SGB II). Träger müssen zudem Änderungen, die für die Leistung erheblich sind, unverzüglich der Arbeitsagentur mitteilen.

559 Die **Teilnehmer von Eingliederungsmaßnahmen** sind verpflichtet, der Arbeitsagentur unverzüglich auf Verlangen Auskunft über den Eingliederungserfolg sowie alle weiteren Auskünfte zur Qualitätsprüfung zu geben

und eine Beurteilung ihrer Leistung durch den Maßnahmeträger zuzulassen (§ 61 Abs. 2 SGB II). Der Maßnahmeträger muss Beurteilungen des Teilnehmers unverzüglich der Arbeitsagentur übermitteln.

C. Rechtsweg

Für Rechtsstreitigkeiten ist der Weg zu den Sozialgerichten eröffnet. Für das Verfahren gelten die Vorschriften des Sozialgerichtsgesetzes (SGG). **560**

Übersicht über die Leistungen zur Sicherung des Lebensunterhalts

Alleinstehende, Alleinerziehende; Partner minderjährig	Sonstige Angehörige der Bedarfsgemeinschaft				
	2 Erwachsene als Partner, ein Haushalt	1 Erwachsener, weder Partner noch eigener Haushalt	Jugendlicher 15.–18. Lebensjahr	Kind 7.–14. Lebensjahr	Kind 0–6. Lebensjahr
Regelbedarfsstufe 1	Regelbedarfsstufe 2	Regelbedarfsstufe 3	Regelbedarfsstufe 4	Regelbedarfsstufe 5	Regelbedarfsstufe 6
364 €	je 328 €	291 €	287 €	251 €	215 €

Jeweils zuzüglich:

- **Mehrbedarfe**, z. B. bei Schwangerschaft, Alleinerziehung, Behinderung oder kostenaufwändiger Ernährung (für Warmwasser, soweit nicht Bestandteil von Unterkunft und Heizung)
- **Leistungen für Unterkunft und Heizung**
- Leistungen für einmalige, nicht von der Regelleistung umfasste Bedarfe: z. B. **Erstausstattungen für die Wohnung**, Erstausstattungen für **Bekleidung** und Erstausstattungen bei Schwangerschaft und Geburt, orthopädische Schuhe, therapeutische Geräte
- **Darlehen** für unabweisbare Regelbedarfe
- **Leistungen für Bildung und Teilhabe**
- **Absicherung in der gesetzlichen Kranken- und Pflegeversicherung** bzw. Beitragszuschüsse dazu und Übernahme der Beiträge zur Kranken- und Pflegeversicherung, wenn allein dadurch Hilfebedürftigkeit ausgelöst wird

Sachverzeichnis

Die angegebenen Zahlen beziehen sich auf die Randnummern.

Abfindung 429
Abendschule 33
Absenkung von Leistungen 497 ff.
Aktien 475
Alkoholabhängigkeit 73, 116
Altersvorsorge
– Einkommen 40
Altersvorsorgebeiträge 452
Anfahrt zur Arbeit 72
Anfechtungsklage
– keine aufschiebende Wirkung 541
Angehörige
– Pflege 459
Anschaffungen 455
Antrag
– auf ALG II 93 ff.
– für Bedarfsgemeinschaft 29
– auf Befreiung von Versicherungspflicht 514
Anzeigepflicht
– Arbeitsunfähigkeit 509
– Wechsel des Wohnortes 547
Arbeitgeber
– Auskunftspflichten 549
– Einkommensbescheinigung 550
Arbeitnehmerhaftung
– Fahrlässigkeit 331
– Haftungsbegrenzung 331
– Haftungsmilderung 330
– Höchstgrenzen 332
– Mitverschulden des Arbeitgebers 330
– Schadensersatz 329
– Vorsatz 331
Arbeitsbeschaffungsmaßnahmen 291
Arbeitsentgelt
– als Einkommen 369
– ortsübliches Arbeitsentgelt 312
Arbeitsgelegenheiten
– Arbeitnehmerhaftung 329 ff.
– Betriebsrat 324
– Entgeltvariante 307
– im öffentlichen Interesse 311
– Kürzung Arbeitslosengeld II 328
– Mehraufwendungen 316
– Mehraufwandsvariante 309 ff.

– Schadensersatz 329
– Umfang 318
– Verwaltungsakt 318
– Widerspruch 318
– zusätzliche Arbeit 313
– Zuweisung in 305, 317
Arbeitsgemeinschaften 13, 529
Arbeitslosengeld 373
Arbeitslosengeld II 82 ff.
– Absenkung *s. Kürzung Arbeitslosengeld II*
– für Alleinstehende 101
– Anpassung 112
– Höhe 98 ff.
– Krankenversicherung 512
– Mehrbedarf *s. dort*
– Pfändung 438
– Regelbedarf 98
– Rentenversicherung 87, 112
– Wegfall *s. Kürzung Arbeitslosengeld II*
Arbeitslosenhilfe 70, 449
Arbeitsschutz
– Anzeigepflicht des Hilfebedürftigen 80
Asylbewerberleistungsgesetz 24
Aufsicht
– über Bundesagentur für Arbeit 535
– Fachaufsicht 535
– Rechtsaufsicht 535
Aufwandsentschädigung 387
Ausbildung
– Kürzung Arbeitslosengeld II 505
Ausbildungsversicherung 480
Auskunftsanspruch 544
Auskunftspflicht
– der Arbeitgeber 549
– Dritter 553
– des Hilfebedürftigen 544
Ausländer
– Erwerbsfähigkeit 24
Auslandsverwendungszuschlag 395
Auto *s. Kraftfahrzeug*

BAföG 389
Barvermögen 364

Sachverzeichnis

Bedarf
- Einmaliger Bedarf 142
- Mehrbedarf 120
- des täglichen Lebens 239
- Regelbedarf 98

Bedarfsdeckung 30

Bedarfsgemeinschaft
- Eingliederungsvereinbarung 28 ff.
- Einkommens des Partners 52
- Einstiegsgeld 303
- Eltern 28
- Gesamtbedarf 28
- Hilfebedürftigkeit 28
- Lebenspartner 28

Beihilfe
- als Einkommen 384

Beiträge
- zu privaten Versicherungen 410
- zur Sozialversicherung 407
- Zuschuss 407

Behinderung
- Berufsvorbereitung 291
- Mehrbedarf 132
- Schulbildung 132

Beratung 291

Berücksichtigendes Vermögen
- Altersvorsorge 452
- Grundfreibetrag 445
- Freibetrag 443

Berufsausbildung
- Verwertung von Vermögen 479

Berufsausbildungsbeihilfe 33

Berufshaftpflichtversicherung 408

Berufsvorbereitung
- behinderte Menschen 291

Beschäftigungszuschuss 338 f.

Besuchsrecht 128

Betreuung
- als Leistung zur Eingliederung 298

Betriebsrat
- Wahl des Betriebsrats 323

Beweislastumkehr 492

Bewerbungskosten 291

Bildungspaket 254 ff.

Blinderführhundleistungen 386

Blindengeld 386

Blutspender 386

Bodenrichtwerttabellen 483

Botengänge 315

Bruttoeinkommen 365

Büroarbeiten 314

Bundesagentur für Arbeit
- Aufsicht über 535
- als Träger der Grundsicherung 528
- Zuständigkeit 528

Bundesentschädigungsgesetz 384

Bundeskindergeldgesetz 377 f.

Bundeskleingartengesetz 440

Bundesversorgungsgesetz 383

Bußgeld 545

Darlehen 54 ff.

Datenschutz 553 f.

Dauerwohnrecht 464

Dienstbarkeiten 433

Dividenden 372

Drogenabhängigkeit 116, 301

Eigenheimzulage 386

Eigentumswohnung 463

Ein-Euro-Jobs
- Beispiele 3 ff.
- Dauer 310
- Entschädigung 316
- geringfügige Beschäftigung 310
- öffentliches Interesse 3 ff.
- zusätzliche Arbeit 313 ff.

Eingliederungsvereinbarung
- Eigenbemühungen 284
- Dauer 287
- Inhalt 284 ff.
- Kürzung Arbeitslosengeld II 281
- Leistungen 284
- Sanktionen 288
- Schadensersatz 286
- Verwaltungsakt 288

Eingliederungszuschüsse 288

Einkommen
- Absetzbeträge 405 ff.
- Arbeitsentgelt 369
- Beihilfe 384
- Beiträge 409
- Bruttoeinkommen 366
- Grundrente 374
- Kapitaleinkünfte 372
- bei Minderjährigen 378
- Renten 374
- Riester-Rente 412
- Steuern 406
- Vermietung und Verpachtung 371
- Vermögen *s. dort*
- Verordnung zum 360
- Versicherungen 409 ff.
- Verwertung 358

Einkommen, nicht zu berücksichtigendes
- Blinderführhundleistungen 386

Sachverzeichnis

- Blindengeld 386
- Elternrente 386
- Entschädigung für Blutspender 386
- Erholungshilfe 386
- Mutterschaftsgeld 545
- Pflegegeld 394
- Pflegeversicherung 394
- Verletztengeld 520
- Versorgungskrankengeld 382

Einkommensanrechnung
- Zeitpunkt 364

Einkommensbescheinigung 550

Einkommensteuergesetz 369

Einkommens- und Verbrauchsstichprobe 98

Einmalige Leistungen
- Erstausstattung bei Schwangerschaft und Geburt 126
- Klassenfahrten 257

Einnahmen
- Arbeitsentgelt 369
- Entschädigungen 385
- aus selbständiger Tätigkeit 370
- aus Vermietung und Verpachtung 371
- zweckbestimmte Einnahmen 386 ff.

Einstiegsgeld
- Aufnahme einer Erwerbstätigkeit 303
- Bedarfsgemeinschaft 303
- Dauer 303
- Höhe 303

Eltern
- Antrag 260

Elternzeit 317

Entschädigung
- für Blutspender 386

Erbbauzins 151

Erben
- Erbenhaftung *s. dort*
- Übergang von Ersatzansprüchen 344

Erbenhaftung 354

Erbschaft
- als Einkommen 364

Erholungshilfe 386

Ernährung
- Mehrbedarf 136

Ersatzansprüche
- Erlöschen der 350
- gegenüber Träger der Grundsicherung 350
- Übergang auf Erben 352
- Verjährung 351

Erstausstattung
- für Bekleidung 224

- bei Geburt 224
- für Haushaltsgeräte 222
- bei Schwangerschaft 224
- für Wohnung 222

Erwerbsfähigkeit
- Agentur für Arbeit 39
- Ausländer 38
- Begriff 34
- Feststellung der 39
- verminderte 36

Erwerbsminderungsrente 521

Erwerbstätigkeit
- Aufnahme einer 79
- Freibeträge *s. Freibeträge bei Erwerbstätigkeit*

Existenzminimum 82, 99

Fachaufsicht
- über Bundesagentur für Arbeit 535

Fahrtkosten
- bei Arbeitsgelegenheiten 321

Familienversicherung
- Krankenversicherung 513
- Pflegeversicherung 520

Freibetrag
- zu berücksichtigendes Vermögen 443 ff.
- bei Erwerbstätigkeit *s. dort*
- Grundfreibetrag 445 ff.

Freibeträge bei Erwerbstätigkeit
- Bruttolohn 341
- Höhe der Freibeträge 341

Gartenpflege 152
Gebrauchte Gegenstände 227
Gebäudeversicherung 152
Gefängnisstrafe 129
Geld
- als Einkommen 366
Geldleistungen
- Arbeitslosengeld II 85 ff.
- Heizung 145 ff.
- Mehrbedarf 120 ff.
- Unterkunft 145 ff,
Gemeindefinanzreformkommission 145
Geringfügige Beschäftigung 323
Geschenke 397
Gewerbesteuer 406
Gratifikationen 369
Grundfreibetrag
- vom Vermögen absetzbar 445
Grundrente 385

167

Sachverzeichnis

Grundsteuer 152
Grundstücksgröße 466

Härtefallregelung
– Darlehensgewährung 474, 253
Haftung des Arbeitnehmers 329 ff.
Hartz-Kommission 465
Haus 463
Hausgrundstück 463
Haushaltsenergie 166
Haushaltsgemeinschaft
– Untermietverhältnis 155
– Wohngemeinschaft 48, 160
Haushaltsgeräte 222, 455
Hausmeister 152
Hausrat 411
Heizung
– Angemessenheit 167
– Leistungen für Heizkosten 166 ff.
Hilfebedürftigkeit
– Bedarfsgemeinschaft 42, 44
– Einkommen 42
– Haushaltsgemeinschaft 44, 48
– Partnereinkommen 44
– Vermögen 43
– Verwandte 47
Hochschule
– behinderte Menschen 133

Immobilien 463 ff.
Integrationshelfer 315

Jubiläumszuwendung 429
Junge Hilfebedürftige 317, 282

Kapitaleinkünfte 372
Kfz-Haftpflichtversicherung 408
Kinder
– Kindergeld 62, 264
– Kinderzuschlag 377
– minderjährige Kinder 295
– Vermögen 446
Kinderbetreuung 75
Kindererziehung
– zumutbare Arbeit 75
Kindergeld 378, 397
Kindertagespflege 400
Kinderzuschlag
– als Einkommen 94
Kirchensteuer 406
Klage
– Ersatzansprüche des Trägers der Grundsicherung 541
Klassenfahrten 257

Kleidung 49
Kleingärten 440
Körperpflege 95
Kommunen
– Optionskommunen 527
– Zuständigkeit 529 ff.
Kraftfahrzeug
– Vermögen 458
Krankengeld
– Arbeitslosengeld II 372
Krankenhausaufenthalt 129, 143
Krankenversicherung
– Befreiung von 514
– Beginn des Versicherungsschutzes 515
– Beitrag 517
– Ende des Versicherungsschutzes 516
– Familienversicherung 525
– Pflichtversicherung 512
– Sozialgeld 525
– Zusatzbeitrag 143
Krankheit
– Arbeitslosengeld II 27
– Erwerbsfähigkeit 34
Kürzung Arbeitslosengeld II
– Abbruch der Eingliederungsmaßnahmen 489
– Arbeitsgelegenheit 489
– Ausbildung 489
– Dauer 506
– Eigenbemühungen 489
– Eingliederungsvereinbarung 489
– Höhe 489
– Meldepflicht 507 ff.
– Pflichtverletzung 496
– Rechtsfolgenbelehrung 489
– Wichtiger Grund 492
– Wiederholte Pflichtverletzung 498 ff.

Lastenausgleichsgesetz 401
Lebensversicherung
– Rückkaufswert 453
– Vermögen 452
Leibrente 439
Leistungen für Bildung und Teilhabe 254 ff.
– Ausflüge 257
– Lernförderung 259
– Mittagessen 260
– Schülerbeförderung 258
– Schulbedarf 257
– Sport 261
– Verein 261

Sachverzeichnis

Leistungen für einmalige Bedarfe 96, 229
Leistungen für Mehrbedarfe
- allein Erziehende 127
- behinderte Menschen 126
- werdende Mütter 126
Leistungen zur Eingliederung in Arbeit 278 ff.
Leistungen zur Sicherung des Lebensunterhalts 82 ff.
- Arbeitslosengeld II *s. dort*
- Eingliederungsvereinbarung *s. dort*
- Einstiegsgeld *s. dort*
- Heizung *s. dort*
- Sachleistungen *s. dort*
- Sozialgeld *s. dort*
- Unterkunft *s. dort*
- Zuschlag zum Arbeitslosengeld II *s. dort*
Leistungen zur Teilhabe am Arbeitsleben 278 ff.
Leistungsvereinbarung
- Muster 342
Lernförderung 259

Maklerkosten 205
Mehraufwandsvariante 309 ff.
Mehraufwendungen
- bei Arbeitsgelegenheiten 316
Mehrbedarf
- für Behinderte 132
- für kostenaufwendige Ernährung 136
- für allein Erziehende 127
- mehrere Mehrbedarfe 141
- für werdende Mütter 126
- bei Sozialgeld 144
Meister-BAföG 38
Mietdatenbank 164
Miete
- Räumungsurteil 185
- Zahlung an Vermieter 207
Mietkaution 205
Mietschulden
- bei Obdachlosigkeit 211
- Übernahme von 210
Mietspiegel 164
Mietvertrag
- Zusicherung des Trägers 235
Mietwohnung 151
Minderjährige
- Einkommen 446
- Kindergeld 378
- Zuschlag zum Arbeitslosengeld II 377

Mittagessen 260
Mitverschulden 330
Mitwirkungspflichten 543
Mobbing 73
Möbel 433
Motorrad 458
Müllabfuhr 152
Musikschule 76
Mutterschaftsgeld 545

Nachrangprinzip 343
Nebenkosten 152, 209 ff.
Nießbrauch 433

Opferentschädigungsgesetz 383
Optionskommunen 527
Ordnungswidrigkeit 474

Partner
- Grundfreibetrag 448
- Hilfebedürftigkeit 60
Partnereinkommen 52
Pauschalierung
- von Leistungen 155
Pfändung 369
Pflegearbeiten 78
Pflegegeld 394, 399
Pflegeversicherung
- Familienversicherung 520
- Pauschalbeitrag 394
- Zuschuss zur 524
Pflichtverletzung 496
Praxisgebühr 143
Private Altersversorgung 450 ff.
Psychosoziale Beratung 301

Räumungsurteil 185
Rechtsaufsicht
- über Bundesagentur für Arbeit 535
Rechtsfolgenbelehrung 489
Rechtsverordnung
- Umzugskosten 206
Rechtsweg 560
Regelbedarf 95 ff.
Regelsätze
- Anpassung der 112
Reisekosten 291
Rente
- wegen Alters 32m 364
- Grundrente nach BVG 374
- als Einkommen 372
Rentenversicherung 521 f,
Rentenversicherungspflicht
- Pflichtversicherung 521

169

Sachverzeichnis

Riester-Rente 450 f.
Rückkaufswert 474, 482

Sachleistungen
- bei Drogen- und Alkoholabhängigkeit 368

Sanktionen
- Absenkung der Leistungen 497
- absichtliche Einkommens- und Vermögensminderung 496
- Dauer 506
- Rechtsfolgenbelehrung 489
- Sachleistungen 503
- Sonderregelung für junge Hilfebedürftige 505

Schadensersatz
- bei Arbeitsgelegenheit 329 ff.
- bei Verstoß gegen Eingliederungsvereinbarung 236
- Haftungshöchstgrenze 331 ff.
- Mitverschulden 330

Schmuckstücke 433
Schönheitsreparaturen 152
Schornsteinfeger 152
Schulbedarf 257
Schuldnerberatung 300
Schuldzinsen 416
Schülerbeförderung 250
Schwangerschaft
- Mehrbedarf 126
Sofortangebot 33
Soldaten
- Auslandsverwendungszuschlag 395
- Leistungszuschlag 395
Soldatenversorgungsgesetz 383
Solidaritätszuschlag 406
Sozialgeld
- Anpassung 112
- Berechnung 107
- Dauer 107
- Höhe 107
- Kürzung 497
Sozialgericht
- Zuständigkeit 288, 560
Sport 261
Steuern
- Einkommensteuer 406
- Gewerbesteuer 406
- Kirchensteuer 406
- Solidaritätszuschlag 406
Steuererstattung 345
Stiefkinder 53

Straßenreinigung 152
Suchtberatung 302

Tageseinrichtung
- zumutbare Arbeit 75
Tagespflege 75
Taschengeld 45
Tod des Leistungsempfängers
- Erbenhaftung 343 ff.
Träger der Grundsicherung
- Bundesagentur für Arbeit 529
- Kommunen 529
- Option kommunaler Trägerschaft 529
Trainingsmaßnahmen 291

Überbrückungsbeihilfe 395
Überbrückungsgeld 391
Übergang von Ansprüchen 344
Überstundenvergütung 369
Umzug
- Jugendliche 200
- Meldung 546
Umzugskosten 202 ff.
Unfallrente 309
Unfallversicherung
- Beiträge 410
Unterhaltsanspruch 28, 349
Unterhaltspflicht
- gesteigerte 66
Unterkunft(-skosten)
- Angemessenheit 148
- Leistungen für 151
- Mietkaution 145, 246
- Mietschulden 209
- Rechtsverordnung 155
- Umzug 102, 182 ff.
- Umzugskosten 102
- Vermieter 207
- Wohngemeinschaft 48, 160
- Wohnungswechsel 173
Untermietverhältnis 155

Verein 261
Verkehrswert
- Rückkaufswert 481
- Verkehrswertgutachten 482
Verletztengeld 483
Vermieter 371
Vermietung 275
Vermittlung 275
Vermittlungsgutschein
- Dauer 201
- Höhe 291
Vermittlungsverfahren 1

Sachverzeichnis

Vermögen
– Altersvorsorge 438 ff.
– Barvermögen 433
– Begriff 433
– Dienstbarkeiten 433
– Eigentumswohnung 336
– Forderungen 433
– Freibetrag 433
– Grundfreibetrag 445
– Hausrat 433, 457
– Kraftfahrzeug 458
– Nießbrauch 433
– Schmuckstücke 433
– berücksichtigendes Vermögen *s. dort*
Verpflegung 368
Versicherungen
– Ausbildungsversicherung 408
– Berufshaftpflichtversicherung 408
– Gebäudeversicherung 152
– Lebensversicherung 56, 392, 482
Versorgungskrankengeld 382
Verwandte
– Einkommen von 58
Verwertung von Vermögen
– Beleihung 432
– Darlehen 436
– besondere Härte 474 ff.
– Unwirtschaftlichkeit 474
– Unzumutbarkeit 475
– Verkauf 432
Vordruck
– für Auskunft des Arbeitgebers 369
– für Einkommensbescheinigung 550

Warenbestand 479
Waschmaschine 223
Wasserkosten 166
Weihnachtsgeld 369
Werbungskosten 413
Werkstatt für behinderte Menschen 386

Widerspruch
– gegen Heranziehung zur Arbeitsgelegenheit 319
– keine aufschiebende Wirkung 318, 538
Wohlfahrtspflege
– Zuwendungen von der 392
Wohneigentum
– Grundsteuer 152
– Nebenkosten 152
– Schuldzinsen 416
Wohngemeinschaft 48, 160
Wohngeld
– als Einkommen 379
Wohnort
– Wohngeldgesetz 164
Wohnung 222
Wohnungsgröße
– Mietspiegel 164
– Bedarfsgemeinschaft 159
Wohnungslosigkeit 159
Wohnungswechsel 159

Zeitungsannoncen 164
Zinsen 372
Zivildienstgesetz 383
Zuflusstheorie 362, 434
Zumutbare Arbeit
– Arbeitsbedingungen 80, 494
– Ausbildung 80
– Tageseinrichtung 75
– Tagespflege 75
– Hilfebedürftigkeit 74
– Kindererziehung/-gefährdung 75
– Kürzung Arbeitslosengeld II 489
– Pflege von Angehörigen 78
– Weigerung des Hilfebedürftigen 489
Zuständigkeit
– örtliche der Agentur für Arbeit 529
– örtliche der kommunalen Träger 529

171